OKR
完全实践

李靖——著

机械工业出版社
China Machine Press

图书在版编目（CIP）数据

OKR 完全实践 / 李靖著 . —北京：机械工业出版社，2020.7

ISBN 978-7-111-65886-3

I. O⋯ II. 李⋯ III. 企业管理 IV. F272

中国版本图书馆 CIP 数据核字（2020）第 105160 号

OKR 完全实践

出版发行：机械工业出版社（北京市西城区百万庄大街 22 号　邮政编码：100037）

责任编辑：闫广文　　　　　　　　　　　责任校对：殷　虹

印　　刷：北京文昌阁彩色印刷有限责任公司　版　　次：2020 年 7 月第 1 版第 1 次印刷

开　　本：170mm×230mm　1/16　　　　印　　张：21.5

书　　号：ISBN 978-7-111-65886-3　　　定　　价：79.00 元

客服电话：（010）88361066　88379833　68326294　　投稿热线：（010）88379007

华章网站：www.hzbook.com　　　　　　　　读者信箱：hzjg@hzbook.com

版权所有·侵权必究

封底无防伪标均为盗版

本书法律顾问：北京大成律师事务所　韩光 / 邹晓东

推 荐 序

自 1954 年彼得·德鲁克提出目标管理的概念以来，管理理论得到令人瞩目的发展，以 MBO、KPI、BSC 为代表的管理方法也推动企业的管理实践取得了巨大的进步。企业的管理更具备前瞻性和系统性，也更重视人的因素，这些都大大提升了企业的经营管理水平，促进了生产力的发展。

OKR 是源自英特尔（Intel）的一种目标管理方法，是德鲁克目标管理理论的创新发展，与 KPI 一脉相承。OKR 在谷歌的发扬光大，吸引了全世界的关注，同样，也激发了中国企业的满腔热情。OKR 最显著的一个特征，是通过自下而上、公开透明的方法，激发人的内在动机。OKR 的这个特征，是它与其他目标管理和绩效管理体系最根本的差异之一，也正是它先进性的体现。对人内在动机的重视，使企业能够更充分地激励新时代的员工，也使企业更从容地迎接日新月异的数字时代所带来的挑战。

"实践是检验真理的唯一标准"。一种管理理论是否正确，一种管理方法是否有效，取决于它们在实践中能否发挥作用。不过，企业并不能因为某种管理方法没有产生预期的效果，就否定它的价值，而应该反思自己是否具有对这种管理方法的客观认识，有没有准确把握和合理运用它。毕竟，这些方法的有效性已经被许多企业验证过了，而且企业也常常是在那些成功案例的影响下，激发出学习和实践的动力。

我认为，成功实践一种管理方法至少需要三个条件。

第一，要准确把握其思想内涵。中国企业界学习和运用各种先进管理方法的热情始终很高，不少企业也因此成功实现了转型突破，实现了跨越式的发展。然而，令人遗憾的是，仍然有为数不少的企业在投入大量成本和精力后，并未产生实效。许多管理者将其归罪于这些管理方式本身，转而尝试新的方法。我们无法排除这种心理也是 OKR 在今天被热捧的原因之一。事实上，导致失败的原因，往往是企业对管理技术的生搬硬套和对管理思想的一知半解。这正是 KPI 在当今中国扭曲变形，并被广泛诟病的根本原因。

为了避免读者重蹈覆辙，本书作者对 OKR 的思想内涵进行了充分的论述，不仅对 OKR 的定义做出了全新的诠释，还通过深入研究，总结出 OKR 的六大特征。作者一方面运用案例进行了翔实的说明，另一方面在全书各个实施环节中指导读者运用这些特征进行实践。与一些教条的概念铺陈相比，这种方式更有助于读者准确把握 OKR 的理念和逻辑，为顺利实践奠定坚实的思想基础。作者的这种努力，足见其良苦用心。

第二，要符合企业的土壤。管理方法，尤其是从国外引进的管理模式，必须要经过本土化的改良。未经转化就简单效仿的做法常常是东施效颦，结果往往有云泥之别。精益生产、阿米巴、六西格玛、BSC，乃至 KPI，中国企业因为囫囵吞枣所付出的代价可谓不少。作者对企业一味照搬国外的成功经验表达了担忧，通过对比辨析了中外企业在管理的成熟度、技术的集中度、员工的成熟度、国民的职业精神等方面存在的差异，总结出中国企业运用 OKR 的必要性和可行性，提出"寻求体现中国特色的管理才是任何管理理论和管理工具发挥作用的正道"的主张。

此外，与许多管理书籍不同，本书并没有为迎合某些读者而大量采用国内外知名大企业的案例，而是更多地考虑到广大中小企业的实际情况，展示了许多发生在中小企业的真实案例，并为中小企业导入和实施 OKR 提供了行之有效的方法。这种务实的精神难能可贵。

第三，要具备与应用场景相匹配的实践方法。运用 OKR，实质上就是推动一次组织变革。组织变革的成功是由多方面因素促成的，而组织变革的失败却往往是"千里之堤，溃于蚁穴"。企业单纯重视整体的规划，依靠革命式的激情推动，却忽视与应用场景相匹配的实践方法，是导致失败的常见原因。作者用真实的案例提示读者要系统、深入地考虑实际运行中方方面面的问题，并用大部分篇幅对 OKR 的导入、推动和实操进行了全面的指导，不仅明确了标准和程序，还介绍了思考的策略和方法，以及常见的问题和对策。比如在"思考关键结果"中，作者举例说明了"因果倒置""循环论证""以偏概全""自相矛盾""忽视阴暗面"等常见问题，可以使读者少走很多弯路。类似的令人印象深刻的地方还有很多，体现出了作者丰富的实践经验。书中还提供了大量的图表，让读者能够顺畅地理解和便捷地使用，也能感受到作者的真心实意。

本书名为《OKR 完全实践》，我认为名副其实。

我非常欣慰，李靖能为中国企业奉献这样一本好书。

这本书没有在理论部分多费笔墨，但方方面面都体现了 OKR 的独特理念，让读者能够深刻地领会 OKR 的精神内涵。在实践方面，作者下足了功夫，充分考虑到了实际运用的各个环节。本书架构完整、内容翔实、逻辑严谨、敦本务实，一定能够帮助企业全面掌握和高效运用 OKR，体验到先进的管理方法所带来的进步。

在此，我也要感谢机械工业出版社华章公司，你们慧眼识珠，为广大读者带来了这本有价值的著作，必将推动中国企业管理的进步。

李锡元

武汉大学经济与管理学院 教授 博士生导师

2020 年 6 月于珞珈山

前　言

OKR，即目标与关键结果，是一种源自英特尔和谷歌的目标管理方法，在企业的战略实施、组织发展、激励机制、文化建设等方面，都发挥了极大的促进作用。它深受硅谷创新型企业的青睐，其巨大的价值已在众多国际企业的实践中得到充分证明，影响力遍及全球。

随着华为、小米等众多国内知名企业的运用，OKR 已经成为当今中国企业管理实践中的热点，正以星火燎原之势，席卷全国。企业学习、掌握和运用 OKR 的需求与日俱增。

然而，OKR 在国内还是一个比较新的领域，尚无成熟和普遍适用的成功经验可以借鉴，也缺乏一套完整的标准化的操作体系。在运用 OKR 时，那些实力雄厚的大型企业，拥有健全的组织、强大的管理人才储备，具备自己研究和开发的能力，同时也不乏专业咨询机构的支持，但是，对于广大的中小企业来说，要想探索出一套适合自己的 OKR 操作方法，不知要付出多少代价，更难免不慎落入陷阱。

促使我写这本书的缘由，是我听到的一个真实案例。一位中小企业的 CEO 对 OKR 充满热情，自掏腰包为全体中高管购买了相关的书籍，要求大家在一个月内通读三遍。之后，经过集体研究，他们开始了应用 OKR 的旅程。与大家期待的相反，他们很快就陷入了泥潭。新系统没有充分考虑到实施中的诸多问题，缺乏可以有效应对的具体措施，而原有的管理体系又已经废止，失去了发挥作用的合法性。那段时间，他们一筹莫展、进退两难，经过一番挣扎，最终痛下决心，草草收场，于是，一切又回到了原点。管理团队此前的努力付诸东流，更重要的是，这家企业因此丧失了组织变革的最佳契机，员工对管理层的信任也大打折扣。

这本书是为中国广大的中小企业而写的，它基于我们对中小企业的了解和把握，提炼了我们近年来为中小企业提供 OKR 咨询服务的成功经验和失败教训。本书系统阐述了 OKR 的价值观和方法论，力求呈现 OKR 的全貌。对即将实践 OKR 的企业来说，本书可以提供全面、细致和深入的指导，让企业事半功倍，高效地掌握和运用 OKR。对已经实施了 OKR 的企业来说，可以运用本书进一步检视 OKR 运行的合理性，从而将 OKR 调整到正确的轨道，避免行差踏错、误入歧途。

本书分为以下三个部分。

"认识 OKR"，包括第一至三章，系统阐述了 OKR 的基本知识，力求让你能轻松地理解 OKR 独特的理念和背后的逻辑。

"导入 OKR"，包括第四至七章，结合中国企业的实际情况，阐明了企业导入和实施 OKR 的方法，力求使你在运用中少走弯路。

"实践 OKR"，包括第八至十四章，对 OKR 实际操作的各个环节做了详尽的解读，并配以简明的图表和实际的案例，力求让你看了就会用。

为了方便运用，本书附录还将书中的大量表格分类整理成 OKR 首席指挥官工具箱。

目前，国内对 OKR 的研究，多数还停留在对国外著作的翻译和解读上。囿于 OKR 在中国实践的时间不长，很少见到符合中国企业尤其是中小企业的实际情况，且对实际操作具有指导价值的著作。本书正是为了弥补这一缺憾。

本书的特色如下。

1. 系统性：涵盖了从 OKR 的理念、基本理论、导入、推广、提升，到 OKR 实操的各个方面，完整、系统、深入地阐述了 OKR 的价值观和方法论。

2. 实操性：深入解读 OKR 实操的各个环节，给你一部看了就会用的操作手册。

3. 实用性：提供大量的范例和图表，让你拿来就可以用，堪称 OKR 运用的必备工具箱。

4. 实效性：本书充分考虑了中小企业的实际情况，提供的方法简便易行，一定会帮助企业取得成效。

我相信，这本书将让你轻松地掌握 OKR，方便地运用 OKR，体验到 OKR 的巨大魅力，开启事业的新篇章。欢迎你和我共同探讨 OKR 的话题，我的邮箱是：lijing@chinaokr.cn。

最后，我要特别感谢机械工业出版社华章公司编辑张竞余先生，他的真知灼见为本书增色不少。

李靖

2020 年 6 月

目　录

认识OKR

导入OKR

实践 OKR

认识OKR

第一章

为什么 OKR 这么火

　　传统的管理模式已无法完全适应快速发展的时代，更无法满足当今企业员工实现自我价值的需求。僵化的管理手段不仅严重制约着业务的发展，也在不断侵蚀企业苦心经营和积累的资源。OKR 的成功实践，像一座灯塔，为企业的管理指明了航向；是一座桥梁，将组织的使命与员工的梦想紧密联结起来。

第一节　榜样的力量

　　1999 年，创立不到一年的谷歌（Google）迎来了一笔风险投资。投资人是世界著名的风险投资公司 KPCB 的合伙人，被誉为"风投之王"的约翰·杜尔（John Doerr）。他给了谷歌 1180 万美元的风险投资。同时，还给了创立谷歌的两个年轻人——拉里·佩奇（Larry Page）和谢尔盖·布林（Sergey Brin）一份更大的礼物：OKR，并告诉他们应该如何实现梦想。

　　当时的谷歌只有 30 人左右，他们积极拥抱 OKR，开始学习和运行这套管理系统。OKR 一直伴随着谷歌走到今天，经过 20 个春秋，使谷歌成了一家受世人瞩目的伟大的公司。现在，OKR 已经成了谷歌 DNA 的一部分，也成了谷歌的一张名片。

很多人对 OKR 的认识源自谷歌，而事实上，OKR 的渊源还要往前追溯至少 60 年。

1954 年，管理大师彼得·德鲁克出版了名著《管理的实践》[⊖]，最先提出了"目标管理"（Management by Objectives，MBO）的概念。他指出："企业为了取得良好的绩效，就要求各项工作必须以达到企业整体目标为导向，尤其是，每一位管理者都必须把工作重心放在追求企业整体的绩效上……企业对目标管理必须投入大量的精力，并需要运用特殊工具。"其后，他又提出"目标管理和自我控制"的主张，他在书中写道："目标管理的主要贡献在于，它能够使我们用自我控制的管理方式来取代强制式的管理。""企业需要的就是一个管理原则。这一原则能够让个人充分发挥特长、担负责任，凝聚共同的愿景和一致的努力方向，建立起团队合作和集体协作，并能调和个人目标与共同利益。"

德鲁克关于目标管理的理论，不仅明确指出了企业经营管理中各项工作的着力点应当是目标，更重要的是，他识别出对目标实现具有决定性影响的关键要素——人，具有责任感、具备自我控制能力和协作能力的人。

这些认识，在今天看来，仍然极具前瞻性。即便在 21 世纪，已经进入人工智能时代的我们也不得不承认，德鲁克不愧为"大师中的大师"。要知道，他的这些论断，是在 20 世纪 50 年代的工业时代做出的！

《管理的实践》是管理科学史上划时代的巨著。它点燃了众多企业的希望，甚至有很多企业家在企业内部轰轰烈烈地掀起了一场目标管理的"革命"。

然而，令人遗憾的是，企业在推行目标管理的过程中，过于注重形式，以至于忽略了目标管理所隐含的价值观和思维方式。和大多数的管理

⊖ 本书中文版已由机械工业出版社出版。

变革一样，由于企业家普遍具有急于求成的心态，结果原本应该充分互动的组织活动沦为一场自上而下施压的"运动"。德鲁克所描绘的目标一致、团队协作、主动负责的愿景，很少有企业能够实现。目标管理陷入了泥潭，光环也逐渐淡去。

作为德鲁克的忠实粉丝，时任英特尔执行副总裁的安迪·格鲁夫（Andy Grove）进行了大量的深入研究，他敏锐地洞察到了 MBO 所蕴藏的价值，也看到了它所存在的局限性。

安迪·格鲁夫对德鲁克的目标管理进行了优化，将英特尔的目标管理系统命名为 iMBOs。1975 年，英特尔公司开始全面推行 iMBOs，并在接下来的数十年中坚定不移地大力推行和持续优化。如今，英特尔取得了骄人的业绩，已成为全球最具影响力的公司之一。

英特尔的 iMBOs 使目标管理焕发了勃勃生机，并取得了颠覆性的进步。

约翰·杜尔是英特尔高速发展的见证人和 iMBOs 的受益者。为了避免混淆，他将格鲁夫的方法称作 OKR。约翰·杜尔认为：目标与关键结果的结合是 OKR 的独特贡献。为了说明 OKR 的进步性，他将 OKR 与MBO 进行了对比（见表 1-1）。

表 1-1　OKR 的进步

MBO	英特尔的 OKR
"目标是什么"	"目标是什么" + "如何实现"
年度目标	季度和月度目标
目标不公开、不透明	目标公开、透明
自上而下	自下而上或团队协商
与薪酬福利挂钩	大部分与薪酬福利无关
规避风险	积极进取

约翰·杜尔多年的实践表明，OKR 可以有效地帮助个人和组织实现

目标，他始终坚定地认为 OKR 极具价值和潜力。约翰·杜尔不但为谷歌送上了这份大礼，还持续不断地向众多的企业推荐，被誉为"OKR 的播种机"。目睹了谷歌极具创新力的飞速发展，众多企业纷纷学习和效仿其先进的管理方式。

今天，我们所熟知的微软（Microsoft）、领英（LinkedIn）、推特（Twitter）、星佳（Zynga）、美国在线（AOL）、多宝箱（Dropbox）、甲骨文（Oracle）、亚马逊（Amazon）、脸书（Facebook）、雅虎（Yahoo）等知名企业都在积极应用这套方法。

OKR 虽然来自硅谷，但其适用范围并不只限于互联网和高科技企业，传统的制造业、服务业企业也在热情地拥抱 OKR，它们之中的代表有：通用电气（GE）、松下（Panasonic）、施耐德（Schneider）、西尔斯（Sears）、埃森哲（Accenture）、凯业必达（CareerBuilder）、戴尔电脑（Dell）、德勤（Deloitte）、Gap、优步（Uber）、爱彼迎（Airbnb）、宝马（BMW）、西门子（Siemens）、LG、三星（Samsung）等。

2014 年，谷歌传到互联网上的内部培训 OKR 的视频，极大地激发了中国企业学习的热情。一向嗅觉敏锐、勇于创新的互联网企业，如知乎、豌豆荚等，率先拥抱了 OKR。

2015 年，华为启动 OKR 试点。2016 年，效果初步显现。2017 年，华为的绩效管理满意度调查显示：采用 OKR 的团队在绩效管理各维度的满意度全都高于采用传统绩效管理方法的团队，其中，OKR 在团队合作、工作自由度、发挥个人特长、组织开放度等方面所发挥的促进作用最为明显。并且，那些采用 OKR 的团队，没有一个愿意再退回去使用传统的绩效管理方法。至 2018 年年底，华为的 OKR 已经覆盖了 8 万人左右的团队，约占华为总人数的 43%。

榜样的力量是无穷的。短短 5 年时间，OKR 在中国遍地开花，阿里巴巴、百度、腾讯、小米、今日头条、分众传媒、中国电信、中国移动、中国联通、招商银行、工商银行、万科、金地、伊利、光明、东阿阿胶、TCL、欧普、吉利汽车、福田汽车、威马汽车、南孚电池、方太、康佳、理想汽车、去哪儿网、携程、链家地产、韩都衣舍、宜佰家居、炎黄体旅、效率叠加、菠萝加速器……都在用 OKR。

OKR 在谷歌的成功实践、在华为等知名标杆企业的成功应用，充分证明了 OKR 的巨大价值，值得广大中国企业学习和实践。

无论是在国外还是国内，无论是跨国企业还是中小微企业，无论是互联网、高科技企业还是传统制造业、服务业企业，无论是创业公司还是面临转型突破的成熟组织，OKR 都对其发展起到了积极的推动作用。

第二节　现实的困扰

很多书在介绍 OKR 时，都会提到 VUCA 这个源自美国军事机构的名词，意在提示人们注意，在当今这个变幻莫测的时代，企业所面临的挑战。同时，提醒人们重视对市场的洞察和预见，提高组织响应的灵活性和团队的快速执行能力。不过，我对这个问题的看法相对比较复杂。

VUCA 是 volatility（易变性）、uncertainty（不确定性）、complexity（复杂性）和 ambiguity（模糊性）的缩写。VUCA 描述的是这样一种状态：宏观和微观环境不断动荡，无法预测；层出不穷的黑天鹅事件，颠覆了传统的认知；影响决策的因素纷繁复杂，往往超出预料，难以全面评估；内外关系、组织边界都日益模糊，无法应对。

诚然，市场的变幻莫测、产品的快速迭代、竞争的不断加剧、资源的相对稀缺，无不使得传统企业如履薄冰。但同时，我们也应该认识到，VUCA 是社会进步的表现，推动这些进步的正是技术的进步，以及价值观的开放和多元化。时代不仅给我们带来了挑战，也带来了更多的机会。

与其将注意力投入纷繁复杂的外部环境之中，倒不如深入思考组织内部的变化和挑战。因为，VUCA 必将成为常态。既然是常态，自然就有规律可循。未来唯一不变的就是变化，不同的是变化的方向和程度。组织的能力是从静态执行到动态响应逐步提高的。尤其是，对于占企业总数 99% 的大多数传统中小企业而言，向内看，识别出那些制约和促进企业发展的可控因素，有针对性地提高自身的经营管理能力，比"快速应对"外部环境的变化更有价值和现实意义。

互联网、大数据、云计算、物联网、人工智能、电子商务、移动支付、共享经济、新零售、区块链……科学技术的巨大进步、市场经济的迅猛发展，在改善人们生活的同时，也在潜移默化地影响人们的思维方式、价值观念和彼此之间的关系，进而改变人们的工作选择和工作方式。

"世界那么大，我想去看看"，一则仅 10 个字的辞职申请爆红网络，被网友评为"史上最具情怀的辞职信"，入选 2015 年十大网络用语。乍看之下，人们可能认为，辞职者注重的是内心的感受，是为了探索更多的未知和可能性。但是，仔细想想，其实这种选择反映的是个体对自身生活意义的追求、对实现自我价值的渴望以及主宰自身发展道路的愿望。虽然没有直接说出来，但我们也不难做出判断——目前的工作单调乏味、无法自我掌控、发展前景黯淡，总之，看不到希望。

这封辞职信之所以爆红，并非仅仅因为它简短，更因为它极具代表性，拨动了众人的心弦，讲出了大家想讲而没有讲的话。事实上，没有人愿意成为流浪者，人们只是希望找到一个可以体现自我价值的地方。

今天，伴随信息技术和数字革命成长起来的一代，已逐渐成为职场上的主力军。与大多数人的父辈和前辈相比，他们享受着高科技带来的种种便利和丰富体验，拥有更完善的教育资源、更丰富的前沿资讯，也面临着更多样化的选择，由此形成的价值观和思维方式，也自然会影响他们内心的选择。

他们不甘于像父辈那样，为了家庭责任、权力、社会地位或物质利益，年复一年、日复一日机械地重复劳动，更不愿意成为一台庞大机器上的螺丝钉。

他们更在意内心的感受，追求生命的意义，注重个人的发展。他们渴望在工作中被尊重、被认同、被欣赏、被需要，他们希望在工作中感知使命、体验快乐、获得学习和成长，希望通过工作改变命运、实现梦想。而这一切，只有在平等、开放和充满尊重的组织里才有可能实现。

令人遗憾的是，今天大多数的企业家和管理者，更多地将注意力投向了外部，关注得更多的是消费者、渠道、竞争对手，却恰恰忽略了管理中最重要的因素——人。为数众多的传统行业的中小企业，依然在强势地维护着科层制的管控型组织。

基于专业化分工的科层制组织，的确发挥过不可替代的作用，时至今日，也仍然有其生存的土壤。但不容忽视的是，过度的专业化也就意味着工作的单调性，弱化了员工在工作上的成就感，限制了员工的发展空间，与今天新生代员工对生活的意义和自我价值的追求背道而驰。

不仅如此，传统的结构森严、制度严格、流程固化、层层汇报的管控型组织，也越来越难以适应外部环境的变化。由于员工难以感知工作的意义，其积极性未被充分调动，只能被动地接受来自上级的指令。而决策者囿于各项固化的流程，不但无法及时了解信息，更难以保证信息的真实性、完整性和准确性，对组织决策造成了极大的困扰，给决策的贯彻落实也带来了极大的挑战。

为了应对这些挑战，组织对执行力的要求越来越高。针对个体的绩效考核因此成为大多数企业的选择。这些企业对个体的工作成果按指标进行考核，并将考核结果与个体的薪酬挂钩。从契约关系的角度来看，这样做无可厚非。然而，单纯的物质刺激削弱了人们的内在动机，从长远来看，反而降低了企业绩效。同时，还衍生出一系列潜在的不良后果，包括抑制创造力、助长短期思维、诱发不道德行为等。

在契约关系的影响下，组织内日渐形成了一种交易文化——一种唯上唯权的文化，导致个体在内心与组织疏离，抑制甚至扼杀了员工的积极性和创造力。

上述这一切最终形成恶性循环，其所导致的僵化与迟滞，与时代的飞速进步和发展形成了鲜明的对照。如何进行组织变革，如何转变管理方式，如何凝聚个体的力量，如何发挥每个人的创造性，如何促进团队协作，如何调和个体利益与组织利益，成为当代管理最突出的课题。

德鲁克在《管理：使命、责任、实践》[⊖]一书中，一语道破了管理的真谛。他写道："商业企业（或其他任何组织机构，如医院、学校等）只拥有一项真正的资源——人。管理的第一个任务是靠人来实现的，管理工作的目的，就是要使人力资源更富有生产力。"

OKR 正是基于这样的目的而实践的。它强调员工的广泛参与，从而充分调动员工的积极性；它倡导公开透明的文化，从而营造平等尊重的工作氛围；它不依赖外在激励，而是激发个体的内在动机，让员工在工作中感受意义、寻求发展。

以华为和谷歌为代表的众多企业，通过 OKR，实现了员工自我实现与组织目标的融合；组织因此而焕发的活力和持续迸发的创新力，也大幅提升了组织对外部环境的快速响应能力。

⊖ 本书中文版已由机械工业出版社出版。

第二章

OKR 究竟是什么

OKR 是目标管理的工具，是战略实施的保障，是组织变革的利器，是科学激励的机制，是文化提升的驱动。OKR 是正确的价值观，是科学的方法论，是最佳的管理实践。

第一节　OKR 目标达成法

OKR 是目标（Objectives）和关键结果（Key Results）的英文缩写，合起来就是：目标与关键结果（Objectives and Key Results）。

O 说明了我们想实现什么，KR 说明的是我们为了实现目标应当做什么。O 表明我们要往哪里去，KR 表明我们如何才能到达。O 呈现出我们的目的地，KR 标明了我们前行的路径。如果说 O 是我们要获得的成果，那么，KR 就是一杆秤，它可以衡量我们的成果是否已经实现。O 与 KR 的关系如表 2-1 所示。

表 2-1　O 与 KR 的关系

	目标（O）	关键结果（KR）		目标（O）	关键结果（KR）
使命	想要的	需要做的	战略	目的地	路径
愿景	去哪里	怎么去	目标	成果	衡量方法

保罗·R. 尼文（Paul R. Niven）和本·拉莫尔特（Ben Lamorte）是 OKRsTraining.com 的合作伙伴和国际知名的 OKR 教练。在他们合著的《OKR：源于英特尔和谷歌的目标管理利器》一书中，他们对 OKR 是这样定义的：OKR 是一套严密的思考框架和持续的纪律要求，旨在确保员工紧密协作，把精力聚焦在能促进组织成长的、可衡量的贡献上。

为了帮助大家理解，我们不妨将这句话进行分解。

严密的思考框架：OKR，就是目标与关键结果。它要求在设定目标之后，进一步思考可以保证实现目标的关键结果。我们也可以换个角度理解，就是要在思考关键结果这个具体的衡量标准之前，先想清楚为什么要做这件事，它的价值和意义何在。这也是 OKR 与 MBO 的第一个显著区别。

持续的纪律要求：任何业务的运行总有其规律可循，企业的运营也自然有与其业务规律相匹配的节奏，OKR 要求企业在大大小小的运营周期内，保持对 OKR 的注意力。进一步讲，这也是在要求企业持续践行，不要浅尝辄止、半途而废。

确保员工紧密协作：首先，OKR 要求在制定目标时，将自上而下与自下而上的方式结合起来。广泛参与的员工，会更加认同目标的价值，也更加理解关键结果的内涵，这是紧密协作的基础。其次，OKR 要求纵向对齐、横向对齐，并通过运行过程中的公开和透明，让各部门、各岗位充分了解相关方工作的意义，认识到彼此之间相互依赖的关系，从而实现员工的紧密协作。

聚焦：无论是目标 O，还是关键结果 KR，都强调聚焦。聚焦目标，是要求组织集中资源和精力，做出战略性的选择。聚焦 KR，促使员工审慎地思考 O 与 KR 的逻辑关系，避免将 OKR 变成日常工作的待办清单。

 本书中文版已由机械工业出版社出版。

做出可衡量的贡献：无论是管理者还是员工，经常会使用定性的词语来描述自己希望做出的贡献。而这样做的结果往往是徒劳的，因为定性的描述，很多时候反映了管理者和员工对业务理解的肤浅。定量的描述，实质上正是迫使大家进行理性和深入的思考，因为贡献必须是可以衡量的。

促进组织成长：一方面，指 OKR 所追求的贡献必须符合组织发展方向，与组织发展战略相匹配；另一方面，也指 OKR 要对组织核心竞争力的构建产生促进作用。

保罗·R. 尼文和本·拉莫尔特对 OKR 的诠释是非常有意义的。考虑到可能有部分读者囿于国人阅读的思维习惯，在理解译文时会觉得不那么自然、顺畅，我们不妨给出一个中国式的定义。"太啰唆了吧"，也许有人会这么说，但我坚持认为，在我们实施一项管理变革或运用一项新的管理工具前，最重要的准备莫过于对其多维且深入的认知。

我们认为：OKR 是一种理性识别重要目标，运用业务逻辑确定实现目标的关键结果，高效整合组织资源，激发团队热情的目标管理系统，是组织达成目标的工作方法。

现在，我们也将这个定义拆开来做一下解释。

理性识别重要目标：现实中，不少企业在制定目标时，往往基于过往的经验或片面的信息做出感性的决策，OKR 要求理性的思考。思考少数重要的目标，而不是面面俱到，从而保证聚焦。因为 OKR 是战略实施的工具，而战略就意味着取舍。

运用业务逻辑确定实现目标的关键结果：OKR 强调遵循业务逻辑和管理规律，思考目标和关键结果的关系，设计实现目标的路径，提高管理者和员工的工作能力，从而提升组织绩效。

高效整合组织资源：OKR 通过上下左右对齐，形成团队沟通的共同语言，避免筒仓效应、各自为政，最大限度地实现组织合力，使 1+1>2。

激发团队热情：OKR 倡导自下而上的广泛参与，满足个体自我实现的需求，激发员工的工作热情。OKR 避免单纯的外在物质激励，注重发挥员工的内在动机。OKR 通过公开透明的操作，塑造公平、开放、主动负责、积极创新的文化。

目标管理系统：OKR 不仅仅是员工自我管理的工具，也不仅仅是组织目标管理的工具，更是一个围绕组织目标建立起来的管理系统，对企业的战略、组织结构、激励机制和企业文化都有深远的影响。

组织达成目标的工作方法：组织目标一方面指向组织的发展战略，另一方面指向组织的核心竞争力。OKR 是组织变革的利器，能够有效推动企业构建基于战略的核心竞争力。

通过从不同角度对 OKR 进行解读，我们不难得出如下结论：OKR 体现了科学的管理理念，它释放人性的价值，从监督走向激活；它使企业回归本质，从管控走向经营。OKR 是先进的方法论，强调聚焦思维，确保重点；要求注重逻辑，严谨思考；倡导公开透明，真诚合作。

因此，OKR 被誉为当今的"最佳管理实践"。

第二节　别再拿 KPI 和 OKR 做比较

今天，KPI 正在遭受着前所未有的暴风骤雨般的抨击，抵制 KPI 的呼声此起彼伏，批评 KPI 的声音不绝于耳。有人断言"KPI 已死""KPI 终将被时代淘汰"。还有人形象地对 KPI 做出了新的诠释：Kill People Idea（杀人的主意）。

KPI 的批评者认为，KPI 是工业时代的产物，终将随着时代的更迭而被淘汰。他们认为 KPI 产生于以传统制造型企业为代表的工业时代，它建立在科层制的组织形态所造就的等级森严的环境之中，面对的是大量从事简单劳动的操作型员工。KPI注重控制，把人视为庞大的工业机器上的部件，将一个个冷冰冰的指标，自上而下纵向贯穿，并通过薪酬、晋级降级、奖惩、强制分布等手段，来保证企业的正常运转。

这些论述，不难让我们联想到，在机器轰鸣、噪声刺耳、雾气腾腾、味道刺鼻的嘈杂环境中，那一个个挥汗如雨、疲惫不堪的身躯，那一双双冷酷而犀利的眼睛，和他们手中那一张张评分表上的一串串冰冷的数字。想到这里，甚至会让人有些不寒而栗，似乎KPI的存在都缺乏正义的理由了。

对KPI的理性批评，主要集中在以下方面。

在KPI的制定方面

1. 自上而下地制定和分解指标，导致客观性的差异。管理者常常依赖的是片面的信息和主观的经验，对一线操作的实际情况往往缺乏全面和深入的了解；"一厢情愿"的指标表面上看似符合逻辑，但很可能忽略了对绩效真正有影响的驱动因素和制约因素，也很容易忽视员工实际操作中的困扰。这种情况，在知识型员工的团队中非常普遍，因为知识型员工比管理者更了解他们的工作如何产生价值。

2. 指标面面俱到，缺乏导向作用。尽管KPI强调"二八原则"，要求聚焦最重要的驱动因素，但大多数企业在实际运用中，常常求全责备。其中，有的是为了实现对各岗位考核的平衡性，把考核作为KPI的目的，舍本逐末；有的则是在运行过程中发现员工顾此失彼，于是被迫设置了越来越多的指标。无论出于什么原因，指标增多就意味着没有了导向，失去了"关键"的引领作用。

3. 基于部门和岗位设定的指标，往往忽视了组织内部协同对整体绩效的促进作用，无法使组织形成合力。反而可能产生部门筒仓效应，形成内部恶性竞争，造成组织分裂。

4. 制定指标时"削足适履"，适得其反。KPI指标建立在相对稳定的运行状态的基础之上，只有在企业已经全面把握了指标与成果的关联性，并具备历史数据的支撑时，才有条件设定。对于创新业务，想当然地制定绩效指标，不仅会限制创造性的发展，还可能使团队误入歧途。同样，管理类、保障类岗位的价值也很难简单地用指标衡量。

5. 指标僵化，一成不变，对外界变化响应迟缓。KPI 通常都是依据工作流程和岗位职责制定的，因此在面对外部环境变化时，如果工作流程和岗位职责没有进行相应的调整，KPI 指标也就保持不变。不能积极响应市场变化的指标，对绩效的促进作用定然大打折扣。

在 KPI 的实施方面

1. 重视结果，忽视方法。大多数企业的 KPI 都是呈现"结果"的指标。因此，管理者总是过度关注结果，较少关心工作方法。员工不能在工作中及时得到有效的辅导和支持，错过了提升能力、改进绩效的契机。团队无法提高经营管理能力和业务水平，也就不能有效地提高绩效。事实上，过程中的关键行为才是取得成效的真正驱动因素。

2. 重视事后评估，缺乏过程反馈。管理者重视事后的绩效评价，一味纠结过去，在执行过程中缺乏建设性的积极反馈。员工得不到及时的反馈，不能改进绩效，只能被动接受结果和评价。

3. 消极评价，扼杀主动性和创造性。管理者在评价中往往将注意力放在员工的过错和责任上，抓问题和缺点，打击员工的积极性。员工得不到认同和肯定，感觉压抑，创造性就更不可能得到发挥。

4. 大量的指标，复杂的评分体系，需要投入大量的人力、物力进行数据的收集、统计和计算，企业管理成本高企。企业付出了巨大的代价，却并没有带来相应的回报。

在 KPI 的激励作用方面

1. 员工被动执行，影响主观能动性的发挥。员工只是依照管理部门和上级制定的指标被动地执行，无法知晓指标对企业战略和总体目标的支撑作用，无法感知自身工作的价值。

2. 指标全部关乎企业，与个人成长和发展无关，不能将企业的目标和个体的愿望结合起来。员工缺乏热情，组织的创造性更是无从谈起。

3. 通过利益杠杆驱动，弱化了人的内在动机。更严重的是，组织一旦形成"钱文化"，就会在缺乏足够物质激励的情况下丧失动力，甚至诱发不道德的行为。

4. 以个体为激励对象，影响团队合作。出于对自己切身利益的保护，员工必然会将注意力投入到自己的指标上，当他人的工作、集体的目标与自己的指标产生冲突时，员工必然倾向于首先完成自身的指标，甚至不惜以牺牲企业整体目标为代价。

5. 强制分布的做法更是雪上加霜，强化了内部竞争，打击了合作的积极性。

这些批评，相信大多数用过KPI的人，都有所体会。事实上，KPI在很多企业已经失去了群众基础，演变成了一场又一场认认真真的作秀。有人形象地描述了企业对待KPI的态度：老板恨它，管理层恨它，员工恨它，就连人力资源部也恨它。这也就难怪对KPI的这些批评会激起大家如此积极的响应，形成广泛的共鸣了。一夜之间，似乎一场管理革命将要被掀起，KPI将要被抛弃。

小米创始人雷军在一次访谈中，表达了他对KPI的看法。他认为KPI是传统工业时代的管理创新。在工业时代，改善KPI只有一条路，就是改善效率。KPI能够完整地反映效率改善。但是在互联网时代，KPI已经无法反映了。只是互联网公司的业务十分容易量化考核，所以特别容易使用KPI。KPI会逼得大家迷失自我，不是把重点放在怎么改善产品以及改善用户的服务上，而是放在改善KPI指标上……而粉饰KPI有无数种投机取巧的办法。

　　腾讯高级执行副总裁、FoxMail 的创始人、被誉为"微信之父"的张小龙在微信内部一年一度的领导力大会上，也表达了他的担忧："公司需要有 KPI，公司高层需要有这样一个商业目标，但是，如果我们很多同事都直接采取了高管的方式来工作，特别是把很多目标数字化，这是不太合理的。在 QQ 邮箱开始快速发展的时候，我记得在内部还有过一次分享，当时我说了一句话，就是'我们达到了 KPI 是我们产品的副产品'。所谓副产品，就是说我们真的把这个东西做好以后，我们的 KPI 自然就达到了。早期的微信团队也一直是围绕这个思路在工作。但是，当我们的团队变大以后，这个思路就被动地慢慢发生了变化。我自己经常能感受到这种变化，因为很多同事在跟我讨论一些产品或者业务方向的时候，往往会给出一些证据，这些证据都是用数字来证明的——这对我是有冲击的。我说的冲击是说大家在思考问题时的驱动力，不是来自做有价值的事情，而是来自我们能做到多高的数据。我觉得这有一点危险。"

　　百度创始人李彦宏在内部邮件中质问："为什么很多每天都在使用百度的用户不再热爱我们？为什么我们不再为自己的产品感到骄傲了？问题到底出在哪里？"他反思道："因为从管理层到员工对短期 KPI 的追逐，我们的价值观被挤压变形了，业绩增长凌驾于用户体验之上，简单经营替代了简单可依赖，我们与用户渐行渐远！"李彦宏甚至发出了振聋发聩的警告："如果失去了用户的支持，失去了对价值观的坚守，百度离破产就真的只有 30 天。"

　　听到这么多互联网大佬对 KPI 的声讨，似乎更加坚定了我们的信心——抛弃 KPI，迎接一场崭新的管理变革。运用 KPI 似乎马上就要成为企业管理落后的象征。与 KPI 的黯然失色相比，OKR 在众多知名标杆企业的追捧之下，成为企业新的宠儿，甚至被打扮成能将企业从 KPI 的泥沼之中解救出来的英雄。

在决定进行管理变革之前，不妨让我们回过头，重新审视 KPI，进而更好地把握 OKR。在此，我整理了一些对 KPI 与 OKR 进行比较的观点（见表 2-2）。这些观点来自不同的立场和视角，其客观性值得我们进行深入辨析。

表 2-2　对 KPI 与 OKR 进行比较的观点

	KPI	OKR
时代背景	工业时代	信息时代
组织环境	等级制环境	合作的环境
管理对象	操作型员工	知识型员工
关注重点	关注存量，确保正常	关注增量，力求发展
识别要素	重要指标	制约因素，竞争优势
管理方式	控制	驱动
实质	绩效考核工具	管理方法
呈现形式	指标	目标 + 关键结果
目标要求	要求 100%，甚至超越	富有挑战、鼓励试错、容忍失败
目标来源	岗位职责	企业战略
制定方法	自上而下	上下结合，360 度对齐
目标调整	相对稳定，一年不变	动态调整，不断迭代
目标是否公开	保密：仅对责任者、直接上级、管理部门公开	公开：对相关者或全员公开
实施反馈	考核时关注，局限性	持续跟踪，全面性
激励方式	外在压力，直接关联薪酬	激发自驱力，不直接关联薪酬
员工感受	缺乏认可	积极认可

我们都知道 KPI 是指关键绩效指标，OKR 是指目标与关键结果。OKR 对 KR（关键结果）的要求是符合 SMART 原则，这与 KPI 制定的标准一脉相承。某种程度上，我们可以说，OKR 中的 KR 就是 KPI，或者 KPI 可以成为 OKR 的 KR。相比较而言，它们的定义中最大的区别在于 OKR 的 O，这是两者的不同之处。因为 OKR 不仅要求量化的结果，还要将大家的注意力聚焦到企业的战略目标上来，让员工感知到工作的意义和价值。

关于时代背景的比较，不免有些主观。KPI 的广泛应用实际上是在 20 世纪 90 年代，随着平衡计分卡的引入而展开的，与 OKR 的应用并没有明显的时代鸿沟。

就组织环境而言，等级制与合作的环境，并不矛盾。难道有了管理层级，就意味着无法实现合作吗？

就管理对象而言，KPI 依然广泛运用于知识型员工。当然，不可否认的是，OKR 对于管理对象的成熟度和知识水平有一定的要求。

KPI 的批评者说，KPI 关注的是存量，OKR 关注的是增量。这种论断可能忽略了每次制定 KPI 时，上下级之间的讨价还价，以及考核兑现时的种种冲突。

在识别要素方面，KPI 和 OKR 一样，都要求按照"二八原则"，以战略为基础进行设计。

对两者的实质判断，尤为重要。事实上，KPI 和 OKR 都是基于德鲁克 MBO 的原理进行的实践。两者的本质都是目标管理工具。之所以 KPI 会成为绩效考核的代名词，事实上是由于企业将指标与个体的收益捆绑在一起所致。

就目标的要求而言，两者都要求进步和提升。只是以谷歌为代表的互联网高科技企业在实际运用中，更强调创造性的结果罢了。况且，有部分企业会将 OKR 分为承诺型 OKR 和挑战型 OKR。事实上，承诺型 OKR 可以说就是必须要达成的 KPI。

就目标来源而言，两者都要基于战略，结合岗位特征，并无差异。

就制定方法而言，KPI 虽然也强调上下级之间应就指标达成共识，但指标本身还是自上而下进行分解的。在这一点上，OKR 有明显的进步。

就调整周期而言，因企业和业务的特性而定，两者本身并无绝对的差别。尽管大多数企业的 OKR 会以季度为周期，但同时，也存在不少以月度为周期设定 KPI 指标的企业。

OKR 公开透明是一大进步，作用显著。

从实施反馈来看，KPI 本身就要求管理者通过指标监测运行状态，发现问题后及时进行反馈。在这一方面，KPI 与 OKR 完全一致，但现实中大多数企业并未重视。有的也许曾经尝试过，但最终流于形式，半途而废。

激励方式也是 OKR 和 KPI 最大的差异，或者说，是 OKR 的进步性之一。

综上所述，我们可以发现，OKR 与 KPI 都是目标管理的方法，其原理是一致的。它们都是基于组织的战略，通过对结果进行量化衡量，力求促进指标的提升和组织的进步。它们都能够在任何环境中发挥作用。

表 2-3 总结了 OKR 与 KPI 的实质性区别。我们不难发现，KPI 与 OKR 最根本的差异在于它们的思维路径。

表 2-3 KPI 与 OKR 的差异

	KPI	OKR
管理方式	控制	驱动
呈现形式	指标	目标 + 关键结果
制定方法	自上而下	上下结合，360 度对齐
目标是否公开	保密：仅对责任者、直接上级、管理部门公开	公开：对相关者或全员公开
激励方式	外在压力，直接关联薪酬	激发自驱力，不直接关联薪酬

KPI 意图通过对各岗位"成果指标"和"绩效指标"的控制，确保整体的运营状态和经营绩效。这些指标都是由管理部门自上而下制定的，上级制定，下级"听话照做"。各部门、各岗位之间并不要求共享相关的信息。为了实现有效控制，企业往往基于人的外在动机，通过奖惩、薪酬和职务调整等手段进行激励。

OKR 则是充分激发人的内在动机，通过自上而下与自下而上相结合的方式，思考目标的意义和价值，明确实现目标的路径和方法。OKR 强调信息的公开共享，通过员工的广泛参与和密切协作，驱动整体目标的达成。

OKR 与 KPI 的差异，正是其显著的优势。OKR 也因此受到了当代知识型员工的普遍欢迎，从而推动了众多企业的快速发展，吸引了企业界的目光。

通过与 KPI 的对比，让我们能够更客观地了解 OKR，也能清醒地认识到，KPI 并非一些人所说的"罪魁祸首"。我们很欣慰的是，已经有越来越多的人，在认识到 OKR 先进性的同时，也能发现 KPI 与 OKR 的异曲同工之处，意识到 KPI 仍然具有不可替代的现实意义和实践价值。

KPI 不仅为企业做出过贡献，也仍然能够持续地产生价值。无论是 KPI，还是 OKR，其价值都取决于设计和执行。KPI 并不意味着落后。如果 OKR 运用不当，企业一样无法进步。

通过上述分析，我们可以揭示一个事实：不是 KPI 过时了，而是我们应明晰设置什么样的 KPI，为什么设置 KPI，企业究竟应该追求什么。如果我们没有制定正确的 KPI，又将其与员工的薪酬挂钩，后果可想而知。这才是真正的问题所在。

现在，我们应该可以得出结论了。OKR 和 KPI 都是目标管理的工具，都具有科学性。企业实践中，KPI 的诸多"罪状"，不应归罪于 KPI 这种工具本身，而应该检讨组织运用 KPI 的方法，检视管理者自身。将 OKR 与 KPI 对立，其实质是对管理规律和人性缺乏正确的认知，不利于 OKR 的实践。深入系统地诊断企业的实际情况，有机整合 OKR 和 KPI，才是正确的方式。

第三节　我们要的结果，从何而来

我们不时地会在微信朋友圈或公众号文章中看到《老板不容易，风光背后有多少辛酸》《老板都是苦出来的》《请尊重你的老板》等对老板进行声援的文章，字里行间表达出的不仅仅是理解，还有同情。这些文章在网络上不断传播，引起了许多人的共鸣，这也从侧面证实了这些观点的现实性。

用"四面楚歌"来形容当今中国企业尤其是中小企业的处境，也许有些夸张，但用"内忧外患"来形容，应该一点也不过分。我们暂且不论"外患"，毕竟对于外部环境而言，不可控的因素较多，那就让我们把注意力投向企业内部看看"内忧"吧。

老板往往都是孤独的。这不仅仅是说老板要一个人承担企业经营的风险。毕竟，会有人在这个时候站起来说：风险和收益是对等的，想要多大的收益就要做好承担多大风险的准备，老板赚的钱可比打工的多多了！从开始创业的第一天起，老板就已经明白了这个道理。老板的孤独感往往在于，自己的想法很多时候不被理解，没有人能和自己同频共振。

在企业初创期，商业模式尚未成型，产品也还不够成熟，市场营销的渠道较少，人才稀缺，经营和管理中的一切都需要老板依靠经验和勇气进行探索。此时，老板必须独立消化所有的负面信息，基于纷繁复杂且不完整的信息独立做出判断和决策，以免影响团队对事业和自己的信心。

当企业的商业模式经过市场验证，业务进入成长轨道时，团队对自身的努力开始产生更多的利益回报的诉求，这可能与企业集中资源迅速扩大经营的意图产生冲突。随着团队规模的扩大，部门之间、员工之间也会因责任和利益产生一些摩擦，老板必须作为公正且独立的一方予以平衡和调节。

在企业有了一定的积累、谋求更大发展的时候，团队的能力却无法与战略目标相匹配。有能力的人，往往会提出更多的要求，也有可能一言不合就离职，甚至带走企业苦心打造的团队和多年积累的客户，转而成为一个新的有力的竞争对手。

更为普遍和常见的是，当今企业，很多是 60 后、70 后的老板，带着 80 后、90 后的中层，管理着 00 后的员工。有人说：三年一代沟，五年一代人。想想看，从 60 后的老板到 00 后的员工，中间相隔的鸿沟有多大。年轻一代的价值观和思维方式与管理层截然不同，团队遭遇了敬业度危机。员工不仅仅在工作能力上无法充分满足岗位的要求，更严重的是，职业化的价值观缺失。他们不再像上一代人那样，对工作有基本的责任感，对规则有起码的敬畏，对上级有足够的尊重。他们不会把集体利益置于个人利益之上。他们似乎并不在乎长期发展，而更在意眼前，要求付出就有回报。

敬业度危机是致命的，企业因此无法发展，更难以抵挡竞争，难以应对市场的变化；企业的成本因此不断攀升，侵蚀多年的积累；企业文化逐渐沦为装饰的花边，团队成了缺乏共同价值观的一个个自由散漫的灵魂的集合体。

面对危机，企业自然意识到了危险，加强管理成为管理者的共识。通常的做法集中在强化考核、提高激励水平和教育培训等方面。

管理者认为：结果来自要求，管理控制的焦点在哪里，哪里就会出结果。绩效考核因此成为管理的代言人。以销售岗位为例：当考核的焦点指向销售收入时，为了追求销量，员工不惜牺牲利润；增加利润指标之后，员工为了获得订单，承诺账期，可能产生大量的应收账款；再设置回款指标，又可能因此造成客户权利的不平衡，产生客户流失；只好再增加客户保有率指标……长此以往，形成恶性循环，指标越来越多，导向越来越不清晰。事实上，由于注意力的稀缺，导向太多也就等同于没有导向。

考核并没有成为促进业务发展和组织进步的良方，反而成了上下级之间博弈的武器。员工抱怨重重，认为管理层是在为难自己，在想方设法克扣自己，组织分裂进一步加剧。弥合这种分裂、恢复员工积极性的一个普遍对策，就是调整薪酬激励机制，或者说，提高物质激励水平。

物质激励，的确会在一定的时间内产生作用。然而，短暂的作用会让管理层麻痹，认为问题已经解决，或者，今后可以用物质激励解决问题。但很快，物质激励的边际效用递减，管理层发现，尽管企业提高了激励水平，但是并没有实现相应的增长，甚至没有带动员工的积极性。另一个副作用是，价值分配必须基于价值评估；没有客观的评估，分配就难免不公，诱发内部矛盾。此外，员工的心态也在逐渐发生变化。那些获得激励较少或没有获得激励的人，在寻找机会跳槽。而对于那些已经受益的人来说，物质回报成了自己唯一的动力；有能力的人凡事向钱看，让金钱绑架了理想。

到了这个时候，有相当多的老板会意识到，企业的文化出了问题，员工的思想出了问题。统一员工的思想迫在眉睫，教育和培训成了当务之急。"结果意识""老板思维""团队精神""执行力""领导力"成为培训的主题。花样繁多的培训项目由此轰轰烈烈地展开了。从儒家的哲学思想到成功学打鸡血似的激励，从赏心悦目的团队活动到魔鬼式的军事训练，企业投入了大量成本，团队也倾注了大量热情，一时间，团队充满了昂扬的斗志和史无前例的团结氛围。但是很快，随着培训的结束，热情慢慢降温。团队依然需要面对平日里充满压力的工作和竞争。频繁的学习和训练，牺牲了大量时间，耗费了无数精力，员工私下牢骚满腹。思想没有统一，执行力没有提高，领导力没有进步。企业文化只是挂在墙上的标语，无法落地，更没法扎根。

有人写了这样一首打油诗，形容发生在企业中的一幕幕场景：

战略规划总是虎头，实施落地常常蛇尾。

组织架构设计严谨，工作协调障碍重重。

领导决策非常英明，执行落实特别困难。

干部培训与时俱进，管理能力原地踏步。

野狗功高尾大不掉，白兔听话一无所能。

提高薪酬完善福利，一时振奋长期低迷。

聚餐 K 歌旅游运动，关系紧张言不由衷。

企业文化敲锣打鼓，挂在墙上无法扎根。

管理大师德鲁克曾发出这样的警示："真正危险的事，是问了错的问题。"

当管理者问如何让员工不再懈怠时，他们忽略了员工为什么懈怠的问题。当管理者问员工为什么没有积极性时，他们忽视了员工为什么要有积极性的问题。类似这样的问题还有很多。我们所提出的问题不仅反映了我们的视角和思维方式，也反映了我们的思维所赖以存在的价值观，也就是我们对事物本质的判断、对客观规律的认识和对人性的假设。

规律就是无声的命令。规律是不能被人创造、改变和消灭的。今天，人们的生活正在发生着日新月异的变化，新的产品、新的应用创造了许多人们从未想象过的需求。而这些新的产品和新的应用，皆来自新的技术和新的工艺。新的技术和工艺，又源于新的理论和新的发明。新的理论和新的发明不会从天而降，一定来自新的思想和新的理念。这就是科学技术作为市场经济最大的推动力量的客观规律（见图 2-1）。

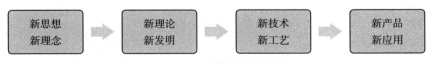

图 2-1　新事物的发展规律

管理作为一门软科学，同样有其客观规律可循。从道格拉斯·麦格雷戈（Douglas M. McGregor）的 XY 理论，到泰勒的科学管理，再到德鲁克的目标管理，管理理论背后的逻辑都是从对人性的假设开始，形成基本的理念，然后构建理论框架，最终提出具体的管理方法。

　　美国心理学家、管理理论家、行为科学家、双因素理论的创始人弗雷德里克·赫茨伯格（Frederick Herzberg）在他的著作《管理的选择：是更有效还是更有人性》中说："管理就是在效率和人性之间做选择。"事实上，无论是对于国家、社会、企业还是对于非营利组织而言，公平和效率都是管理科学永恒的话题。我们日常生活中最典型的例子就是红绿灯，既要保证通行的效率，又要兼顾权利的公平。

　　彼得·德鲁克说："所有企业管理，说到底都是目标管理。"他在《管理的实践》中指出："企业需要的就是一个管理原则。这一原则能够让个人充分发挥特长、担负责任，凝聚共同的愿景和一致的努力方向，建立起团队合作和集体协作，并能调和个人目标与共同利益。"

　　德鲁克的论述对我们来说，是非常有意义的。因为他为"在效率和人性之间做选择"这个难题提供了解决思路。德鲁克所说的这个管理原则表明：基于对人性的正确假设，整合企业的使命、战略、组织形式、激励机制和企业文化，才是企业管理的正确选择。

第三章

OKR 何以有效

OKR 强调聚焦，使组织资源效用最大化。

OKR 注重逻辑，让组织目标的构想具备实现的理由。

OKR 要求组织协同，上下左右形成一张网，统一步调。

OKR 倡导自下而上，实现广泛的参与，激发更高的事业热情。

OKR 要求公开透明，用公开促进公平，用透明提高协作效率。

OKR 推崇积极反馈，尊重人性，使企业管理回归本质，由管控走向激活。

第一节　把握 OKR 的特征

要想真正了解 OKR，不能仅仅停留在它的概念层面，因为让一种管理方法发挥效用、实现价值的，绝不仅仅是其价值观念和理论体系。只有深入它的内涵，把握它的特征，才算认识了 OKR。只有在实践中充分体现 OKR 的特征，方可使其行之有效。

在《OKR：源于英特尔和谷歌的目标管理利器》一书中，该书作者对 OKR 的效用做了以下总结。

第一，由于 OKR 简单，只有"目标"和"关键结果"两个词，所以，员工易于理解并乐于接受，进而产生了更好的沟通效果。

第二，以季度为周期，频繁地刷新目标，提高了组织敏捷应对外界变化的能力。

第三，OKR 的聚焦，让每一位员工都将精力投入到最重要的事情上。

第四，OKR 的公开透明，可以促进跨部门的协同。

第五，绝大多数 OKR 是采用自下而上的方式设定的，从而让团队和个人对目标更有责任感，提升了敬业度。

第六，OKR 激励具有成长型思维的人进行前瞻性思考。

归纳起来，该书作者阐述的 OKR 的特征包括：简单、敏捷、聚焦、公开透明、自下而上、前瞻性思考。

基于中国企业尤其是广大中小企业的实际情况，我不能完全接受该书作者的结论，但我同意他们的部分观点。我想，正如该书书名所写的——"源于英特尔和谷歌的目标管理利器"，该书作者作为国际知名的 OKR 教练，辅导过全球多家知名企业实施 OKR，他们的结论必然来自这些企业的实践总结。而且我们也有理由相信，如果作者辅导的对象是中国广大的中小企业，他们应该会得出并不完全相同的结论。

我们应当注意到，英特尔和谷歌这样的企业与我们中国的绝大多数企业存在明显的差异。

第一，英特尔和谷歌都是管理成熟度非常高的企业。英特尔成立于 1968 年，至今已有 50 多年的历史；1998 年创立的谷歌也已经走过了 20 多年的历程。在企业管理方面，它们不仅拥有全球最顶尖的管理人才，而且不乏众多世界知名的咨询公司、投资公司辅佐，管理基础可谓非常雄厚。

第二，英特尔和谷歌都是高科技企业。高科技主要体现在 8 个高：高难度、高技术密集、高资金密集、高知识密集、高速度、高竞争、高风险、高效益。它们所面临的外部环境更为复杂，面对的市场竞争也更加激烈。尽管已经不断有专家预测摩尔定律即将失效，但技术进步不会放缓。这些变化，对它们内部资源的整合效率也必然带来更加广泛的挑战。

第三，英特尔和谷歌都是美国企业。美国人大多崇尚个人价值，重视个人的权利。美国的市场化程度非常高，从开发新大陆到独立建国，鼓励冒险、追求创新、危机意识、追求实用和务实的精神已经融入国民的血液。而且美国的法制化程度也很高，"契约必须严守"的法律精神在社会实践中影响广泛。

第四，英特尔和谷歌都是员工成熟度非常高的企业。众所周知，英特尔和谷歌汇聚了世界一流的科学家、工程师和各类专业技术人员。据谷歌公开透露的数据，每年大约有 300 万人应聘谷歌的职位，最后被录取者约为 700 人。换句话说，候选人被谷歌录取的难度是被哈佛、斯坦福这类顶尖大学录取的 20 倍。对这些企业的员工而言，工作的意义早已不是养家糊口、改善物质生活条件，而是实现价值、奉献社会。

看到这里，有些读者可能会提出质疑：来自英特尔和谷歌的 OKR 能在中国企业发挥作用吗？我的答案是非常肯定的。

之所以能如此果断地给出肯定的答案，并不是由于中国已经有华为、小米等一大批运用 OKR 的榜样。如果单纯是因为前人的实践，就得出值得追随的结论，未免感性和武断。我们通过理性的分析，完全可以得出肯定的结论。

首先，尽管美国和中国存在差异，但我们更加不能忽视的是，市场经济高度发达的美国一直在为我们的企业管理提供着丰富的理论和宝贵的经验，KPI 和 BSC 已经促进了很多中国企业的发展，OKR 自然也可以。

其次，企业的管理成熟度、员工的成熟度正是我们的管理者所追求的。绝大多数中国企业发展历程较短，其成长很大程度上依托的是国民经济的高速增长、中国的人口红利和国家综合实力的强盛。企业自身的核心竞争力还不明显和牢固。很多企业的管理意识才刚刚启蒙，亟须通过管理来构建自己的核心竞争力，以应对经济周期带来的冲击和未来更加激烈的市场竞争。OKR 就是促进我们提升管理成熟度和员工成熟度的利器。

再次，未来的环境变化将成为常态，挑战无处不在。这些变化与挑战，不会只降临到高科技企业。无论是传统的制造业还是服务业企业，都将面临高速度、高竞争、高风险的挑战，都需要像高科技企业一样，高效地整合技术、资金和知识。OKR 对外部环境变化的敏捷响应能力，已被许多企业的实践验证。这些企业不仅仅是以互联网为代表的高科技企业，还有许多传统制造业、服务业的企业。

最后，寻求体现中国特色的管理才是任何管理理论和管理工具发挥作用的正道。德鲁克在《管理新现实》[⊖]中写道："因为管理涉及人们在共同事业中的整合问题，所以它被深深地根植于文化之中。管理者所做的工作内容在联邦德国、英国、美国、日本或巴西都是完全一样的，但是他们的工作方式千差万别。因此，发展中国家的管理者面临的一个基本挑战就是，如何发现和确定本国的传统、历史与文化中哪些内容可以用来构建管理，确定管理的方式。日本经济的成功与印度经济的相对落后之间的差别就在于：日本的管理者成功地把国外的管理观念植入本国的文化土壤之中，并使之茁壮成长，而印度却没有做到这一点。"德鲁克的观点给了我们启示，我们完全能够运用好 OKR，前提是要符合我们的国情和文化。

毋庸置疑，OKR 是有巨大价值的。但如何发挥这种价值，并使价值最大化，就要看我们怎样解读 OKR，怎样发掘出它适用于我们中国企业，尤其是广大中小企业的特征。只有在实践中保持和强化这些特征，才能使其行之有效。

　　⊖　本书中文版已由机械工业出版社出版。

我认为：OKR 的特征在于聚焦战略、注重逻辑、对齐协同、自下而上、公开透明、积极反馈。

第二节　放大镜：聚焦汇集能量

学生时代，曾听老师讲过阿基米德用凹面镜击败罗马舰队的故事。物理实验课上，相信每个人也都曾在烈日之下用放大镜点燃过纸张。同样，在历史课堂上，我们也了解过许多以少胜多的经典军事案例。这些曾经让我们惊讶和激动的实验，这些让我们感到震撼和钦佩的故事，使我们认识到一个规律：把能量聚焦，就会取得意想不到的效果。

人们常说：商场如战场。在战争中，敌我力量的对比对胜负有决定性的影响，要想打有把握的仗，就必须集中优势兵力，聚焦战略要地，各个击破，步步为营。对于企业来说，也是一样。企业自身有限的资源与发展战略的需求相比，永远都存在差距。这种差距的存在，客观上就造成了战略实施的不确定性，而投入无法确保，产出自然就不可控。

我们都知道，管理的核心是人，但人并不能直接产生价值，产生价值的是人的体能、智能和情感。换句话说，人将他的体能、智能和情感投向哪里，哪里产出就会更多。然而现状是企业中每个人的工作越来越复杂，协调对象的范围越来越广，需要处理的信息越来越多，人们已经无法集中注意力将自己的体能、智能和情感全身心地投入到每一件事情上。由此可见，人们的注意力已成为稀缺资源。而这种资源，恰恰是管理者最需要重视和调动的。

OKR 要求的聚焦，正是组织和个体注意力的聚焦。德鲁克说："有效的管理者坚持把重要的事放在前面做，每次只做好一件事。"管理者的注意力聚焦了，员工的注意力才会聚焦，组织的人力、财力、物力等资源才可能聚焦，资源的价值才能最大化，进而实现组织的目标。

　　可惜大多数企业并非如此。有的企业为了扩大市场占有率，将产品大面积撒网式地铺向市场，业绩反而不温不火。有的企业为了规避风险，"避免将鸡蛋都放在一个篮子里"，不断扩大投资领域，顾此失彼。有的企业为了追求销量，盲目增加品种，意图通过产品总量的增加实现销售总量的提升，反而稀释了利润。有的企业为了提升品牌价值，一味强调品牌的延伸，模糊了客户对品牌的认知，丢失了市场份额。更为普遍的是，很多企业在年度规划时往往以"系统论"为名，设定产品开发、技术研发、市场拓展、营收增长、客户满意、团队建设等诸多目标，面面俱到。临近年底才发现，这些目标根本无法一一实现。

　　不聚焦，注定以痛苦收场。格鲁夫说："我们因不会拒绝而成为自己的牺牲品……什么都想做，就会什么都做不好。"对于企业的战略而言，重要的不是平衡，而是取舍。战略不是选择做什么，而是决定不做什么。很多时候，放弃更需要智慧。那么，应该如何聚焦呢？

　　在此，我们有必要先将OKR的聚焦与KPI的聚焦做个对比，以便于我们把握运用OKR聚焦的方向。OKR和KPI都是目标管理的实施方法，都强调运用二八原则，将主要精力投入到关键的结果和关键的过程上。二八原则，是由意大利经济学家帕累托提出的一个经济学原则，最初被企业借鉴用于建立风险控制框架。今天，二八原则对企业投资、市场营销、客户资源管理、人力资源管理等方面均具有广泛的影响。在企业的目标管理方面，也发挥着巨大的影响力。

　　KPI认为，每个部门和员工80%的工作绩效来自20%的关键行为。因此，聚焦衡量这20%关键行为的指标，也就把握了大部分的工作绩效。当员工的绩效能够达成，组织的总体目标就会实现。OKR则认为，组织使命80%的达成源于20%最有价值的目标，将资源集中在少数重要的目标上，才能最有力地推动组织完成使命。

由此可见，KPI 的逻辑是通过个体聚焦，实现总体绩效。而 OKR 的逻辑起点，一开始便是组织聚焦。此外，KPI 更注重对现实状态的把握和短期目标的保障；而 OKR 则强调对未来发展的重视，对组织终极目标的追求。

德鲁克指出："管理者的目标必须要反映出企业需要达到的整体目标，而不只是反映个别管理者的需求。"他的论述表明，应该思考企业作为一个整体所应达成的目标。那么，什么样的目标才是企业应该聚焦的呢？

伦敦商学院教授特里·希尔（Terry Hill）提出的订单资格要素和订单赢得要素的概念给了我们启发。订单资格要素是指：组织的产品或服务值得购买所必须具备的基本因素。订单赢得要素是指：组织的产品或服务优于其竞争对手，从而赢得订单所需具备的因素。对企业而言，资格要素是生存的必要条件，而赢得要素是发展的必然要求。企业应当聚焦两类目标：一是根除那些有损资格要素的瓶颈因素，二是构建独特的竞争力，以获取赢得要素。

案例：宜佰家居

宜佰家居成立于 2008 年，是一家集研发、生产、销售、安装、服务为一体的专业化、集成化的高端全屋定制家具企业。其现代化的生产基地坐落于广东佛山国家级高新技术开发区三水工业园区，拥有多条全自动进口数控柔性生产线。一直以来，宜佰家居秉持"打造最具性价比的匠心品质"的理念，在原材料环保检测、自动化柔性生产线的流程设计、制作工艺高精度、产品安全性和耐久性测试等方面都有近乎严苛的要求，在行业及用户中建立了良好的口碑，企业也因此获得了迅猛的发展，产品远销澳大利亚、迪拜……

然而，随着经济形势的变化，以及房地产市场的宏观调控，家居行业遭遇了寒冬，企业的收入和利润整体下滑，很多企业破产倒闭。市场总量的变化，自然也对宜佰家居产生了影响。保障企业的利润水平，是生存和发展的必然要求。决策层明白，在市场总量萎缩的情况下，只有提高市场份额，才能继续保持高速发展的势头。

2018年年末，宜佰家居的管理层进行了深入的分析和研究。他们认为：在不考虑产品价格因素的情况下，市场占有率 = 企业品牌覆盖的客户数量 ÷ 行业的客户数量，企业品牌覆盖的客户数量 = 经销商终端店面数量 × 单店消费者数量。基于这个基本逻辑，提高经销商数量或者提高经销商的成交率，就是实现市场份额突破的路径。

为数不少的企业，分析到这里，就会提出用招商政策扩大经销商数量，或采用价格刺激等促销手段提高成交率。宜佰家居没有这样做，他们认为，影响经销商数量和经销商成交率的因素很多，随着国内市场的不断成熟，消费者对于健康环保的高品质生活的需求日益提高，无论是经销商的投资经营决策，还是终端消费者的购买行为，都在发生着巨大的转变，大规模招商和低价促销已经不再适合目前的市场环境，招商和促销不但无法从根本上解决问题，反而可能衍生出其他的不可控的问题。

宜佰家居的管理层对影响经销商数量和经销商成交率的因素做了分析。他们认为，影响经销商数量的因素包括：加盟政策、产品质量、产品交货周期、经销商利润空间、厂家售后服务、营销传播力度、消费者偏好等。影响消费者成交率的因素有：产品款式、产品材质、价格、品牌影响力、售后服务等。对于这么多的因素，企业不可能面面俱到。必须做出取舍，将精力聚焦，找到一个最有影响力和带动性的点。

管理层通过广泛讨论，综合行业及供应链专业人员的建议和意见，得出结论：经销商最青睐的就是受消费者欢迎的产品。换句话说，经销商最在意的是消费者的偏好。而在当前市场同质化竞争日益严重和消费者个性化需求日益增长的情况下，对消费者影响最大的是产品的款式。

基于这样的共识，宜佰家居制定了公司年度战略 OKR（见表 3-1 ）。

表 3-1　宜佰家居年度战略 OKR

O		打造引爆目标市场的产品款式和设计方案
KR	KR1	针对核心目标市场，完成 20 项新中式风格的设计（风格）
	KR2	开发 20 种差异化的流行色板材（主材）
	KR3	设计可独家定制的 20 种五金装饰配件（配件）

公司的年度战略 OKR 明确后，各部门都相应地制定了自己的 OKR。营销部以市场竞争和消费偏好调研为目标，设计部以产品款式设计为目标，采购部以供应链整合为目标，生产部以工艺调整为目标，人力资源部以新产品的培训教育为目标……全公司上下目标对齐、众志成城，所有人充满热情、斗志昂扬。

宜佰家居全新的产品设计，融合中西方高品质的家居生活理念，结合国人的使用习惯，获得了消费者的一致认同和好评，受到了广大经销商的热情推崇，极大提升了宜佰家居的市场占有率。

至 2019 年年末，市场寒冬之下家具行业整体效益严重下滑，亏损和倒闭的企业不胜枚举，而宜佰家居全年销售业绩同比增长 30%，一路高歌猛进。

聚焦的威力是巨大的。聚焦提高了企业资源的使用效率，确保了企业战略落地，避免了战线过长对资源效用的稀释。聚焦增强了日常工作对战略的支撑作用，避免了烦琐的事务性工作对重要目标的影响。聚焦让所有人目标对齐，实现了组织合力。聚焦强化了团队的结果思维和目标感，激发了员工的使命感和责任感。聚焦使每个人感受到了自己的工作对企业的贡献，焕发出事业热情。

第三节　藏宝图：导航引领路径

聚焦让我们明确了方向，让大家知道了目的地是哪里。但是如何能够到达，如何能够最快速、最省力地到达，是一件更加考验团队智慧的事情。OKR 是格鲁夫的一项伟大创新，它赋予了目标达成的方法，让目标更具实现的可能性。O 与 KR 之间所呈现的关系就是业务逻辑。

我们可以将 KPI 与 OKR 形象地比喻为汽车的仪表盘和导航仪。KPI 就像汽车的仪表盘，它反映了汽车行驶速度、发动机转速、油耗等运行的状态，体现了品质、进度和成本。而 OKR 正如导航仪，将车辆引导到安全快捷的路线上，使效率更高、消耗更少。正如探险家一般，每个人都希望在出发前能够获得印有藏宝图的羊皮卷。如果没有这张地图，我们很难想象，探险家们将面临何种境遇。企业的经营同样如此，如果我们的组织和个人都能有一份地图，指明清晰的路径，我们也会更快抵达目的地，获得成功。

逻辑是一种思维，它体现的是价值实现的流程，反映的是投入与产出的因果关系。生产产品遵循的是制造工艺的逻辑，建筑遵循的是设计的逻辑，营销遵循的是市场的逻辑。缺乏逻辑，就像我们常说的"打乱仗"，一支没有作战方案的部队，无论有多么正义的理由、多么先进的武器，几乎都是不可能取胜的。

"凡事预则立，不预则废"。这个"预"字说的不仅仅是订立目标，还包括制订实施的方案。从奔驰、宝马、保时捷，到双立人刀具和日默瓦旅行箱，"德国制造"已经成为品质的代名词，凡是德国制造的产品，都被打上了值得信赖的标记。而这个标记的背后，是德国人闻名遐迩的严谨。这份严谨并不仅仅体现在制造环节，而是从设计开始的。德国人愿意在设计上多花时间，进行细致深入的思考，并预判生产过程中的问题，通过设计提前规避，从而使制造过程更顺畅、更省力，还能使每个部件都能在精准的位置上严丝合缝，发挥它至关重要的作用。

反观我们国内，这些年里城市道路频繁施工的现象饱受诟病。挖了铺，铺好了没几天又挖开。今天是自来水，明天是煤气管道。这就是缺乏规划和逻辑的典型的负面案例。就企业而言，商业模式没想明白，怎么可能实现盈利？设计不过关的产品，怎么可能生产合格？员工没有理解明白，怎么可能做得清楚？

令人遗憾的是，业务逻辑如此重要，却常常被企业忽略。有的企业只知道制订计划，然后将指标层层下达，完全忽视团队和员工完成的方法。有的管理者完全依赖个人经验，认为"车到山前必有路"，存有侥幸心理，完全没有逻辑做指导。有的企业老板，特别热衷于各种商业模式的学习和研讨，只重视战略逻辑，却忽视战术逻辑。更有甚者，我们经常会听到一些管理者说："我只要结果！"无数惨痛的教训告诉我们，只要结果往往不得其果，侥幸获得的也往往会留下隐患，更何况，有些结果甚至来自某种不道德的手段。

案例：美辰医疗

美辰医疗是一家中等规模的医疗美容医院，成立两年时间，业绩始终不温不火。刚开业的头几个月，得益于投资人十几年连锁美容会所的经历所积累的客户资源，也曾风光一时。但随着客户资源的转化和消耗，很快便遭遇了增长瓶颈。相对于很多同行，美辰医疗成立很晚，错过了医疗美容投资的黄金期。这些年，医疗美容机构的数量暴增，恶性竞争加剧，消费行为日趋成熟和理性，以媒体和网络为主的传播手段使获客成本越来越高，人工成本和房租费用也在不断攀升，所有这一切，都给企业的经营带来了巨大的压力。

美辰医疗需要快速提高经营收入，摆脱困境。说到增加收入，行业中大多数企业首先想到的就是低价拓客，或者通过促销来成交。美辰医疗的管理者认为，通过低价获得的客户大多数都不是自己的目标顾客，而且低价将导致企业的服务成本更高，还会影响服务品质。而促销不仅将对企业利润造成侵蚀，还会对未来的经营造成压力，甚至引发行业的恶性竞争。

管理团队运用业务逻辑进行了思考。首先，营业收入 = 流量 × 转化率 × 客单价 × 复购率。这个公式就是规律，无论提高哪一项，都会提高营业收入。当企业资源有限，无法全面提高时，又该如何选择呢？管理者对这些变量进行了分析，识别它们之间的关系和影响，找到了最重要且具有全面促进作用的目标（见表 3-2）。

表 3-2　美辰医疗 OKR 关键驱动因素分析

	流量	转化率	客单价	复购率
流量	N/A	△	△	△
转化率	+	N/A	△	+
客单价	−	−	N/A	−
复购率	△	+	+	N/A

注："+"代表正相关，"−"代表负相关，"△"代表不相关。

通过分析，管理团队发现"转化率"和"复购率"是最有价值的两项指标。转化率对流量和复购率有促进作用，复购率能够提升转化率和客单价。继续分析发现，转化率是最优选项，因为基数足够大，而且在业务流程的前端。

管理层将"成为区域内转化率最高的直客医院"作为年度 OKR 的目标，这个结论得到了一线员工的强烈拥护，大家都意识到，辛辛苦苦邀请来的客户，如果在第一次上门时不能达成服务意向，那基本上不会再来第二次，极有可能会转到其他医疗美容机构。因此，转化率无疑是最重要的。美辰医疗接着组织了一次共创会，在专家的指导下，广泛听取一线员工的建议，最终通过投票制定了这一项年度 OKR。

表 3-3　美辰医疗年度战略 OKR

O		成为区域内转化率最高的直客医院
KR	KR1	（安全）完成 5 项专利注册，3+1 保险公司承保
	KR2	（有效）10 名主任级医师，100 个成功案例
	KR3	（经济）价格平均优惠 15%
	KR4	（服务）修订、完善服务流程、话术，员工百分之百考核过关

　　虽然进入市场的时间不长，但美辰医疗通过严谨的逻辑思考，提高了资源的使用效率。转化率的提高，带来了营业收入和利润的增长，形成了良好的口碑，使企业走出了困境，步入了良性循环的轨道。

　　很多企业，在制定目标后，往往会进行目标分解：或者分解到季度和月度，或者分解到区域或产品，或者分解到团队和岗位，有的企业也会将这些因素综合考虑后再层层分解。这种分解的方法，原本无可厚非，但是仅仅依靠这样的分解，是远远不够的。目标分解的假设前提是，每个部门都可以完成任务，也就是说，每个部门都具备完成任务的能力。而事实往往是团队的水平参差不齐，团队对业务逻辑的理解不同，甚至根本没有逻辑。

　　逻辑就是语言，OKR 能够形成组织的共同语言，让每个人都能够严谨地对自身业务进行系统、深刻和透彻的思考。通过 OKR 的逻辑训练，员工对业务的理解会逐步深入，工作能力将大幅提高。OKR 不仅注重业务逻辑，也注重管理逻辑，从而提高管理者的管理水平。上级能运用 OKR 的逻辑给下级方法，真正帮助到下级，而不是单纯依赖职务所赋予的威权施加压力。在 OKR 的制定过程中，企业可以通过"OKR 作战地图"完整和直观地呈现自己的业务逻辑，本书第十一章将通过案例对此进行详细介绍。

第四节　农夫和武士：阵法保持队形

100 个武士和 100 个农夫打仗，谁会赢？当我在课堂上问到这个问题的时候，几乎每个人都会很自然地回答：当然是武士。的确，武士接受过专业训练，他们不仅有强健的体魄还有精湛的武艺。而平时耕田的农夫，除了有一把子力气，也许还有些斗志，就什么都没有了。这样的一场战斗，恐怕都不应该称之为战斗，而应称之为屠杀。

然而，历史上的确出现过很多农夫战胜武士的战例。在汉代，地处中原的朝廷虽有常备军，但在战时还需大量征召平时以耕作为生的农夫入伍，他们只有很短的时间接受简单的训练。而他们的对手，是来自草原的铁骑，以杀戮和掠夺为生。那么，为什么卫青、霍去病能够带领农夫把这些久经沙场的武士赶回草原呢？答案是：阵法。

阵法始终是军事理论研究的重点，也是军队战术的体现。今天，中国的《孙子兵法》已经进入了美国的西点军校。这部著作也被诸多商学院奉为经典，为企业的管理提供了丰富的营养。

为数不少的人认为阵法就是组织结构。实际上，阵法并不是组织结构，而是组织结构的运用方式。要知道，组织结构是基于价值实现的流程和专业化分工设计的，这种设计如同各个兵种的划分，早在战前设计好了，是具有一定稳定性的。而阵法是根据每一次战斗的目标，将不同的部队放到不同的位置，发挥不同的作用，相互呼应，彼此支持。

阵法不仅通过内部协作提升了整体战斗力，使 1+1 > 2，也使部队在变幻莫测的战局中有所准备，减少了对现场指挥的依赖性。有人说：枪声一响，战略白费。部队规模小的时候尚能临时调度，大规模部队却很难及时号令。没有相应的战术安排，战略自然是白费。

如果说组织结构体现的是分工，那么阵法体现的就是合作。只有部门和岗位的分工，而没有促进合作的阵形，组织整体的力量不但不会增强，在多数情况下，还会因内部摩擦而衰减。一支部队如此，一家企业也是如此。

德鲁克在《管理的实践》中指出："任何商业企业都必须建立起真正的团队，并且把每个人的努力融合为一股共同的力量，充分发挥团队精神。企业的每一个成员都有不同的贡献，但是所有贡献都必须是为了实现企业共同的目标。换句话说，必须要将企业成员的努力凝聚到共同的方向，让他们的贡献成果相互转化，结合为紧密的整体，其中没有裂痕，没有摩擦，也没有不必要的重复劳动。"

德鲁克指出了企业内部协作的重要性。事实上，"合作""协同""团队精神"都是管理者喊得最多的词语，但这个方面也是企业最容易走入的误区。一种情况是，组织对协同的追求止步于组织结构，认为有了组织结构自然就会有协同，忽视了工作的复杂性和人的复杂性。分工本质上就是为了协作，但认为有了分工就会产生协作，未免过于理想化。另一种情况是，大多数企业都会依据组织结构，要求下级和上级的对齐，只有纵向协同，形成了部门壁垒。此外，有些企业虽然已经意识到了横向协同的重要性，但他们单纯依赖对岗位职责的描述来实现协同，而忽视了在目标实施中的动态协同，反而引发了推诿扯皮的现象，造成了组织的僵化。

KPI 的协同体现在最终的结果指标上，管理者试图通过指标的系统设计实现组织内部的协同。而 OKR 要求的协同不仅体现在目标上，还体现在关键结果上；不仅在制定时要体现协同，在运行中也要求保持协同。OKR 的协同不仅仅是管理者的决策，更是每一个员工自觉地向目标对齐所进行的思考（见表 3-4）。

OKR 要求目标与关键结果在组织中纵向对齐和横向对齐，通过上下左右的对齐，保证了 O 与 KR 之间的业务逻辑得以实现，从而达成组织的目标。

表 3-4　KPI 的协同与 OKR 的协同

	KPI	OKR
对齐什么	指标	目标和关键结果
何时对齐	静态的，在制定指标时	动态的，贯穿 OKR 制定和实施的全过程
谁负责对齐	KPI 的制定者	OKR 的制定者和执行者
如何对齐	被动的	主动的

纵向对齐使上级的目标得到下级充分的承接，避免组织的目标成为空中楼阁，员工的努力劳而无功。上下级目标逐级对齐，使企业的发展战略与员工的日常工作紧密关联，并将员工的贡献与组织的使命紧密联结，赋予了员工工作的价值和意义。

横向对齐使各部门、各岗位，充分理解彼此工作的意义和价值，明确相互之间的依赖关系和影响力，统一步调，相互支持，不仅有利于工作目标的达成，更有利于组织的进化和文化的提升。

第五节　举证责任：激发责任和热情

美国福特汽车公司的创始人亨利·福特（Henry Ford）曾经发出过这样的感慨："我只需要一双手，为什么给我一个人。"亨利·福特的话代表了工业时代管理者的普遍追求。在那个时代，管理者不愿意顾及员工的个性和情感，认为个性所造成的自由有损组织的纪律，而个人的情感不但不是工作所需要的资源，而且会引发冲突，干扰秩序。他们把人物质化，看作机器甚至零件，他们不需要员工的智慧，认为个体的思想是对管理者权威的挑战，不利于规模化和标准化的生产。

亨利·福特作为世界上第一位使用流水线大批量生产汽车的人，他的生产方式使汽车成为一种大众产品。流水线作业改变了工业生产方式，其管理思想也影响了一个时代的企业家。直至今日，为数众多的企业依然将这种思想奉为圭臬。企业通过严密的组织层层指挥，由上级制订计划，下级实施；上级负责检查，下级负责报告。所有的指令层层下达，所有的信息层层汇报。这种方式的确在大规模的生产制造中发挥了巨大的作用。

然而，随着科学技术的进步、市场环境的变化、社会的发展、人们教育程度的提高，这种代表着工业时代先进生产力的管理方式，其弊端也逐渐显现。管理者产生了越来越多的困扰。

一方面，企业的决策效率已经不能适应快速变化的环境。由于信息的层层传递，决策的速度变缓。每个层级都像一个阀门，阻碍了水的顺畅流动。同时，就像我们在电视节目中常常看到的传声筒游戏一样，一条简单的信息经过几个人的传递，到最后变得"驴唇不对马嘴"。企业中的信息也是这样，决策者往往只能依赖片面和失真的信息做出决策，增加了组织的风险。

另一方面，员工的敬业度危机日益严重。管理者事必躬亲，在没有监控或者监控不力的事情上，员工几乎没有积极性，管理者疲于应付。即使有足够的关注，员工也往往会把问题抛给上级，因为一切都是上级安排的，无论是做什么，还是怎么做。

更严重的是，上下级之间的博弈也日益加剧。制定目标时，上下级往往会讨价还价。执行中出现问题，双方会互相指责。在有些企业，员工害怕上级手中的生杀大权，也只能"口服心不服"。面对上级的期望，员工无动于衷。

美国 ServiceMaster（为您服务）公司前董事长、德鲁克基金会理事比尔·波拉德博士（Dr. C. William Pollard）与亨利·福特的观点截然相反。他在《企业的灵魂》一书中写道："员工不仅仅是'一双手'，而且是有思想有创造力的集体，他们能够主动改变企业的各个方面。"波拉德对人的认识，正是 OKR 对人的基本假设。

波拉德的观点所表达的是：企业需要的不仅仅是手，而且更需要大脑。工作所需要的资源不仅仅是人的时间、精力和体能，还有情感、智慧和创造力。而后者在当今的时代，愈发重要。以 KPI 为代表的传统管理模式崇尚权威和控制，目标都是由上级制定，工作的方式方法由上级思考。随着组织规模的扩大，管理者感到越来越沉重，就像越来越长的列车，拖得越来越费力。OKR 要求员工广泛参与，积极驱动，就像高铁动车，每一节车厢都会产生动力。

OKR 要求基于企业的使命和战略由上至下地思考目标，但是在目标设定的过程中，要求上下级和相关的人员都贡献自己的智慧，通过目标共创的方式达成共识。OKR 在关键结果的设计方面，要求自下而上，由目标的责任人和相关团队自主思考，上级虽然也有参与决策的作用，但更多的是起到指导作用。此外，任何一个提出目标的人，或者接受并承担目标的责任人，都有义务制定相应的关键结果。就像法律实践中的举证责任一般，"谁主张，谁举证"。正如德鲁克所说："专业化员工需要严格的绩效标准和高层次目标……但如何开展自己的工作应该始终由他自行负责和决定。"员工共同设定的目标，自然明白其意义和价值，从而产生使命感和责任感。

OKR 的自下而上，提高了企业应对外部变化的响应效率。"让听得见炮声的人来做决策"，美军在战场上用血的教训买来的经验，给了华为新的启示。华为从 2009 年起，逐步将部分决策权赋予一线，并在重大决策中广泛听取一线的意见，从而更快地识别风险、发现机会。显而易见，谁离市场最近，谁和顾客相处的时间更长，谁就更了解客户的需要，更知道如何满足客户的需求。自下而上不仅提高了决策效率，也提升了决策质量，并将管理者从日常事务中解放出来，从而能将精力投入到更重要的战略思考中。

当然，决策也是有成本的，谁决策，谁就要承担相应的责任。OKR的自下而上并不是放任下级随心所欲地制定目标和关键结果。下级在制定OKR的过程中，必须审慎思考，充分评估自身的优势和不足，对自己的判断力和行动力做出客观评价。认真思考的过程，促进了员工业务能力的提升，也增强了员工的责任感。

自下而上在帮助员工成长的同时，也在促进管理者成长。管理者必须首先对目标和关键结果有全面的思考，才能有准备对员工的设计做出判断，并给予辅导。由于OKR是上下级共同研究的结果，在目标设定之后的执行过程中，管理者对员工的支持和帮助自然责无旁贷。管理者不能再单纯依赖职务所赋予的权威发号施令，必须施展自身的能力赢得拥护。

应该说，自下而上最大的贡献是对企业文化的积极影响。自下而上让员工感受到了尊重，感到自己是共同的事业伙伴，而不是被利用的工具。他们会感受到企业对他们的信任，愿意为他们的成长投资。他们不再是一枚螺丝钉听话照做，而是更愿意主动发现企业的问题，并积极思考解决之道，成为企业的发动机。他们有条件打破自己的思维定式，运用自己的聪明才智，赋予组织创新的激情和活力。他们也会把自己看作企业的主人，将情感注入团队，将个人的发展与企业的进步视为一体，主动承担责任。

自下而上将建立一个有共同愿景的组织，使组织焕发活力，成为一个充满想象空间的事业平台。

第六节　无影灯：公开强化责任

行文至此，我们已经介绍了OKR的四个特征：聚焦战略、注重逻辑、对齐协同、自下而上，以及这些特征的积极作用。有理由相信，上述特征都是受管理者欢迎的，至少也是很容易被接受的。而接下来，我们要谈的公开透明，可能会让一些人感到不舒服。传统的管理模式讲究分层管理、各司其职。上级为了决策、组织、协调需要掌握方方面面的信息，而下级只需要了解与本职工作相关的信息即可。有什么理由，非要公开透明呢？

我们不妨换个角度思考：为什么不能公开透明呢？

在传统管理模式中成长起来的管理者恐怕自己也没有认真想过这个问题。我想，大概会有以下一些动机吧。

一是为了维护组织安全。当员工掌握信息太多，而又不具备辨别信息重要性的能力时，难免泄露，给竞争者以可乘之机。还有，组织中不可能没有矛盾，因此无法排除部分心怀不满的人，故意将企业的机密外泄，以达到泄愤和报复的目的。

二是担心影响效率。管理者认为，员工的注意力是有限的，应当把精力聚焦在自己的本职工作上，管别人的事必然会分心，如果每个人都这样左顾右盼，组织整体的效率将无法保证。所以，我们也会经常听到这样的训话："管好自己，做好自己的事，少管别人！"

三是避免矛盾。组织中各岗位的职能不同、每个人的专业不同，他们不能完全理解他人工作的意义和价值，更不知道其中所需付出的努力，难免相互比较。而人们总是倾向于那些对自己有利的观点，总是觉得自己付出的比别人多，收获的比别人少。而且，企业中的各个部门、各项工作都有自己的节奏，难免有忙时有闲时，有按部就班的，也有应接不暇的。人们常说：化缘的和尚羡慕敲钟的，敲钟的和尚嫉妒化缘的。公开透明，岂不成了公然制造矛盾。

四是习惯。更多的管理者很可能并没有在意过这个问题，长期以来，无论是沿袭千年的文化，还是应用至今的管理模式，似乎都在维护着一种稳定和平衡——组织的稳定和关系的平衡，而这种稳定和平衡也或多或少有赖于信息的分层。毕竟，责任和权力是对等的，上级承担的责任重、管理的范围广，自然有权力也有必要掌握更全面的信息。而下级，仅仅局限在一个岗位，只需要听话照做，当然既没有必要也没有资格了解那么多信息。

相信这些分析能够代表这些反对者的心声。我们不妨再换个角度想想。

维护安全，当然是必要的。不过公开透明并不是指要把诸如专利技术、独有配方、知识产权等企业核心机密公之于众。而是将能够促进、帮助、影响员工工作绩效和自我发展的信息公开，这怎么会影响安全呢？我们很多企业把财务信息看作核心机密，可是看看上市公司，他们的信息可是向全社会公开的啊！难道上市公司不需要安全？要知道，谷歌作为世界瞩目的互联网企业，从创立之初，就对全体员工开放了其最高核心机密——源代码。

至于担心影响效率的观点。事实上，往往就是因为彼此之间不能及时了解工作的动态，造成决策的滞后和协作的障碍，阻碍了效率的提升。试想，如果我们是一支军队，而各个部门、各个军种之间不能及时通报方位和敌情，战局将发生什么样的变化。这也是为什么，当今的军队越来越注重协同，越来越重视军队信息化建设的原因。我们总不能在敌人还没有剪断我们的电话线时，就自己先拆除通信设施吧。

再看关于矛盾的观念。人们恰恰是因为不了解，所以才会不理解，而长期的不理解，会慢慢形成鸿沟。组织中的个体不可能完全孤立、完全避免接触；两个彼此不理解的人，发生冲突的可能性更大，而一旦冲突不能化解，必然形成隔阂。这种隔阂不会仅仅停留在两个个体之间，而是会迅速升级成为两个阵营的对抗。之后的冲突将更难避免，影响也更难消除。

最后，我们要谈谈习惯了。我们分析这种观点，将道出不公开不透明的本质。其实，排斥公开透明，目的在于维护权威。正如自古以来的统治者，他们被神化的能力事实上来自对信息的掌控。如果将信息公开，相信会涌现出更多的智者，形成更多更有价值的决策。如果那样，权威必将受到挑战。保密本质上反映的是管理者的懦弱。此外，正是因为管理者对自身能力的不自信，担心自己会处事不公，为了避免激化矛盾，索性封锁消息。最不能让人接受是部分管理者出于逃避责任、权力寻租等不道德的原因筑起高墙，让保密成为一己私利的保护伞。

当今世界正在变得扁平和透明，信息渠道越来越多元，信息内容越来越丰富，信息透明程度越来越高。从餐馆的"明厨"到德国大众的"透明工厂"，从平台化企业到政府机构，公开透明已是大势所趋，不可逆转。OKR 顺应了这种变化，引导企业向透明化迈进。

OKR 要求各层级、各部门、各岗位公开 OKR 的信息，包括 OKR 的设定、OKR 的进度、OKR 的结果、OKR 的评分等信息。OKR 倡导面向全员的公开，而不是像 KPI 一样仅向上级和考核部门公开。OKR 要求上下级之间双向公开，业务部门与管理部门之间双向公开，平行的部门和岗位之间公开。

公开透明，可以避免信息传递过程中的失真，使信息获取实时化，从而提高决策质量和效率，以及协作效率。计划执行中，变化在所难免，下级看到上级的变化，可以快速调整航向。协作部门之间发现变化，可以及时补位和支援。

公开透明，营造了重视承诺的场域，客观上形成了监督，让大家彼此鞭策，促进了管理者和员工的自律。因为每个人都不希望别人看到自己的懈怠和无能，从而实现个体的自我管理，使责任落到实处。公开就像一盏无影灯，照亮每一处，让消极的、自私的、不负责任的行为无所遁形。

公开透明，使猜疑、打听成为多余，为不同岗位、不同层级的员工提供了彼此了解的平台，激发大家从不同角度换位思考，使大家认识到他人工作的意义和价值，体会他人的付出和辛苦，感知彼此的依赖关系，促进大家思考能为他人做什么，能为公司做什么。

公开透明，建立了信任的文化。因为，透明就意味着坦诚。当员工感到被组织信任和尊重时，他们彼此也会坦诚相待。持之以恒，企业将形成一种新的风气，排斥浮夸、虚伪、言行不一，推崇责任、担当、真诚奉献。团队的变化也必将促使企业真诚负责地服务客户，而客户也必将以同样的真诚回应。

帕蒂·麦考德（Patty McCord）曾任流媒体巨头奈飞的 CHO，担任该职位 14 年，是奈飞文化平台的创建者之一。她在《奈飞文化手册》中表达了她的态度："如果真心认为'员工是我们最重要的资本'，那么就必须默认开放，否则就是在欺骗员工、欺骗自己。"她鼓励道："公开……是最难适应的部分。但是大部分人很快就会发现，这种公开具有多么高的价值。"

第七节　关注：最好的激励

大多数关于 OKR 的著作，都将"与考核解耦"作为 OKR 的显著特征之一。我很欣赏作者这样的总结，因为它说明了 OKR 与 KPI 最大的一个差异。这个特征的意义在于告诉人们 OKR 不是绩效考核的工具，OKR 的根本目的是激发个人的内在动机。

然而，在实践中，"与考核解耦"却是引发最多争议，产生最大困扰的部分。尽管这些作者的论述中不乏许多心理学家对人类动机所做的科学实验，也引用了管理学家们关于激励的经典学说，但仍然难以被管理者接受并有效地付诸行动。许多企业正是因为没能充分、完整和深入地理解"与考核解耦"的内涵，而在实施中不知不觉地将 OKR 异化，成为披着 OKR 外衣的绩效评价工具和奖惩武器，让组织的管理变革陷入了万劫不复的境地。

因此，我认为非常有必要将"与考核解耦"进行深化。

在我们给企业提供咨询服务的过程中，有相当多的企业都提出这样的要求："老师，你能不能帮我们看看现在的薪酬制度，看看合理不合理，给调整调整。"当我问他们这样做的原因时，大家的回应基本都是一致的："员工不主动，没有积极性""员工离职率越来越高""没有人在意贡献，却都在比较收入""激励如果不加强，工作就无法推动"……这个时候，我们会先帮企业进行分析。

首先，我们应该不难直观地做出判断，所有的这些现象，都反映了员工动力不足的问题。也就是说，我们激励的目的就是为了解决动力的问题。那么，不妨反过来想，员工动力最低的时候会发生什么？毫无疑问，就是离职。员工离职的原因何在？我想不外乎两句话六个字：不认同、不满足。我们有两只手，每只手都有五根手指，如果左手代表不认同，右手代表不满足，这个时候，我们应该很容易找出员工 5 个不认同的点和 5 个不满足的点。显然，员工离职至少有 10 个原因，也就是说，至少有 10 个原因会导致员工缺乏动力。薪酬显然只是其中的一根手指、一个方面。既然如此，单调整薪酬能解决问题吗？

我们认为，在这个时候，薪酬应该发挥"锦上添花"的作用，薪酬就是锦上所添的花。企业应该首先考虑的是"锦"。从管理系统来说是如此，从员工的动机来说也是如此。

我们不能把 OKR 作为考核和评价员工的工具，而要将其作为帮助员工达成绩效的工具。我们可以对结果进行评价，但完全没有必要考核某一种完成结果的方法。我们关注的重点不应该是对员工的评价和区分，而应该是如何帮助员工进步和成长，从而让他们为组织做出更多贡献。

我们身处市场经济的浪潮中，社会生活的方方面面无不受到市场规则的影响，无论在企业外部还是内部，无论是在公司还是学校。从学生时代开始，学校和老师就用小红花和奖学金、罚站和写检查的方式告诉我们，我们的行为及其得到的反馈之间存在因果关系。无论在社会还是在企业中，把奖惩分明的规则作为强化责任的手段，已经固化为全民的共识。

然而，我们往往忽略了在我们的生命历程中促进我们成长和进步的真正原因，遗忘了那些让我们兴奋和喜悦的动人时刻。无论是我们学习游泳、学习骑自行车，还是在工作中学习操作一种新的软件、策划一场成功的活动，给予我们动力的完全不是来自物质回报的诱惑和外在施加的压力。事实上，我们的进步往往来自自己与生俱来的好奇心和探索欲，来自我们认识自己、掌控自己的潜意识。而我们生活中也不乏一些灰暗的时刻，在重压之下，在利益面前，我们愈发低迷和消沉。

畅销书作家、《纽约时报》和《哈佛商业评论》撰稿人丹尼尔·平克（Daniel H. Pink）在其著作《驱动力》中，总结了近50年来所有关于积极性的研究成果。他在书中写道："人们用奖励来提高其他人的积极性，增加某种行为发生的频率，希望能从中获益，但他们经常破坏人们对某种行为的内在积极性，无意中增加了隐形成本。"胡萝卜加大棒对于一些简单机械的工作有效，但对于现代经济赖以维系的需要创造力和思维能力的工作，不但失去了作用，还会引发副作用，甚至导致相反的效果。

事实上，单纯的外在激励反映的不仅是管理者对人性的片面认知，还极有可能是管理者思想上的懒惰和懦弱。管理者需要升级自己的驱动力系统，需要首先对外在动机和内在动机有清晰的认识（见表 3-5）。

表 3-5 内在动机与外在动机的区别

	内在动机	外在动机
追求什么	享受过程，关注经历	谋求结果，在意收获
激励因素	乐趣、进步、自主性、自我掌控、使命感	奖励、惩罚、责任
谁来激励	主动，由自我激励	被动，让他人激励
激励时效性	长期，不断叠加	短期，效用递减
对创造力的影响	激发创造力	扼杀创造力
风险因素	杜绝不道德行为	诱发不道德行为
适用范围	广泛：复杂的、模糊的、需要思维能力或创造力的工作	狭窄：简单机械的工作

表 3-5 呈现了内在动机和外在动机的显著差别。OKR 强调要避免诱发外在动机，不断强化内在动机。因为外在动机将扼杀员工进取的愿望，致使员工制定保守的目标；外在动机使员工不愿主动思考工作的路径，而是更多地依赖对其进行评价和考核的上级，从而规避责任；外在动机还会阻碍对组织目标的聚焦和协同，因为每个人都首先要保障自身的利益；外在动机无法促进组织的公开透明，任何部门和员工都将有所保留，以利用独占的信息获取更多的回报，或者规避对责任的追究。

说到这里，我必须要澄清，我的意思并不是说外在动机不重要，可以完全忽略。毕竟，对于今天中国企业的大多数员工来说，物质回报是工作的先决条件，没有外在物质的满足，单纯依赖内在的精神也是无法持续的。这一点，我们之后再谈。现在，必须明确的是，OKR 必须单纯聚焦员工的内在动机，只有这样，才能保证 OKR 聚焦组织目标、自下而上、对齐协同、公开透明的特征，使 OKR 发挥作用。

我把 OKR 的最后一个特征定义为：积极反馈。意在表明，管理者运用 OKR 时，必须排除外在动机这种有碍于创造力和积极性的消极因素，充分关注员工内在动机的积极作用。可能有人会问，内在动机怎么调动呢？答案就是关注。在制定 OKR 时，关注员工内心的想法、消除员工的疑惑、尊重员工的创意。在执行过程中，及时了解员工面临的困难，为他们提供方法和辅导，帮助他们排除障碍。在 OKR 结束之后，给予员工正面的鼓励和建设性的意见。

导入OKR

第四章

选择 OKR

约翰·杜尔说："OKR是瑞士军刀，适合于任何环境。"我们不应该仅仅关注军刀，而应该更多地思考环境。OKR像一粒种子，它能否生根、发芽、开花、结果，不但取决于土壤、空气、阳光、肥料，更重要的是，还取决于能否得到科学的耕作和细心的呵护。

第一节　OKR适合我吗

约翰·杜尔从20世纪70年代在英特尔首次接触OKR开始，数十年来，他不断见证了OKR给企业带来的巨大推动作用。因此，他在自己的投资生涯中，一直不遗余力地推广这一管理智慧。在他的分享和辅导下，至少已有50多家公司和机构，获得了高速的发展。约翰·杜尔也因此被誉为"OKR的播种机"。

约翰·杜尔说："OKR是瑞士军刀，适合于任何环境。"他在《这就是OKR》一书中写道："在规模比较小的初创企业中，员工需要朝着共同的方向努力，OKR是一种生存工具。在创业伊始、资源匮乏的时期，清晰的方向至关重要。在中等规模和快速扩张的组织中，OKR 是通用的执行语言。OKR 明确了预期：需要尽快做什么，以及具体由谁来执行。OKR 让员工的垂直目标和水平目标都能够保持一致。在大型企业中，OKR 就像闪烁的路标，能够在不同部门的员工之间建立联系，赋予一线员工特定的自主权，让他们能够提出新的解决方案。而且，OKR 也能够帮助最为成功的组织建立起更为远大的目标。"

约翰·杜尔的经验表明，无论在企业的哪个发展阶段，无论企业的规模和实力如何，都可以运用 OKR。同时，实践也已证实，无论是互联网等高科技企业，还是传统的制造业和服务业企业，OKR 都可以发挥作用。那么，OKR 是不是放之四海而皆准的智慧，是不是在任何企业都无往而不利呢？答案是无法确定的。

尽管 OKR 在国外已有数十年的应用，但实际运用的企业并不占多数。此外，OKR 进入中国也只有短短 6 年时间，还没有充分的研究和案例证实其具有普遍的适用性，因此，我们显然无法断言 OKR 可以在中国的任何企业都能顺利实施。

审慎地选择适合企业的管理方式无疑是积极的，我们既反对盲目跟风、一味效仿别人的成功经验，也排斥优柔寡断、陷入感性的纠结。我想，思考一个管理模式的适用性，不妨从两个方面展开：一是有没有需求，二是有没有条件。就像我们选择一味药，既要看是否对症，也要看我们的身体能否承受。

如果组织有下列情形，OKR 无疑是能够产生实效的方法之一。

组织的体检清单

战略方面

1. 企业在战略上无法取得积极的突破。

2. 企业无法有效构建自身的核心竞争力。

3. 企业经营效率始终无法提升。

4. 战线过长，无法聚焦。

5. 工作计划缺乏清晰的战略指引，与企业的愿景和使命脱节。

6. 月度或季度工作计划与年度目标脱节，更无法体现对战略的支撑作用。

7. 公司战略与各部门、各岗位的日常工作脱节，战略无法落地。

8. 组织资源与企业目标不匹配，年初制订的计划无法一一实现。

9. 在计划执行过程中，组织无法及时响应外部环境的变化，不能及时把握市场机会、规避风险。

10. 工作计划常常被动调整，团队无所适从。

11. 工作的执行方案不能有效支持目标的达成，事倍功半。

12. 领导忙于事务性工作，无法投入足够的精力思考全局性、长远性的问题。

13. 缺乏对战略实施的有效跟踪，不能客观评估企业的发展状况。

14. 组织缺乏创新能力，无法应对日益激烈的市场竞争。

组织方面

1. 上级的计划没有被下级全面承接，团队尽职尽责，却劳而无功。

2. 下级的工作只是履行自身职能，却没有充分支持上级目标的达成。

3. 组织结构僵化，岗位职责与工作目标常常脱节，无法满足业务发展的需要。

4. 机构臃肿，职能交叉、权责不清，遇事推诿扯皮。

5. 管理层级多，流程复杂，效率低下。

6. 部门"本位主义"严重，以维护专业价值为由各自为政，忽视企业整体战略。

7. 部门壁垒森严、筒仓效应严重，工作协调障碍重重。

8. 员工对组织的目标不了解或不清晰，工作方向不明确，甚至南辕北辙。

9. 员工不知道自身工作与企业目标的联系，认为工作没有价值和意义，被动执行。

10. 工作的标准不明确或不统一，无法保证工作成效。

11. 工作方法简单粗放，单纯依赖经验或主观判断，不能有力支撑结果的达成。

12. 管理者事必躬亲、疲惫不堪，员工人浮于事、工作量不饱和。

13. 计划执行中缺乏跟踪和反馈，总是亡羊补牢。

机制方面

1. 企业缺乏有效的激励手段，人效难以提升。

2. 以物质为主的激励手段边际效用递减，成本过高，企业不堪重负。

3. 如果没有足够的物质激励，工作就难以有效推动。

4. 业务骨干以自身能力、贡献和所掌握的资源为由，索取超出合理范围的回报。

5. 有能力、有贡献的人常常破坏规则，挑战组织权威。

6. 企业培训投入巨大，但管理者的管理能力依然没有得到提升。

7. 员工缺乏有效的辅导，业务能力提升缓慢，无法形成人才梯队。

8. 员工解决问题的能力不足，完全依赖上级。

9. 考核复杂，成本高昂，但对工作几乎没有推动作用。

10. 考核沦为形式，"认认真真"走过场，对绩效没有促进作用。

11. 考核指标不能真实反映绩效水平，人们只关心指标，却不对结果负责。

12. 考核指标束缚了优秀员工的创造力，制约了创新和发展。

13. 考核客观上加剧了员工与企业之间的博弈，员工抱怨考核就是公司克扣工资的手段。

14. 奖惩成为常态，常常引发矛盾，使组织生态趋于恶化。

15. 强制分布和末位淘汰强化了内部竞争，削弱了合作意愿，甚至导致相互拆台。

文化方面

1. 领导斗志昂扬；员工意志消沉，常常对工作缺乏热情。

2. 员工不能主动思考工作，完全依赖上级指令，被动执行。

3. 员工主动性差，推一下、动一下；缺乏检查的工作，往往成为死角。

4. 员工单纯地执行任务，只对过程负责，不管结果能否达成。

5. 员工没有学习的意愿，缺乏成长动机。

6. 上级成为"监工"，层层施压，对下级只有指令和监督，其影响力单纯依赖职务赋予的权威。

7. 上级不能帮助员工成长，被员工视为剥削他们的"包工头"。

8. 出现问题时相互推诿指责。

9. 挑战性的工作、有风险的工作，没有人愿意主动承担。

10. 各项工作因循守旧，企业创新乏力。

11. 部门之间、员工之间缺乏切实有效的合作。

12. 部门利用自身资源构筑壁垒，谋求内部利益。

13. 缺乏开放的环境，人们不愿毫无理由地贡献智慧、分享经验。

14. 在公开的正式场合无法获得真实信息。

15. 议事的人多，做事的人少；挑毛病的人多，提建议的人少。

16. 不同部门、不同年龄、不同专业背景的人，好像有不同的语言，难以沟通；即便沟通，也往往只是表面上的客套和敷衍。

17. 新生代员工经验不足、能力不强，但自我意识强烈、想法不少，难以有效驱动。

18. 员工认为没有成长空间，不愿意与企业共同成长。

19. 员工感受不到温暖，甚至感到压抑，时刻准备离开。

20. 员工成长越快，离职越快。

21. 有能力的员工，一言不合就离职，成为竞争对手。

22. 企业文化标语挂在墙上，形同虚设，无法落地，更没法扎根。

23. 形式主义盛行，员工内心抗拒、消极应付。

如果组织存在上述情形，哪怕只有其中的部分问题，OKR 都是行之有效的。接下来，更为关键的是有上述情形的企业很多，是不是这些企业都具备应用 OKR 的条件。现在，我们只要将 OKR 的特征与企业的特点一一对照，便能找到答案。

聚焦战略

OKR 强调聚焦组织的发展战略和竞争策略。因此，它对市场环境模糊、市场竞争激烈、决策因素复杂、强调新技术应用、注重商业模式创新的企业，尤其是初创和高科技类等采用创新战略的企业非常重要。相对而言，它对环境高度确定或业务相对简单的企业价值有限。比如，某汽车零部件生产企业，其产品仅供应给一家大型汽车厂商，作为该厂商某一系列产品的配套供应商。该企业完全依附于这家厂商，其核心技术和订单均来自该汽车厂商，自身也不具备新技术研发和市场拓展的能力。这类企业的市场相对稳定、业务高度确定，其绩效水平更多地取决于生产效率，OKR 的作用相对有限。

注重逻辑

丹尼尔·平克将工作分为推算型工作和探索型工作。推算型工作指那些目标明确、标准清晰、流程固定，只需要依据指令进行简单操作的工作，这类工作追求的是效率，并不需要应对什么变化，也无须创新。比如流水线上的装配工人、高速公路收费员的工作。探索型工作与之相反，探索型工作需要体验、感悟、思考业务逻辑，需要学习、想象、创新，不断尝试和探索最优路径。OKR 更适用于探索型工作。

不过，除了那些能够被机器取代的岗位，大多数的工作并不能被严格地划分成推算型工作或探索型工作。有人认为程序员的工作是探索型工作，但不少程序员却自嘲为"码农"。还有人认为销售人员的工作属于推算型工作，但一个团队中销售人员业绩水平的差异通常是非常明显的，这无疑能够证实创新能力在其中发挥了作用。对于管理工作来说，这种区别更加模糊，管理既需要严格执行流程，也更需要思考和创新。

OKR 对于运用业务逻辑和管理逻辑有巨大的推动作用，其前提是我们认为哪些工作是探索型的。

对齐协同

OKR 要求目标与关键结果在组织中纵向对齐、横向对齐，统一步调，相互支持。OKR 的对齐是动态的，从目标设定到实施过程都要对齐，其基本假设是，组织面临的环境是会发生变化的，因此企业制订的计划会被打乱，企业内的各个部门、各个岗位就应当重新对焦组织的总体目标，实现新的协同。大多数企业的计划都会面临外部环境变化的挑战，因此协同也就显得特别重要。但是，也的确存在一类企业，包括制造业和服务业的部分小型企业，管理者完全可以在设计组织结构时就充分考虑到可能的几种变化，从而避免增加协同的成本。

自下而上

OKR 要求在目标制定过程中广泛吸取员工的智慧，在关键结果方面，尽可能由员工自己制定。这对管理者和员工都提出了较高的要求。

一方面在于管理者的领导风格。管理者要有足够的心胸，才会愿意将自己的决策权与下级"共享"，并在这个过程中接受下级的"挑战"，而且，管理者必须能够客观地评估大家意见的价值，而不是单纯地维护自身的权威。不仅如此，管理者还需要激发员工参与的热情，并营造和维护员工主动参与的场域。如今，很多企业无论是在战略决策方面还是在战术制订方面，都还存在着"一言堂"的现象，因此，开放型的管理者尤为可贵。

另一方面，员工自身的专业素养和职业技能也是保证自下而上的关键因素。知识型员工依赖其自身的知识、技术、信息等开展工作，大多数情况下，他们对技术的掌握程度要比管理者深入，对实际工作中的问题和机会也更了解，他们自主制定 OKR 的效果将非常明显。相反，对于技术要求不高、只是接受指令进行简单操作的员工，或从事常规事务性工作的职员，自下而上不仅会沦为形式，还会降低工作效率。

公开透明

公开透明的假设前提是，所有人的目标一致。实际上，很多企业的不同的业务单元有同质化的产品和重合的市场，本身就存在着内部竞争关系，这种竞争关系使得信息成为一种对竞争力有影响的资源，很难实现共享。还有一些企业，在公司内部发起 PK，而且往往是在具有相同职责的部门和岗位之间进行 PK。因为有 PK 就意味着输赢，就牵涉到经济利益，所以更不会有人愿意公开自己的信息。实践中，最普遍的现象莫过于绩效考核强制分布所产生的负面影响，所有人都不希望成为被淘汰或被处罚的人，在这种情况下，人们思考的并不是该如何变得出色，而只是如何不落后于他人。如此一来，公开透明绝无可能。

很多企业采取了薪酬保密制度，这一点看似与 OKR 的公开透明无关，但是我们也不难想象，在他人不了解我们收益水平的情况下，是否愿意将信息"资助"给我们。还有一部分企业，将信息视为权力的一部分，如果员工没有达到一定的级别或做出特别的贡献，就无法获取。况且，公开是一种文化，一旦存在不公开的特区，公开透明的整体场域就会被封闭保守的文化浸染，直至消失得无影无踪。

积极反馈

OKR 倡导的积极反馈，一方面要求管理者应将下级视为伙伴而不是工具，应兼顾组织的目标和团队的成长，而不是单纯着眼于收益；另一方面，也要求员工自身具有积极进取的愿望。

实践中，有的公司长期以来已经形成了一种根深蒂固的"钱文化"，这种文化几乎贯穿于日常工作的每一个方面，牵涉到业务流程的每一个环节，员工被培育成签有长期合作合同的交易对象，在没有物质激励的情况下，完全没有积极性。除了利益，漠视一切，既不会顾及企业的成本、风险和未来的发展，也不会考虑组织的稳定和文化的提升。在这种环境中，一个不能直接带来利益的管理模式，难免会被冷落。

此外，我们国家有大量的劳动者，尤其是参加工作不久、收入不高、没有积蓄，同时又面临买房成家等人生大事的人，他们中的大多数在选择工作时考虑的首要条件就是待遇水平。他们对个人价值实现的需求不是没有，而是暂时无法顾及，这完全符合马斯洛的需求层次理论。面对这部分员工，如何让他们理解和真心实意地运用 OKR，也需要管理者的精心设计和用心培育。

通过上述分析，我们可以得出这样的结论：OKR 不是万能的，不能运用到所有的企业。OKR 对于市场环境复杂、业务确定性较低、以探索型工作为主、知识型员工较多、员工自我成长意愿强烈、企业文化开放的企业会有极大的推动作用。OKR 对单一稳定的业务和推算型工作等领域作用有限，管理者可以借鉴 OKR 的内在思想和逻辑，优化现有的管理方法或选择其他管理方式。OKR 在高度集权、组织封闭、功利主义的企业难以奏效。

第二节　OKR 要多久才能产生效果

一些企业家在决定导入 OKR 时，会提出这样的问题："用 OKR 多久可以让我们实现营业收入过亿的目标？""OKR 什么时候能够让我们达成梯队建设的目标？"面对这样的疑问，我啼笑皆非。如果我们把企业的这些目标比作孩子的学习成绩，OKR 所提供的就是好的学习习惯和学习方法。毋庸置疑，有了好的学习习惯和好的学习方法，成绩的提高是必然的结果。但成绩并不完全取决于学习方法和学习习惯。选择适合孩子潜力和特质的科目，老师和家长的教育、辅导、陪伴，孩子自己的吸收能力、兴趣等方方面面的因素，都会对最终的成绩产生影响。

OKR 和任何管理方式一样，都是为了帮助组织提高资源利用的效率，但对资源本身的数量和质量，对企业资源利用的目的并不会产生直接的影响。我们运用 OKR，应当追求的就是突出 OKR 聚焦战略、注重逻辑、对齐协同、自下而上、公开透明、积极反馈的特征，只有在实践中不断强化这些特征，OKR 才能发挥其应有的作用。

OKR 本身并不复杂，相对于其他传统的管理工具来说，简单易操作。一般来说，OKR 在企业中运行一个周期后，团队就可以掌握 OKR 制定、对齐、跟踪、复盘等各个环节的操作流程和方法。经过两三个周期后，团队可以根据自身工作的实际情况，对 OKR 的操作进行一些优化，使其与实际的工作场景和业务流程更匹配。四个周期以后，团队将会更多地思考如何用 OKR 促进自我的成长和组织目标的实现。所有的这些变化，给我们最大的收获就是希望。当团队感受到了希望，他们会更加主动地促进这些积极的变化。

我们说过，OKR 的特征体现得越充分，效果就会越理想。单从技术角度来看，在 OKR 的六个特征中，如何"注重逻辑"，是实际操作中大家反映最普遍的问题。很多公司的管理者，甚至企业的创始人，要么依赖自己多年摸爬滚打的实战经验，来制订工作计划、对下级进行辅导；要么就是天马行空地规划一个目标，然后机械地进行目标分解。刚接触 OKR 时，大家都会觉得很简单，不少人以为就像做思维导图一样。可一旦实际操作，很快就摸不到头绪了。这种现象不但真实地反映了管理者的思维习惯，而且客观地体现了团队的整体业务水平。解决这样的问题，重新梳理业务逻辑，培养科学的思维习惯，也正是 OKR 的价值所在。

推行管理变革时，比技术更重要的，就是人们的理解和认同。这一点，一方面与员工的学习和适应能力有关；另一方面，也与企业管理变革的历程有关。有的企业，其组织结构、管理制度、激励机制长期固化，即使客观情况发生变化也没有进行更新，从未吸收新的思想和方法，突然全面导入一个新的管理系统，必然导致团队的适应障碍。还有些企业，老板的学习热情非常高，三天两头地学习各种五花八门的管理模式，凭着一点点表面的认识就强行推广，运行效果不理想就继续变革，企业始终没有稳定的管理模式，员工对管理变革早已丧失信心。在这样的企业中推行管理变革，必然面临巨大的挑战。

更重要的是，管理者的心态。OKR 与 KPI 等传统管理模式不同，它可能会让企业家们感到困惑和不安。OKR 的聚焦战略迫使决策者"放弃"很多虽然不是最重要但依然存在价值的"阵地"；OKR 没有那么全面的指标，管理者一下子失去了掌控结果的绳索；OKR 的自下而上和公开透明，让管理者觉得环境变得复杂起来，担心矛盾和冲突；OKR 的积极反馈，表面上看起来，似乎让管理者失去了评价员工、识别高绩效员工的标尺。

任何一项管理变革都必将对人们的心理产生影响，人们的适应能力取决于其接受程度，而接受程度又取决于对新方法的学习和理解。下级学习和理解的水平取决于上级的理解和心态。

无论是在操作的技术层面，还是在实施的理念层面，决策者的心态、价值观、思维方式和行为方式，是对 OKR 显效最具影响力的因素。这些因素都将决定企业实施 OKR 的效率。

第三节　施行 OKR，需要付出什么

管理变革必然会打破组织现有的平衡，在新的管理模式重建平衡的过程中，难免会产生效率降低、成本增加、内部冲突甚至团队流失等问题，这些问题会使得人们对管理变革的态度变得复杂，对其进程感到忐忑不安。的确，很多企业家在做出管理变革的决策时，最担心的并不是货币成本，他们愿意为了企业的进步付出金钱的代价，但他们不能接受混乱和混沌的状态，不能接受企业打破了现有的稳定但又没有建立起新的秩序，更无法忍受团队从此对管理变革和组织创新失去信心，对组织丧失信任，甚至对决策层无情地嘲讽。因此，常常有人戏称："不变是等死，变革是找死。"

事实很明显，无论是管理层还是基层员工，面对管理变革，都需要一个适应的过程。一般来讲，这个过程越长，企业付出的成本就越大。那么，缩短组织的适应过程，就是组织变革成功的关键。在这个问题上，哈佛商学院终身教授、变革大师约翰·科特（John P. Kotter）给了我们启发，他在《变革之心》中指出："变革失败的主要原因就是我们在变革中过于

关注变革项目本身，而忽略了变革管理过程中的变革领导力。"换句话说，OKR 实施的关键在于领导者本身。

保罗·R.尼文将 OKR 定义为"一套严密的思考框架和持续的纪律要求"。思考框架就是一种方法，而纪律要求就是习惯。将 OKR 输入组织，就像培养孩子养成好的学习习惯和学习方法。而对于培养孩子而言，重要的不是教什么内容，也不是用什么技术，而是对孩子客观的期望，对孩子成长规律的正确认知。要科学规划、以身作则、持续关注、循序渐进，当孩子有了好的习惯，理想的结果也就自然呈现出来了。OKR 对企业的管理者也有同样的要求。

科学规划

首先，企业应当结合自己的发展战略和团队状况，有选择地制订实施方案，有节奏地制订实施计划，而不能盲目地全盘照搬他人的成功经验或教科书上的条目，从而平衡好现在和未来的关系、稳定与发展的关系。其次，由于 OKR 的实施是有步骤渐进式的推进，那么就不排除有的部门先受益，有的岗位先承受压力。一旦产生不平衡，组织的合力就可能被破坏，产生"拔河"的现象，因此在设计方案时也要平衡好局部和整体的关系。

以身作则

很多企业在实施管理变革时，决策层都会付出大量的精力和时间进行调研和论证，并且在导入时积极动员。然而遗憾的是，在导入后，决策者就将其交给某个职能部门统筹，进而使其成了大家眼中的管理和控制的工具。而一旦使人们产生了这样的认知，就背离了 OKR 的基本理念和价值观。OKR 不是管理控制的工具，而是激发活力和创造力的武器，它与企业的战略、文化一样，是必须由最高层践行的管理系统。"身教胜于言传"，企业决策层的身体力行，是最好的承诺。领导层自己的行动，不但能真正展现公司的信心和决心，而且还是对员工最有力的号令。企业最高层的率先垂范，也会让员工真正感受到上级与自己是在一起的，感受到温暖和动力，杜绝懈怠和敷衍。

持续关注

领导者们深知，在管理变革的推进过程中，一定会有问题产生，因此大家也会积极关注这些标准、流程的运行状况，力图发现障碍并予以解决，从而保证管理变革成为它应该成为的样子。管理层也清楚，变革可能带来资源分配的不平衡，因此他们会关注各类数据，尤其是分配数据，希望保持平衡，避免对员工和组织的伤害。管理层所关注的这些问题都是有价值的。不过，这些并不是最重要的事。事实上，对变革造成最大影响的并非权力的分配和收入的差异，而是人们的不适感。这种不适感对变革的消极影响最深刻、最持久、最具传染性。OKR虽然看似简单，但它与中国大多数企业在长期的经营管理过程中所形成的习惯存在很大的差异。这种差异所造成的不适感，会影响人们对OKR的认识，甚至会打击人们的自信心。习惯的养成是需要时间的，利用好时间，可以加速好习惯的养成。这种习惯的养成，需要管理层持续地关注变革对人产生的影响。

循序渐进

在企业导入新管理模式的过程中，我们常常发现这样的现象：领导层在导入初期很兴奋，对新的管理模式寄予厚望；随着问题和矛盾的产生，质疑的声音也会不断出现；最后，因为没能及时解决问题，管理变革往往陷入进退两难的境地，决策者要么置之不理，采取放任态度，要么承认失败，回到原点。我们发现，几乎所有的领导者都有急于求成的心态。这本身无可厚非，一方面管理变革必须能够促进业务的发展，如果迟迟不见效，恐怕团队也不会再给力；另一方面，管理变革本身会占用一部分工作时间，多少会影响在其他工作上投入的时间和精力。可事实是任何工具的使用都存在一个熟能生巧的过程，再好的工具，如果没有足够的实践，就不可能运用得很娴熟，充分发挥其威力。任何习惯都需要一点一滴地积累。管理者必须尊重管理的规律，要知道"冰冻三尺非一日之寒"，而解冻也不可能一蹴而就。管理者应当有打持久战的思想准备。这并不是说OKR难以适应中国企业的土壤，而是说，组织应当持续保持自我革新的能力，让组织的管理不断精进。因为，正如人们常说的，"未来唯一不变的就是变化"。

现在我们做个总结：实施OKR，需要决策者和管理层付出的，本质上就是尊重事物发展的客观规律，突破自己固有的思维模式，跳出已经完全适应的舒适区，付出时间和耐心，科学规划、以身作则、持续关注、循序渐进。

第五章

OKR 落地

选择核心的战略目标，导入紧密关联的部门，有助于更有效率地把握 OKR 的内核，夯实全面推广 OKR 的基础。

根据组织的实际情况，将按战略目标导入、按层级导入、按部门导入和按项目导入的方法结合起来，循序渐进地导入 OKR，是最稳健、最高效的方法。

不要单纯地把注意力放在 OKR 上，而要更多地关注新的管理模式对人的影响。当我们能够积极地影响他们、塑造他们时，OKR 将彰显出巨大的价值。

第一节　在哪些部门运用 OKR

从理论上说，凡是无法被机器取代的岗位，都可以运用 OKR。我们可以预见，随着以人工智能为代表的科学技术的狂飙猛进，将会有越来越多的岗位被机器取代。

在决定导入 OKR 之后，决策者提出的第一类问题普遍集中在运用的范围上。最常见的问题是："研发部门要导入 OKR，那生产部门需要吗？

毕竟生产部门的工作只是简单操作啊！""营销部门肯定是要用的，但销售部门呢？他们用 KPI 是不是更有效呢？""财务部门都是在循规蹈矩地做事，似乎也没什么必要创新，只要把资金管好，把账本和报表做好就行了，有必要采用 OKR 吗？"这些问题非常现实，如果想不清楚，是不可能用好 OKR 的。

其实，真正的问题是，我们为什么要用 OKR。想明白这个问题，上面的问题自然就有答案了。归根结底，OKR 的效用就是两个字，"人"和"事"。对"人"而言，OKR 帮助他们养成好的习惯，创造好的环境，促进员工成长，提升组织文化。对"事"而言，OKR 提供了正确的方法和路径，促使企业用正确的方法做正确的事。

如果从"人"的角度来思考，显然，每个人都希望有自主性，都希望能体现自我的价值，都需要得到尊重，在组织中有所进步。而且，OKR 塑造的是一种文化，既然是文化，我们必然要求组织的文化是统一的，无法想象组织中因文化差异形成的孤岛能够长期存在。从这个意义上说，显然我们应该力求让每个人都从 OKR 中受益。

如果从"事"的角度来看，部门之间、岗位之间一定存在着差异，甚至是巨大的差异。对于强调判断力和创造力的知识型员工而言，运用 OKR 是顺理成章的。但对于那些按部就班、听令行事的员工来说，OKR 不但会增加他们的工作负荷，可能还会给他们造成困扰，让他们无所适从。如果 OKR 不能对他们产生积极作用，实质上就是在增加组织的负担，必然会影响 OKR 的顺利实施。

看起来，帮助"人"和推动"事"是存在矛盾的。我们认为，解决这个矛盾的思路是：OKR 应当优先运用于对组织战略有支撑作用的部门，优先运用于对组织生态有重大影响的部门，优先运用于创新型业务，优先运用于探索型工作岗位，优先运用于自我实现意愿强烈的团队。

支撑组织战略的部门

决策者要从企业内部价值链的角度出发，思考哪些部门对战略目标有关键的支撑作用。OKR 注重业务逻辑，在团队 OKR 的日常操作中，一般是基于局部的微观逻辑进行思考的。而在 OKR 导入之前，我们应当首先从企业相对宏观的运行逻辑出发进行思考。

美国哈佛商学院教授、著名战略学家迈克尔·波特（Michael E. Porter）提出了著名的"企业价值链"理论，该理论把企业创造价值的活动分为基本活动和支持性活动。波特认为：企业的各项活动可以从战略重要性的角度分解为若干组成部分，并且它们能够创造价值。这些组成部分包括公司的基础设施、人力资源管理、技术开发和采购四项支持性活动，以及内部后勤、生产操作、外部后勤、营销和服务五项基本活动，这九项活动构成了企业的价值链。其中，直接创造价值的经营活动，就是价值链上的"战略环节"，企业应当重点培育这些特定的战略环节，从而构建和巩固竞争优势。

常见的承担企业基本活动的部门和承担企业支持性活动的部门见表 5-1。

表 5-1　承担基本活动与支持性活动的部门（例）

基本活动	支持性活动
产品部门、研发部门、设计部门、技术部门、运营部门、客服部门、市场部门、销售部门、商务部门、公关部门、品牌部门、生产部门、质检部门、储运部门、工程部门、采购部门等	战略研究部门、计划部门、财务部门、人力资源部门、行政部门、后勤部门、党工团部门、法务部门、稽核部门、信息部门等

但是，随着时代的进步，商业模式不断创新，企业的价值链和组织形式都发生了令人瞩目的变化。在不同的行业中，企业的基本活动是不同的，能够直接创造价值的部门也不尽相同。同样的部门，在有的企业中承担的是基本活动，而在另一些企业中承担的则是支持性活动。比如，对于大多数贸易企业来说，采购属于基本活动，采购的成本直接决定了企业的

利润水平和市场竞争力；而对于大多数公益性的医疗机构来说，采购则属于支持性活动。再比如，人力资源管理对于很多企业来说是支持性活动，但对于用工成本日益增高、劳动力严重流失的一些传统服务业来说，其价值已经使其成为基本活动。因此，企业要依据自身的行业属性，通过对价值链的思考将对战略有重要支撑作用的部门纳入 OKR 的导入范围。

影响组织生态的部门

OKR 的运行与组织生态、企业文化有着紧密的联系。OKR 将成为推动组织变革的利器，它为组织带来的最持久、最深刻、最根本的改变将是文化的改变。换个角度看，文化也会对 OKR 的实践发挥决定性的影响。当企业的文化处于封闭、保守、功利、集权的状态下，OKR 绝无生存的可能。因此，作为目标管理工具的 OKR 就要与企业文化保持同步。企业中有些部门虽然并不会直接创造经济价值，但其对文化的影响力也将对 OKR 的推动发挥重要作用，比如战略研究部门、人力资源部门、教育培训部门、党工团部门等。

创新型业务和探索型工作

创新型的业务领域是指其工作本身就具有创造性，创造性是其员工发挥岗位价值最重要的因素，比如研发部门、设计部门、战略研究部门。创新型的业务领域必然是由探索型工作岗位所承载的，但探索型的工作岗位远远不止于此。探索型工作要求员工避免因循守旧，要不断突破局限性，研究改进工作的方法。显然，所有的管理人员都应该在工作中体现出创新性。比如对生产部门而言，虽然生产部门的员工大多都是从事简单的劳动，无法运用 OKR，但生产部门的主管却应当运用 OKR，在品质、进度、成本等方面不断精进。同样，对于财务部门的出纳员和一般成本会计

而言，没有运用 OKR 的必要性，但财务部门负责资金调度、投融资业务
的经理如果运用 OKR，无疑会提高其贡献度。

自我实现意愿强烈的团队

OKR 倡导的自下而上、公开透明、积极反馈都为自我实现意愿强烈
的新生代员工提供了成长的土壤和施展的空间。愿意主动参与的员工也必
然会对 OKR 寄予更多期望，投入自己的热情和精力，从而对 OKR 的实
施产生积极的影响。此外，有些岗位本身在选择人才时就要求员工有进取
的精神，要求他们有主动性和一定的抗压能力。比如销售部门，我提倡企
业将 OKR 导入销售部门，一方面是因为销售人员本身就应该有自主性和
进取精神；另一方面，销售工作日益复杂，也更加需要创造性。

第二节　导入 OKR 的策略

一旦明确了导入范围，管理者必然希望能够快速推进，以求实现立
竿见影的效果。因此，很多企业会采取较为激进的方式全面推行。但是
OKR 毕竟不是一个单纯的操作工具，而是一个管理系统，它对企业的战
略、组织、机制和文化都会产生广泛的影响，同时也对这些因素提出了新
的要求。客观上，导入 OKR 是组织的一项管理变革。尽管这种变革与组
织结构的调整、薪酬制度的修订、绩效考核方案的更新不同，不会直接影
响员工的切身利益，但它对人们的思维方式和工作习惯、对组织的运行方
式依然会产生巨大的甚至颠覆性的影响。因此，快速全面铺开，难免令人
忧虑。事实证明，激进式地导入 OKR 系统，常常会因突如其来的干扰，
使推动的进程停滞，甚至发生倒退，令企业陷入被动的局面。

一般来说，激进式的变革是企业在面临困境时才会采取的策略。当企

业面对产业结构调整、国家政策变化、跨界竞争者进入、新技术的颠覆、市场需求锐减、资源快速流失、盈利能力崩溃等不利因素，陷入危机时，自身的资源往往难以匹配，企业不得不进行根本性的变革。激进式的变革速度快、范围广，而且更加深入，能够打破制约变革的固有格局，杜绝人们的观望甚至投机心理，能够更迅速、更有力地整合资源。但是，激进式的变革也容易因为目标判断失误、资源不能及时匹配、缺乏预见性和应对预案、团队的学习能力和适应能力跟不上、对现有业务和日常工作造成的负面影响，以及文化的适应性低等原因，对组织造成巨大的冲击，导致企业的动荡，甚至"休克"。

激进式变革是"先破后立"，渐进式变革则是"摸着石头过河"。渐进式变革要求兼顾稳定和发展，在保障现有运行秩序和经营能力的前提下，充分利用现有资源，实现增量革新；稳扎稳打，持续赢得人们的信任、支持和广泛参与。渐进式革新虽然不求全求快，但并不等于缓慢，更不是随波逐流或随遇而安。渐进式策略要求决策者更加理性地思考，做出成熟的判断，制订好 OKR 导入路线图，明确里程碑，并充分评估组织资源，预判可能出现的阻碍，做好应对预案，有条不紊地稳步推进。我们认为，渐进式地导入 OKR 更值得企业采用。这种方式，也是大多数 OKR 受益者的理性选择。

根据组织的实际情况，将按战略目标导入、按层级导入、按部门导入和按项目导入结合起来，循序渐进，是最稳健、最高效的方法。

按战略目标导入

OKR 是一项战略实施工具，它要求将团队的时间、精力和热情聚焦在少数几项对组织战略目标有重大促进作用的工作上，而不是面面俱到地兼顾所有的日常工作。因此，选择一个或几个最重要的战略目标进行导入，将是聚焦的最佳实践。

选择按战略目标导入，能够向团队清晰地传递信号，表明企业对OKR 的重视和信心。在实际工作中，由于更多的资源投向企业最重要的战略目标，也自然会使 OKR 的进展更加顺畅。同时，也会赋予运用 OKR 的团队更大的价值感和使命感，增强对企业的向心力。

这种方式的不足在于，对那些业务多元化或具有一定规模的企业来说，其业务比较复杂，相应地，组织结构也更加健全，团队分工也更细，少数的战略目标涉及的部门可能有限，对整体的拉动作用不明显。在实施OKR 与未实施 OKR 的团队中，容易造成沟通障碍。同时，由于战略目标一般都需要较长的执行周期，对 OKR 整体推广的节奏也会带来影响。

我的建议是，聚焦少数战略目标导入 OKR。目标数量不宜超过 3 个；如果企业业务单一、组织规模有限，建议只选择 1 个最重要的目标。我坚信，这个目标一定会得益于 OKR，取得日新月异的进步，而 OKR 也将在高度聚焦下，快速显现价值。

按层级导入

OKR 注重逻辑，管理者的业务能力和专业水平一般都要高于基层员工，他们对于业务逻辑和管理逻辑的理解更深，掌握能力更强。管理层率先导入 OKR，更有助于厘清组织的业务逻辑，可以避免同步导入时对员工造成的困扰。同时，管理层的实践，有助于企业总结 OKR 运用的经验和方法，给团队留出一定的学习和适应的时间。此外，管理层率先垂范，也清晰地表达了组织的意图，体现了管理层的决心、责任和承诺，对员工是一种无声的激励和鞭策。

按层级导入是比较普遍的导入方式，其不足之处是，对于自下而上的促进作用不明显。尤其是在互联网企业和高科技企业，管理者履行的更多的是组织和协调的职能，他们在专业技术和对市场的理解方面，不见得比基层员工强。如果按层级导入，不仅无法提升组织的快速响应能力和创新能力，无法推动组织目标达成，还会打击知识型员工的积极性，让他们觉得企业保守和封闭。

对于基层员工的参与，企业的选择不尽相同。有的是在管理层实践了一个或若干周期后导入，有的是与管理层同步导入，有的企业在运行两年后依然没有导入员工层面，有的企业要求相关部门的员工导入，有的企业鼓励而非强制员工导入。在这里，我的建议是，根据企业所处行业的特性、业务的特点、组织的管理能力和团队的综合素质进行理性的选择。要从员工成长的角度出发进行选择，而不是单纯从企业的目标出发。

我赞同鼓励而非强制员工参与的方式，将 OKR 作为给员工赋能的工具。让大家见证，运用 OKR 的员工将获得更多的关注和支持，享受更多的辅导和培训，个人的绩效也将因此明显提升。这种方式所形成的心理落差，将吸引更多人积极拥抱 OKR。

按部门导入

按部门导入也是企业在导入 OKR 时的普遍选择。在部分业务不确定、从事探索型工作，以及自我实现意愿强烈的知识型员工占多数的部门中率先导入 OKR，不但能更好地体现出 OKR 的独特魅力，而且也能充分利用 OKR 与这些部门业务的适配性。

按部门导入的劣势比较明显，最突出的就是会给 OKR 的对齐协同造成一定阻碍。我们说，OKR 是团队的共同语言。那么，如果一个部门说的是 OKR 的语言，而与它协作的部门却没有 OKR 的逻辑，他们之间的协同效果定然不佳。最严重的是，如果引导不当，很有可能会加厚部门之墙，引发新的摩擦。

我建议在选取导入的部门时，要先与层级导入结合起来，充分考虑工作的协同关系和协同频率。比如先在全公司的高层、总监级和经理级导入，然后再考虑纵向导入哪些部门。纵向导入的判断依据是，要对组织的战略目标有重要支撑作用，要对组织生态有重大影响。

按项目导入

按项目导入，类似于做试点，拿出一个项目导入 OKR。项目导入的优点在于，项目本身范围明确，而且具有重视品质、成本和进度的特点。因此，在项目内部运行，能够全面体现 OKR 聚焦战略、注重逻辑、对齐协同、自下而上、公开透明、积极反馈的特征，是检验 OKR 与组织匹配性的好机会。通过项目 OKR 的运行，也可以基本上判断出 OKR 全面推广的效果。按项目导入 OKR 还可以培养 OKR 人才，让他们成为未来全面推广 OKR 的火种。由于项目的局限性和相对的封闭性，对组织其他部门的依赖和干扰都较小，有利于发现推动过程中的问题，有利于积累经验，尤其是评估对团队的影响程度，使得接下来在组织中全面推广时，可以更有策略和方法地减少阻力、赢得支持。

按项目导入的局限性在于，这种方式只对工程、设计、文化、体育等以项目制运作为主的企业较为适用。对于非项目制的组织来说，不建议采用项目制导入。因为项目制实质上是打破了固定的组织结构，人员的隶属关系发生了变化；当项目结束后，项目组成员回到原有的组织框架中，他们仍然要遵循既定的工作流程和方法才能开展工作，他们在项目实践中所积累的 OKR 经验很难应用；同时，作为少数个体，他们也没有力量带动部门的其他成员。此外，组织结构中各部门的对齐要比项目组中的协同复杂得多，项目组成员所积累的经验的指导性也有限。

导入建议

"慢"就是"快",OKR的导入一定要采取渐进的方式。管理变革要处理好时间和空间的关系,导入太快,难免因疏漏引起不稳定甚至冲突,导致停滞和倒退;但如果一味求稳,一定要取得某种阶段性的成果,则会因进展缓慢而丧失持续推进的动力。如果全面铺开,对组织是一次巨大的考验;但若只在局部试点,则不可能有带动性。这些矛盾,是企业决策者应该审慎思考的。解决的思路在于,不要单纯地把注意力放在OKR上,而要更多地关注新的管理模式对人的影响,当我们能够积极地去影响他们、塑造他们时,OKR将彰显出巨大的价值。

根据组织的实际情况,将按战略目标导入、按层级导入、按部门导入和按项目导入的方法结合起来,循序渐进地导入OKR,是最稳健、最高效的方法。我的建议是至少分三步走。第一步,只选择一个最重要的最具价值的战略目标,选择全体中高级管理层,选择核心业务部门和支持部门。第二步,选择三个最重要的战略目标,推广到全体管理人员,扩大对齐的部门。第三步,可以丰富企业的目标,但仍然必须是最重要的目标,在探索型工作岗位中普及到基层员工;在这个阶段,部分企业也可以全员推广。切记,不要一开始就全员推广,除非企业规模很小。

第三节　OKR落地的正确姿势

任何一项管理变革都不可能一帆风顺,阵痛是必然的,即使度过了阵痛期、跨越了障碍,也不能保证百分之百成功。变革中的风险因素很多,况且很多都不容易事先预测到。一旦失败,企业付出的将不仅仅是经济成本,还有机会成本,而更重要的莫过于对团队信心和组织信任度的伤害。

因此，关于如何顺利导入新管理系统的问题，备受管理者关注。

OKR 系统就像火箭，火箭本身需要科学的设计和严谨地计算，企业运用 OKR 系统同样需要根据实际情况理性地思考，严谨地设计。那么，导入 OKR，正如发射火箭，同样需要充分准备和周密策划。

约翰·科特在他的畅销书《领导变革》[⊖]中总结了成功变革的八个步骤，极具指导意义，为我们成功导入 OKR 提供了思考框架和落地指南。约翰·科特的"变革八法"包括：①向人们澄清问题，树立紧迫感；②创建一个强大的指导联盟；③制定愿景和战略；④传达愿景；⑤充分赋能；⑥力求快速见效；⑦巩固成果，完善系统；⑧将新方法融入文化。我们遵循科特理论的思想内涵和基本逻辑，结合企业实践 OKR 的经验，制定以下导入步骤：①制定决策；②建立组织；③系统设计；④充分沟通；⑤充分赋能；⑥单周期运行；⑦复盘和完善；⑧优化和固化。

制定决策

第一步最重要，却常常被忽略。很多企业的领导通过参加一次公开课程或研讨活动，就决定大刀阔斧地开始导入。这样的做法，风险极大。任何一项管理变革的发起人，都应当是企业的决策者，而不应该是咨询顾问或内部的管理人员。如果决策者不能深入系统地学习和掌握 OKR 的理论，不能正确理解 OKR 的理念，不能深刻把握 OKR 的内涵，就不能指望团队的其他成员有正确和统一的认识。如果团队缺乏正确和统一的认识，OKR 一定不会成功。

企业的核心决策层一定要深入、系统地学习，不能把学习当成下级的工作，当成组织者和推动者的任务。决策层的学习是为了支持正确地进行决策。在这个阶段，核心决策层与核心高管都应当全程参与，包括但不限

⊖ 本书中文版已由机械工业出版社出版。

于：CEO、副总裁、主营业务的分管领导、各事业部负责人，以及战略研究部门、组织部门、人力资源部门的一把手等，暂时不必要求中层管理者参与。常见的现象是，在企业里，一谈到管理，大家就认为这是人力资源部等职能部门的事，业务部门的领导对此毫无热情。大家认为只要人力资源部学会了，制定相关制度，照办即可。但是OKR根本不是行政性质的工作，而是战略系统和文化系统。因此上述核心决策层与核心高管都必须参与。

通过系统的学习，决策层应该已经基本把握了OKR的内涵。这时，要先问问自己，为什么要用OKR，为什么现在要用OKR。要对导入OKR的必要性和紧迫性进行清晰的阐述。

这是决定OKR导入成败的关键因素。

紧迫感是吸引人们注意力的关键，能够让人们意识到改变的重要性，从而愿意投入时间、精力和热情。紧迫感也可以让人们意识到自己与企业之间的紧密联系，从而克制自己的懈怠和侥幸心理。紧迫感还可以让员工处于一种"时刻准备着"的心理状态，激发员工的斗志和创造力。

值得注意的是，第一、紧迫感必须来自对竞争环境理性真实的分析，而不能子虚乌有地危言耸听；第二、紧迫感必须让员工感受到利益的关联性，能够明白自己与企业的命运是融为一体的；第三、紧迫感不仅仅要诉诸理性，运用数据呈现竞争态势，还要通过企业案例、市场反馈等活生生的素材，刻画出改变后焕然一新的面貌和被动守旧可能导致的恶果，从而引起团队的情感共鸣。

建立组织

决策一旦制定，首要的任务就是建立团队。没有团队，纵使CEO有三头六臂也不可能成功推动。OKR的核心组织要负责制订方案和实施计划，并在 OKR 的实施过程中提供指导和协调。OKR 组织的成员应当从整个企业中优选，而不能只来自某一个部门，否则，难免被认为是（或沦为）某个职能部门的管理工具，

OKR 组织的成员应当包含三类人。一是核心业务部门的负责人，他们业务逻辑清晰，有巨大的业务驱动力，能更好地提出需求，反馈一线面临的真实问题。二是 OKR 的专家，他们管理理论扎实、实践经验丰富，对 OKR 理解深入，且具备实操经验，知道在哪些环节会产生困扰，他们有预见性并有解决问题的方法和思维。这些 OKR 专家将承担 OKR 系统设计和优化的工作，同时也是在实践中提供辅导的中坚力量。三是对企业的历程、业务状况、团队文化等非常熟悉且有影响力的人，他们在团队中有良好的声望和口碑，受人尊重，有责任感，对企业和员工充满感情。这些人将是收集真实反馈意见、协调处理摩擦的专家。

一个组织之所以能够真正发挥作用，并不是因为其成员的工作职位或隶属关系的变化，而是因为他们拥有共同的价值观和思维方式，拥有共同的使命和愿景。因此，在进入下一步工作之前，OKR 组织成员的集体学习和研究尤为重要。

系统设计

OKR 组织建立后的第一项工作就是根据企业的实际情况开展 OKR 的系统设计。

首先，是对企业的诊断和评估，重点识别制约企业发展的瓶颈和构建企业核心竞争力的方向，以使 OKR 有的放矢。OKR 系统基于对组织深入和系统的诊断，如果缺乏对现状的客观认识，自然不可能有正确的方向。

其次，OKR 组织要梳理企业的使命、愿景和战略，并在此基础上为 OKR 变革描述出合理、清晰且鼓舞人心的愿景，描绘出 OKR 成功践行后

的蓝图。

最后，要由 OKR 专业人士集合组织成员的意见，完成下列设计工作：OKR 的导入范围、导入主体、导入内容、导入周期、运行流程、操作指南、应用工具、共享平台、跟踪机制、辅导机制、激励机制、复盘机制、推进计划等。

充分沟通

首先，OKR 组织要将愿景清晰地传达给各级管理人员。其中，一是领导团队、为团队赋能、对团队目标负责的人；二是职能部门中承担管理工作的人。传递愿景不仅要陈述结论，而且要通过分享企业诊断和战略规划的工作过程，告诉大家愿景是如何生成的，愿景对大家的意义，以及它将如何发挥作用。可以肯定的是，让人们理解决策与做出决策同等重要。对工作意义的感知将影响人们的心理状态，激发内在动机和必胜的信念，让人们发自内心地支持组织变革的决策。

其次，决策制定后，干部队伍就是执行的关键。在就愿景进行充分沟通之后，还要就 OKR 专家制定的实施方案和推进计划进行细致的讲解，听取大家的意见和建议，进行必要的调整和完善。特别需要注意的是，一定要强调 OKR 不是要大家配合推动的某个管理部门的一个行政流程，而是能够为每个人赋能、推动目标达成的一套管理系统；一定要强调实施 OKR 的目标并不单单是达成企业经营的各项财务指标，还是为了促进员工成长、提升组织文化，让大家更愉快和高效地工作；一定要强调 OKR 是促进绩效改善的工具，但其与考核没有且永远不会有关联；一定要强调 OKR 是一个系统工程，是为人们提供高效的工作方法和良好的工作习惯，而习惯的养成是需要时间的，OKR 的推行是一项需要集众人之智的长期工作，组织有决心将其推行到底。

OKR 是组织的共同语言，共同语言的建立过程从实施之前的沟通就开始了，沟通得越充分，共同语言的建立过程就越顺畅。有效的沟通不是单向的，而是双向的。要能激发团队讨论的热情，听取他们的意见和建议。团队讨论意味着他们的理解程度加深，而团队提出意见和建议则意味着他们开始重视这项工作，开始把自己的发展和组织的未来联系在一起。

充分赋能

当人们理解了愿景、明确了目标之后，最需要的就是获得信任、掌握正确的方法和实践的工具。OKR 组织应当在采纳管理层的意见后，将已经调整、完善的全套方案展现在全体员工面前。必须指出的是，也许导入计划暂时没有包括某些岗位，但他们仍需要参与全员学习。这是避免孤岛、建立企业共识体系的关键。

培训时，从导入 OKR 的背景和意义、组织的愿景，到 OKR 的核心理念和操作方法，都需要进行深入细致的讲解，所以要安排足够的时间。培训的内容不能仅限于理论，一定要有相关的案例，让员工感到贴合实际，并能为他们提供实质性的帮助。培训应由两个部分组成，除了老师的讲解，还需要员工进行复述和分享。有条件的企业，可以结合一部分部门和岗位的实际工作，进行沙盘演练；也可以组织员工结合自身工作，以实操工作坊的形式开展培训。双向的培训同样是沟通，能够检验团队的理解和接受程度，减少实操过程中的困扰。

OKR 的系统设计是一个不断精进的过程。在导入初期，大多数企业没有条件考量得很全面，设计得很细致。事实上，也完全没有必要。每个企业的基因不同、条件不同、环境不同，过细的设计往往会限制员工的创造性，对员工的主动性也造成负面影响。我们建议，在培训后，用 OKR 条例或大纲的方式将 OKR 的原则和规则阐述清楚，通过案例告诉大家操作的方法和流程。要鼓励大家：在实施过程中，凡是条例没有限制的，任何人都有权力自由发挥，都可以创造性地开展自己的工作。

单周期运行

培训之后，根据导入计划，由相关部门和岗位实施 OKR。这个阶段的目标非常明确，就是要确保 OKR 在第一个周期就能显现成效。

在管理变革的实施过程中，或多或少都会遭到某些员工的抵制。之所以被抵制，可能是因为变革对他们的利益或权力造成了不利影响，也可能是因为增加了工作量或使工作变得复杂了。更普遍的，不是明显的抵制行为，而是或隐或现的抵触心理。员工之所以会有抵触心理，可能是因为变革打破了他们的舒适区，他们觉得不习惯；当然，也可能是他们对变革的信心不足。

确保第一个周期成功，不但能有效消除抵触心理，争取到更多人的拥护和支持，而且也能用事实打击那些抵制行为，消除其负面影响。同时，展现 OKR 的运行成果，也将激励人们继续前进。

确保这一步成功的关键，首先在于合理地设定目标。一是要聚焦少数目标。我建议只选择一个最具影响力、最受团队拥护的目标，就此目标而言，应该极少有抵触的声音，此目标本身就应具有号召力，能凝聚人心。二是要对该目标的资源匹配进行慎重评估。OKR 的目标一定要有挑战性，但挑战性不是指高得够不着。过高的目标会导致信心丧失和消极心态。

其次，要为承担这项 OKR 的团队赋能，在组织结构允许的情况下，尽可能为大家授权，让大家更容易、更有效率地清除前进道路上的障碍。授权也能够让大家感受到组织的认可和信任，激发拼搏的动力。

第一个周期的运行一定要为大家呈现出看得见的结果，同时，也要让大家感受到氛围的变化。聚焦让有形结果获取了更多资源的保障，而自下而上、公开透明、对齐协同会对人们产生更大的吸引力。

　　总之，第一步的成效非常关键。这些成效就是组织决策的有力证明，能够消除负面情绪，引起更多的共鸣，为组织变革提供更强大的动力。

复盘和完善

　　这一步的目标是巩固已经取得的成果，为进一步扩大战果做准备。

　　首先，要进行复盘。要列出已经取得的成果，并用具体事实回答为什么会取得成功；如果没有达成预期的结果，也要分析留下了哪些遗憾，是什么因素导致的。通过复盘，找到进一步完善系统的方向，在系统中强化推动 OKR 的积极因素，消除消极因素。

　　其次，通过 OKR 的跟踪记录和评分环节，识别出那些对 OKR 推动有积极影响力的人，对他们给予肯定。这些人不一定对结果做出了巨大的贡献，但他们在自下而上、对齐协同、公开透明等方面的行动，足以对他人产生示范和带动作用。此外，对于观望、消极执行，甚至有抵触行为的人，要真诚地沟通，发现他们内心真正的顾虑。对于这部分人中的管理者，应当给予教育、警示或调整。

　　最后，要制定下一个周期的 OKR，保持团队的热情和动力。同时，也要充分利用好初步取得成效后大家高涨的信心，按照既定计划将更多的部门和岗位纳入 OKR 的运行范围。

　　需要注意的是，复盘和完善是持续的，并不仅限于第一个周期。部分企业在取得初步成效后，过于关注所取得的成绩，而忽略了问题；有的管理者甚至认为 OKR 很简单，不必小题大做，放松了对干扰因素的警惕；还有的管理者认为既然取得了成绩，员工就一定会主动保持，因而减少了关注，弱化了推动变革不可或缺的领导力。这些心态，都为日后 OKR 的停滞和倒退埋下了隐患。

优化和固化

管理变革的真正成功，并不只是在初期克服阻力、突破障碍、取得一些成效，更是经过长期实践，最终将变革融入组织的血液之中。管理变革的真正成功，也不仅仅是满足领导和协调的需要、提高市场竞争力和财务贡献，更是人才结构的优化。人才结构当然不是指性别或年龄占比，也不是单纯以学历、能力和专业水平来衡量，而是指企业有些什么样素质的人，他们拥有怎样的价值观和心态，他们在以什么样的思维方式和工作方式合作共事。当企业凝聚了更多有志、有识、有情有义的人，大家彼此关怀和支持，并开展创造性的工作时，就意味着管理变革取得了成功。

这样的成功不是一蹴而就的。这样的成功，需要对系统进行完善，对组织进行优化，对文化进行改良，进而构建一个良性的组织生态，才能实现。这个组织生态由发展战略、组织结构、激励机制和企业文化组成，是一个能够自我净化、良性循环的系统。

制定决策、建立组织、系统设计、充分沟通、充分赋能、单周期运行、复盘和完善、优化和固化，这八个步骤，并不一定需要严格遵循，企业可以选择适合自己的导入方法和节奏。必须注意的是，无论设计怎样的流程，始终应该高度关注的都是人的心理状态，而不是OKR本身。人的意愿是一切革新的关键。

第六章

让 OKR 持续发挥价值

　　OKR 的魅力和价值来自对人内在动机的关注，只有激发内在动机，才能保持热情。OKR 可以促进绩效改善，OKR 的实践也为企业提供了优化绩效管理的机遇和方法，但 OKR 绝不能与考核关联。OKR 是一项全面推动战略实施、促进组织变革、优化激励机制、提升企业文化的系统工程，涉及的因素众多，任何一方面的缺失，都会影响 OKR 的顺利导入和实施，让团队的努力功亏一篑。

第一节　要不要考核

OKR 要不要考核？我们应该斩钉截铁地回答：OKR 绝不考核。但是，企业必须要考核。

OKR 绝不考核

　　很多人初识 OKR 的时候，认为 OKR 最具吸引力的就是它可以替代以 KPI 为代表的绩效管理手段。管理者希望引入 OKR，调动员工的积极性，实现组织的目标，同时避免传统绩效考核的种种弊端。

OKR 的确能够调动员工的积极性，促进目标的实现。但也正是因为这样，OKR 强调避免与绩效考核关联。OKR 希望员工不断挑战更高的目标，而考核评价恰恰让员工在制定目标时更加保守，即使他们有过突破自我的念头，但一想到完不成会导致负面评价和利益损失，就难免产生自保的想法。每年年初制定目标时，上下级之间讨价还价的场景就是鲜活的例证。大家思考的不是如何创造价值，而是如何保证收益。OKR 与考核解耦，就是要杜绝这种现象，让管理者和下级能够心往一处想、劲往一处使。

有的企业虽然理解了 OKR 的思想，希望能够不折不扣地执行 OKR 与考核解耦的做法，但又很担心缺乏考核评价无法有效地判断员工的贡献和能力，担心没有现实利益的回馈，会导致员工表面上敷衍了事，让 OKR 流于形式。于是，他们对 OKR 进行了改造。

有的企业将 OKR 与年度考核挂钩。这些企业的管理者认为，OKR 是按月或季度运行的，只要不按 OKR 的运行周期进行考核评价，就可以避免考核评价对员工主动性的干扰；而将 OKR 的结果运用到年度考核中，既能获得评价员工的依据，又排除了对 OKR 日常运行的影响。另一些企业，采取的是部分挂钩的做法。他们将 OKR 分为"承诺性"和"挑战性"两种，将其中的"承诺性 OKR"纳入考核，对"挑战性 OKR"不考核，从而兼顾绩效评价和员工的积极性。还有一些企业，通过丰富绩效评价的维度和内容，使 OKR 对最终评价结果的影响比例相对降低。

以上这些做法，表面上看起来颇有些道理，但时间一长，弊端就会显现出来。毕竟，考核指标就是风向标。员工必然会将注意力集中到绩效考核所指向的工作上来。就第一种做法而言，只要有考核，员工必然会想方设法保障自己的最大利益，必然会趋于保守，这与考核周期无关，年度考核只会让员工在第一个月就开始变得谨慎。就第二种做法而言，员工必然会将时间和精力优先投入到"承诺性工作"中，把"挑战性工作"作为"副业"。而"挑战性工作"往往对组织是最具价值的，员工的挑战意愿和能力也正是 OKR 所希望激发的。第三种做法，虽然降低了 OKR 对考核结果的影响，但毕竟与员工的切身利益相关，没有人会平白无故地放弃本应属于自己的收获，哪怕它所占的份额不大。

目标管理与考核评价的耦合，反映的是管理者的思想固化。丹尼尔·平克的研究表明，单纯的物质激励只对那些在指令清晰、流程明确的情况下进行简单操作的员工，才有一定的作用。对于需要主动性和创造性的岗位来说，任何把员工的薪酬和职业发展与目标管理挂钩的方式，都会适得其反，OKR 也因此会变成束缚人们内在动机的契约。

当然，有些人可能会反对我的说法，理由是：OKR 也有像 KPI 一样的评分流程。事实上，OKR 的评分并不是评估的手段，而是一种用来提示的标记，不能作为考核的数据输入。许多企业为了规避人们固有的考核思维，采用进度条或红绿灯等方式呈现。为 OKR 评分的意义在于，验证计划的合理性、标示执行的状态、用统一的标准获得各方明确的反馈，其目的在于促进自我的绩效改善。打个不太恰当的比方，就像我做了一桌菜，问朋友们这些菜可以打几分。

OKR 不能和考核关联，更不能决定考核结果。但当员工运用 OKR 实现组织目标，获得个人成长时，他们所做出的贡献和所展现的潜力将对考核评价产生积极影响，进而使他们赢得回报和发展机遇。

企业必须有考核

任正非在华为的一次干部会议上指出："一个企业的经营机制，说到底就是一种利益的驱动机制。企业的价值分配系统必须合理，价值分配系统要合理的必要条件是价值评估系统必须合理。"任正非的讲话诠释了华为关于价值分配的逻辑,即价值创造——价值评估——价值分配。他说出了一个朴素的道理:企业是为了利益存在,员工加入企业也是为了利益。要想让利益发挥驱动作用,就必须合理分配。而要想合理分配,就必须合理评估。换句话说,如果没有评估,就不可能合理分配,也就不可能驱动企业的经营。这也印证了一个事实,传统的绩效考核在被众人如此诟病的情况下,依然大行其道,经久不衰。因此,企业必须有考核,从而保证分配的公平。其实,公平的价值还不仅限于此。

谷歌人力与创新实验室的凯瑟琳·迪凯斯博士说:"公正性感知非常强大,几乎影响到人们对工作中一切事物的看法,特别是他们对自身价值的认知度、对工作的满意度、对上级的信任度以及对组织的忠诚度。"在企业中,组织给予员工的一切无不建立在对个人的判断之上,无论是薪酬、福利、权力、机会、自由,还是尊重与认可。而最简化、最直接和最公平的判断工具无疑是统一的考核评价机制。这种机制将塑造人们对工作、对上级、对组织的看法。

此外,考核使管理者理性地将精力聚焦在对绩效最具驱动力的关键行动上,避免依靠直觉感性地判断。考核的导向性将使员工明确努力的方向,使他们知道企业要什么,杜绝盲目地工作,消除员工的困惑,也避免了员工依个人偏好或能力倾向自行其是。同时,考核所提供的信息,也是制定招募、培养、任免标准的依据;如果缺乏对人的客观评价,就不可能把合适的人放到合适的位置上,企业的人力资源经营也将无从谈起。

为什么考核屡遭排斥

绩效考核如此重要,却常常被排斥。日本索尼公司前常务董事天外伺郎的一篇《绩效主义毁了索尼》成了绩效管理抵制者的一面旗帜。天外伺郎在文中指出，绩效主义让索尼失去了激情、挑战精神、团队精神，使得索尼由创新先锋沦为落伍者。近年来，以通用、德勤、埃森哲为代表的一批知名企业放弃了绩效评估，他们似乎在用行动积极回应天外伺郎的声讨。

然而，现实是，在众多的知名企业中，放弃绩效评价的毕竟屈指可数，大多数迅猛发展的企业仍然沿用传统的绩效评价方式。况且，通用、德勤、埃森哲等企业只是放弃了年度绩效评价和强制分布，他们只是对绩效管理进行了优化，比如将绩效评估变为绩效反馈，将周期由年变为周。我非常赞赏这些优秀企业所做的探索和尝试，但我也认为，中国的绝大多数企业暂时还不具备条件运用他们的经验。

认真分析天外伺郎的文章，我们会发现，他排斥的并非绩效管理或绩效考核，而是"绩效主义"，一种被异化的绩效管理。从他的文章中，我们不难发现，导致索尼丧失传统精神的真正原因在于："上级不把部下当成有感情的人看待，而是一切都看指标""采取高压态度""业务成果和金钱报酬直接挂钩""为衡量业绩，将工作简单量化，又花费大量时间、精力统计数据，而在真正的工作上敷衍了事，出现了本末倒置的倾向"，等等。归根结底，是"因为公司内有不称职的上司，推行的是不负责任的合理主义经营方式，给职工带来了苦恼。"

同样的情形也发生在大多数的中国企业中，"绩效考核"已经成了绩效管理的代名词，与绩效管理的初衷越行越远。绩效管理本应立足于人性、着眼于激发人的动力，是为了提升个人和组织的绩效水平，由绩效计划、绩效辅导、绩效考核、绩效改进四个部分组成的闭环。但是在实践中，单纯而僵化的考核手段完全替代了绩效管理的全过程，违背了人性，无法有效促进绩效改进，反而诱发很多矛盾，与组织的追求背道而驰。这才是绩效管理饱受诟病的真正原因。

OKR 与 KPI 的协同

考核是必需的，但面对层出不穷的矛盾和问题，确实令人进退两难。好在我们已经分析了绩效考核种种弊端背后的原因：违背人性、单纯考核。现在，让我们以当前大多数企业运用的 KPI 为例，看看 OKR 能够发挥什么作用吧！

第一，KPI 所关注的是要达成什么指标，OKR 的重点在于怎么达成。OKR 以其六大特征为武器，为员工赋能，成为帮助员工达成目标的工具，进而促进 KPI 的实现。

第二，对于创新型的业务，在没有数据积累的情况下无法制定客观的指标，因此 OKR 更为适用；而 KPI 对于成熟业务的运行状态，也能起到检视和保障的作用。

第三，在许多传统制造业和服务业企业中，仍然存在需要大量基层员工按照固定的流程和标准从事简单操作的工作；对这些工作而言，重要的不是创造性，而是效率，KPI 更为适用。而 OKR 能够面向未来，面对更加复杂多变的环境，与更多具有创造性的知识型员工和谐相处，促进企业发展。

第四，部分企业将 KPI 作为面向全员实施的目标管理工具，对很多并不适合用指标衡量贡献的部门机械地设定指标，不仅浪费了大量时间和精力，还导致了许多冲突。OKR 提供的目标管理方法有效地解决了这样的困扰。

第五，KPI 可以为 OKR 的设定提供依据，甚至直接成为 KR；而 OKR 可以促进 KPI 的优化，让 KPI 的设定更符合组织战略和业务逻辑，避免"不负责任的合理主义"。

OKR 与 KPI 是运用于不同场景的两种目标管理方法，在今天企业经营环境日益复杂、影响因素与日俱增的变化下，OKR 与 KPI 的相互补充和相互促进显得尤为珍贵。OKR 与 KPI 一定可以相辅相成。

也许有人会质疑，难道 KPI 和 OKR 都要用吗？我想，运用哪一种管理工具，还是要基于企业的情况，具体问题具体分析。对于传统的定向来料加工的企业，也许 KPI 就够了；对于新科技、新应用的创业企业，OKR 最适合；对于大中型企业，KPI 与 OKR 的结合应该更有力量。

我曾接触过很多老板，他们总是希望能够用一种方法，轻松简单地解决管理中的所有问题。为此，他们今天学一种理论，明天学一种方法，总是换来换去、浅尝辄止。事实上，任何一种管理方法都不能解决所有的问题，管理是一个系统，管理的工具也应该系统化。因为，管理是复杂的，它不像物理、化学一样有放之四海而皆准的公式；管理中的各个角色也是复杂的，它不会有科学实验中那么明确与稳定的输入和输出。中国传统医学的智慧告诉我们，在面对疾病时，要辨证施治，用药讲求君臣佐使的配伍。同样的道理，当我们面对组织的疾病、管理的问题时，也应该辨证施治、因地制宜，综合运用多种管理工具，方能事半功倍。

第二节　怎么考核

在企业的日常管理工作中，绩效考核常常是最令管理者头痛的问题。很多人都有这样的感受，没有考核就没有了约束，对员工的消极懈怠就束手无策，就无法有效推动工作；但有了考核，员工与企业之间又形成了博弈，企业内部成了市场，人与人之间的关系越来越利益化，组织的凝聚力越来越差，合作、创新的企业文化逐渐沦丧。这样的现象在企业中屡屡发生，让管理者对绩效考核的态度变得越来越复杂，爱恨交加，左右为难。

绩效考核是企业管理中不可或缺的部分。在各行各业中，我们熟知的那些标杆企业，都在管理实践中运用了绩效考核的工具。研究表明，对绩效进行追踪和评价的企业，其财务指标表现更出色。之所以管理者会有这样那样的困扰，我想原因并不在于绩效考核本身，而在于我们运用绩效考核的方式；而我们运用绩效考核的方式，又取决于我们对绩效考核的理解。

我在与企业高管沟通的过程中发现，不少管理者对绩效考核的认识还非常主观和片面。他们认为，绩效考核就是为了让员工按照组织制订的计划，保质保量地完成自己分内的工作；如果员工没有达到企业要求的标准，那么事实上就等于没有履行或没有完全履行体现双方雇用关系的契约，企业就不应该按既定的标准支付薪酬。当然，如果员工超过了既定的标准，那么企业也应该给予合理的回报。这种思想非常具有代表性，它体现了这样一种假设：员工和机器、设备、厂房一样，是一种生产资料。生产资料是需要企业付出成本的，如果这种生产资料的效能低于预期，那就意味着企业资源的浪费。

正是基于这样的假设，绩效考核成了一种靠压力来控制员工的武器，与目标管理的初衷背道而驰。德鲁克说："靠压力进行管理，与靠'严厉措施'进行管理一样，无疑是一种困惑的体现，它是对'无能'的一种自我承认，也是管理者不懂得规划的标志。但是，最为重要的一点是：它说明公司不知道对员工应该期待什么，即不知道如何引导他们，并在一定程度上对他们进行了误导。"他进一步指出："目标管理的主要贡献在于：它能够使我们用自我控制的管理方法来取代强制式的管理。……企业需要的就是一个管理原则。这一原则能够让个人充分发挥特长、担负责任，形成共同的愿景，确定一致的努力方向，建立起团队合作和集体协作，并能调和个人目标与共同利益。"

绩效考核是绩效管理的一个组成部分，与绩效计划、绩效辅导、绩效改进组成闭环，从而促进组织目标的达成。在开始绩效考核之前，我们非常有必要遵循管理大师给我们的启示，重新思考和梳理绩效考核的逻辑。

为什么考核

管理的核心目标就是实现效率与公平。绩效管理作为企业管理最重要的组成部分，自然也应当体现这一追求。

公平对考核提出的要求是，考核要有明确且公允的标准，有合理和公正的评价程序。通过考核，能够给予员工客观公正的评价，使员工对自我价值有正确的认知，看到自己的优势，看到自己与组织要求之间的差距，从而能够扬长避短，加速自我成长，承担责任。通过考核，给予员工公平的物质回报和精神回馈，体现个人贡献与组织进步之间的关系。

效率对考核提出的要求是，考核的内容应当反映最能影响企业价值创造的关键驱动因素，使员工将精力集中在对绩效有最大驱动力的行动上，帮助员工调整自己的日常活动，使之与企业的方向保持一致。通过考核，体现员工权利和义务的对等关系，做到权责分明，激发员工的主人翁意识和满足感，促进员工的自我管理。通过考核，识别员工的优势与短板，让员工在最能发挥自己特长的岗位承担责任。

总结起来，考核的目的就是：公平回报、人尽其才。"公平回报"应当基于贡献，"人尽其才"应当基于潜力。为了进一步厘清概念，我们不妨将衡量贡献的工作称为"考核"，将衡量潜力的工作称为"评价"。

考核什么

为了兑现公平回报的承诺，我们应当考核贡献。依照贡献体现价值的时间或可客观衡量的周期，可以分为即期贡献和长期贡献；依据考核的手段可以分为可量化贡献与非量化贡献；可量化贡献中又可分为财务指标和非财务指标（见表 6-1）。

表 6-1　考核贡献

		即期贡献	长期贡献
可量化贡献	财务指标	利润、销售收入、人均产值、存货周转率、成本费用率、客户收益率、员工平均工资等	投资回报率、资产周转率、资本积累率等
	非财务指标	产品合格率、项目中标率、市场份额、新增客户数量、复购率、员工流失率等	客户响应时间、人才保有率、员工满意度等
非量化贡献		客户关怀、公关活动、内部协作、员工辅导、项目管理、环境维护等	制度建设、技术培训、合理化建议、企业文化活动等

表 6-1 所体现的分类，因行业而异，比如存货周转率会在短期内影响超市和快速消费品行业的盈利能力，而对一家造船厂来说，却几乎没有意义。表格中列举了部分指标，意在提示管理者，对员工的贡献应该全面衡量。因为，完整是客观的必要条件，唯有客观才可能公正。

长期以来，企业在所谓"结果导向"的影响下，出现了一种单纯以财务指标衡量员工贡献的倾向，在这种思想指导下实施的绩效考核，尽管满足了企业"投资回报"的要求，却因它的片面性导致了大量的不公平现象，严重打击了员工的积极性，也使得员工对工作的满意度降低，对上级的信任出现危机，对组织的忠诚度下滑。

既然我们已经知道了应该衡量哪些贡献，那么现在我们可以将注意力转移到如何衡量这些贡献上了。考核是组织正式的衡量手段，对此，我有如下的原则性建议：

1. 聚焦少数最关键的驱动因素；
2. 衡量非财务指标；
3. 关注员工可以掌控的，而非单纯考核组织想要的。

聚焦少数最关键的驱动因素

考核意味着导向，其作用在于聚焦团队的注意力，将每个人的努力凝聚到一致的方向上。考核就像路标，路标过多，人们就会迷失前进的方向。考核过多，给人带来的困扰不但会损耗效率，还会让人感到疲惫，丧失热情，尽管可能人们并没有真正开始行动。

　　可能有人会提出质疑："既要全面衡量员工的贡献，又要聚焦，这不矛盾吗？"不矛盾。首先，衡量贡献的方式很多，考核只是其中非常正式的方法之一。正如在公共事业领域普遍采用的审批制、核准制、备案制一样，对不同的项目采用不同的评价方法，既可以保障公平，又能够兼顾效率。其次，依照价值创造——价值评估——价值分配的规律，价值评估实际上就是比较，或在组织内部比较，或与市场竞争者比较。当大家的贡献趋于一致时，比较也就失去了价值。而每个人最重要的贡献往往建立在组织所赋予的岗位及权力之上，这些贡献通常就是履行岗位职责最关键的驱动因素。

　　值得注意的是，企业要避免"打补丁"的做法。一般来说，至少有一半的考核指标会导致负面影响。当企业考核品质时，可能会影响进度；关注进度时，又影响了成本；成本有了改善，服务又出了问题。最终，指标越来越多，不但员工无所适从，就连管理者都觉得无从下手。记住，考核聚焦的目的是要凝聚当今社会最宝贵的资源——人们的注意力。考核不是万能的，不能解决所有的问题。凡是不属于关键驱动因素的，不能纳入考核，而要通过其他的管理手段进行干预。

衡量非财务指标

　　KPI 的权威专家戴维·帕门特（David Parmenter）在他的畅销书《关键绩效指标：KPI 的开发、实施和应用》[⊖]中指出："财务指标虽然有用，但它掩盖了绩效的真正驱动因素。要充分理解增加了什么或减少了什么，我们需要追溯那些生成财务指标的活动。"

　　将财务指标用于董事会对 CEO 的考核无可厚非，但是将它用于中层和基层管理人员，甚至基层员工的做法，只会让员工产生被压迫和剥削的

　　⊖　本书中文版已由机械工业出版社出版。

感觉，因为，它对帮助员工找到正确的工作方法产生不了任何价值。比如，对管理者进行人均产值的考核，那么不同部门的管理者一定会有不同的管理方法，而这些方法对人均产值的有效性和驱动力一定受限于管理者的专业和经验。事实上，影响人均产值的因素很多，包括人数的合理性、员工的技能水平、员工的心态、机器设备的智能化水平、供应链的顺畅程度、原材料的加工程度和质量标准、流程的合理性、工艺的标准化程度、工具的先进性，等等。面对如此复杂的因素，将人均产值的指标硬塞给一名管理者，不能不说是一种不负责任的行为。

我们建议将注意力转移到非财务指标上，因为，正是这些指标所代表的因素，在影响财务指标。任何一个财务指标，都是多种活动共同作用的结果。因此，改善这些活动中最重要的驱动因素，就能促进财务指标的达成，而更重要的是，这样才可以帮助员工找到调整工作方法、提升工作技能的方向。只有这样，考核才能发挥应有的作用。

关注员工可以掌控的，而非单纯考核组织想要的

我们先看一个案例。某高端消费品品牌商用"销售收入"评价其派驻到经销商的销售顾问。这里的"销售收入"当然是指品牌商从经销商获得的收入，也就是经销商支付的回款。销售顾问的工作是落实品牌商的各项营销举措，向经销商的销售人员提供专业培训，在他们销售的过程中提供必要的协助，同时配合经销商维护客情。乍看起来，用"销售收入"的指标考核销售顾问是符合逻辑的。因为，销售顾问的工作目标是非常明确的，他的工作就是通过促进经销商的销售，实现品牌商的回款。

然而，虽然销售顾问的工作很重要，对于推动经销商的销售有促进作用，而且一旦经销商实现了销售，大多也会及时进货，实现品牌商所希望的"销售收入"，但事实上，实现经销商销售的最大驱动因素首先是经销商自己的销售队伍，其次是品牌商的营销力度。尽管销售顾问被派驻到经销商处，但其作用是有限的。而且，在经销商需要再次进货时，对其支付货款起决定性作用的往往是该销售顾问的上级，也就是当时与经销商建立合作关系的销售经理。销售经理拥有调整促销政策、配赠比例、核定返利标准、物流调配等权利，对经销商回款的积极性有巨大的影响。

通过这样的分析，我们不难想象销售顾问在面对这个考核指标时的无奈。此外，由于经销商之间存在的客观差异，销售顾问服务不同水平的经销商，自然会有高低不同的业绩表现。这一点，又让销售经理在分配服务区域时有了寻租的空间，会引发冲突。如果销售顾问工作出色，但销售经理未能说服经销商付款，那么用"销售收入"评价销售顾问显然有失公允。

事实上，这个指标除了给销售顾问带来压力之外，没有任何作用。销售顾问根本无法找到优化工作的方法，又何谈自主性和积极性呢？如果我们将销售顾问的考核指标设定为"新客户转化率"，销售顾问显然能够掌控，因为这个指标与他的日常工作息息相关，他的职责要求他具备提高转化率的能力，而他也会因此更清楚企业对他的期望。

评价什么

为了实现人尽其才，让每个人充分发挥特长，我们需要对员工进行有效的评价。就评价的维度和内容而言，人力资源管理实践中运用的"任职资格""胜任力模型""能力素质模型"等都已较为成熟，读者可以根据企业的情况进行选择。在此，我们仅做两点提示：

1. 简单聚焦；
2. 避免与考核混淆。

简单聚焦

美国心理学家戴维·麦克利兰（David McClelland）于 20 世纪 70 年代提出了"胜任力"这一概念，系统分析了影响个体绩效的深层次特征，包括知识、技能、社会角色、自我认知、特质、动机等6个层次。学术界和企业界在该理论的基础上，通过进一步研究，提出了包括6大类、20个具体要素的完整的企业任职者胜任力模型。胜任力模型由于其深刻的洞察力和系统性而广受关注和赞誉。我们当然希望企业能够掌握和应用。然而，对于大多数的中国企业，尤其是广大的中小企业来说，要想引入和运用这样的模型，可谓是一项浩大的工程。

员工迫切地需要被公正地评价。因此，我们建议企业借鉴胜任力模型的思想，与本企业各岗位的任职资格相结合，进行简化。比如，华为的领导力模型概括为：发展客户能力、发展组织能力、发展个人能力。有的企业根据管理层级，将评价标准定义为：管事的能力、管人的能力、管自己的能力。还有的企业依据岗位性质和管理层级，从专业素质、能力素质、思想素质三个维度进行评价。尽管他们可能存在不完善之处，但至少已经开始通过实践履行组织的责任，给员工带来了希望。

《华为公司基本法》中写道："工作绩效的考评侧重在绩效改进上，宜细不宜粗；工作态度和工作能力的考评侧重在长期表现上，宜粗不宜细。"

我们认为简单聚焦是企业经营管理的境界，在考核与评价方面也应有此追求。简单聚焦不仅让员工更明确奋斗的方向，也使操作的效率得以提升。同时，也为快速更新评价方法以适应企业内外环境的变化创造了条件。

避免与考核混淆

基于贡献给予回报，考核贡献要以"事"为依据；基于潜力予以任用，评价潜力要以"人"为焦点。这是我们实现"公平回报、人尽其才"的基本逻辑，这个逻辑不能混淆。然而，很多企业在考核评估时忽略了这个逻辑。

有的企业将员工的能力和价值观纳入考核，依照考核结果核发员工的工资和奖金，遭到员工的抵触。员工认为，同样的贡献，为什么我的收入比别人低，如果说我的能力不足，那么贡献不正是能力最有力的证明吗？至于价值观，如果组织质疑我的价值观，为什么当初要把我放到这个位置上，为什么在我已经做出应有贡献的时候提出质疑呢？这不是在找借口扣钱吗？

有的企业在选拔人才的时候，存在一种"结果导向"的惯性思维，这个结果导向并非理性评估谁被提升将最有利于团队整体的进步，而是基于候选人以往的贡献程度。他们将业绩最好、效率最高的人提拔为管理人员，而忽视了这些人的管理能力、自身潜力和价值观，造成了很多矛盾，留下了巨大的遗憾。不仅影响了团队，也摧毁了这些新晋干部的自尊和信心。显而易见，技术行家不见得就能成为管理行家，面对一台电脑与面对一群活生生的人可谓天差地别；一个人在基层时热情高、能力强，并不意味着他有激发他人热情的潜质，也不意味着他有帮助他人提高的能力；而在价值观上，对于基层岗位来说，大局观、部门合作、先人后己的奉献精神、严于律己宽以待人的作风等也许并不是十分重要的，但对管理岗位来说，这些却是最基本的素质要求。

考核与评价周期

从组织的角度来看，考核的目的是将员工的努力聚焦到关键驱动因素上。既然如此，周期就应该越短越好。戴维·帕门特在《关键绩效指标：KPI 的开发、实施和应用》中强调："认为每月监控一次的评价指标能够提高绩效的想法是一个认识误区。一个按照每月、每季度甚至每年的频率进行评价的指标不是关键绩效指标，因为它不能及时提供有效的信息，对公司的业务起不到关键作用。就像马已经脱离了缰绳，你还在对其进行监控一样。"帕门特甚至建议应该按照每周、每天的频率进行评价。今天，戴尔、微软、IBM、通用电气等一大批企业正告别年度考核，代之以管理者和员工间更频繁、非正式的反馈沟通。

考核无疑需要成本，沟通也会占用时间。我们建议中国企业至少每月进行一次关键指标考核，同时倡导及时反馈、积极反馈的文化，从而使考核发挥应有的价值。

设定评价周期，要遵从人的成长规律，同时兼顾组织的稳定性。周期过长不利于调动员工的积极性，无助于人力资源的有效开发。周期过短，增加了工作负担和成本，分散了员工的注意力，影响组织稳定。相对而言，基层员工成长的速度更快，我们建议每半年开展一次对基层管理人员和基层员工的素质评价，每年开展一次针对中高层管理人员的胜任力评价。

第三节　如何保持热情

为什么要激发热情

在我们为企业提供咨询服务的过程中，管理者们普遍表达了这样一种担忧：既然 OKR 和考核无关，团队在实践时会有积极性吗？毕竟，OKR 会给干部和员工增加一些额外的工作，占用一部分工作时间，而这些工作并不会直接带来收益。这种担忧反映出三个问题。

第一，管理者对 OKR 的认识不够深入。OKR 不是一项需要员工付出时间和精力进行配合的行政性工作，而是一个工具。它可以帮助员工准确把握组织对他们的期望，以正确的方法做正确的事情，从而让他们更高效地完成工作，获得更高的评价和回报。无论是学习一款新的办公软件，还是熟练掌握一台先进的数控机床，人们都愿意付出时间和精力，因为他们知道这些新的系统、设备或方法会让他们事半功倍。OKR 作为一种高效的目标管理方式，一种先进的工作方式，同样如此。在导入 OKR 时，一定要让这种观念深入人心。

第二，管理者的注意力依然停留在"考核与薪酬"上。绩效管理专家杰里米·霍普指出，尽管过去 50 年来的数百次研究结果都表明，外在激励并没有取得什么效果，但大多数领导者仍然坚信金钱刺激是提高绩效的关键。他们认为，一项工作，如果没有与工作直接相关的物质激励，就一定不会顺利推动。这种忽视人们内在动机的惯性思维根深蒂固，已经成为组织变革的最大障碍。而事实上，很多工作虽然没有直接的物质激励，但管理者们依然甘之若饴地奉献智慧，甚至比做那些能够带来经济回报的工作更加努力。显然，连管理者们都没有意识到这种内在动机的力量，或者说，他们已习惯了对此视而不见。我们同样应该认识到，担心没有外在激励会导致工作推进乏力的想法，也反映出管理者的懦弱，因为他们不确定自己有没有能力激发员工的内在动机。

第三，管理者的担忧有一定的客观性与合理性。无论是学习设备或软件操作，还是运用 OKR，都会打破人们固有的习惯，迫使人们走出舒适区。尤其在运用的初期，人们需要付出比平时更多的努力。有的时候，即使付出了超常的努力，效果依然不理想。这是正常现象。如果只是依靠愿景和对 OKR 的正确认知，也许并不足以让热情持续。但如果我们能够采取一些激励措施，就可以更好地保护大家的热情，鼓舞人心，并让大家感受到企业对 OKR 的一贯重视，以及对他们持续努力的肯定。

激发热情的原则

一谈到激励措施，大家首先想到的就是奖金。对此，我们必须直言相告，奖金有百害而无一利，它会毁掉 OKR。也许有人会想，可以在导入 OKR 的初期运用奖金，毕竟"万事开头难"，等运行顺畅后再取消奖金制度就行了。对此，我必须提出警告：在导入期用奖金激励的做法，必将导致更严重的恶果。我们提出两条原则：一、避免与钱挂钩；二、重视团队，而非个人。这对保持和激发团队的热情非常重要。

避免与钱挂钩

对人们的动机进行的众多研究表明，外在刺激会削弱内在动机，这个结论已经被广泛接受。其实，我们本不需要这些理论的提醒，我们的生活经历就可以给我们足够的启示。想想团队聚会一起去KTV唱歌的时候，常常每个人都会抢话筒，争着做麦霸，充满了欢乐。如果我们把聚会变成评选最佳歌手的歌咏比赛呢，不用说，大家马上就会觉得索然无味了。再想想，我们第一次游泳、骑自行车的经历，我们根本不需要什么奖励，即使不停地呛水、摔倒，我们还是乐此不疲。学习和掌握OKR的过程，道理是相同的。当我们用金钱去激励员工时，会让人觉得这是一笔交易，是一项额外的工作负担。员工如果不想要这笔奖励，他就有权放弃。

再说，就算用金钱激励，这种激励的程度恐怕也无法和员工从事本职工作所获得的回报相比，员工为什么选择一项性价比低的工作呢？况且，物质激励的边际效用是递减的，它的激励效果会越来越差。

员工真正想要的，是一项富有意义、充满乐趣并能使他们进步的工作。他们需要得到尊重，让他们自己做出判断；他们需要得到鼓励，让他们勇于探索，发现新的自我；他们渴望得到认可，让他们感受到信任，感受到自我的价值。

我并不是完全排斥任何物质形式的激励方式，正如我们会用鲜花表达爱意一样。但是，我们不应该让对方关注鲜花的价值，而应该让对方体会我们的情谊。OKR强调与考核完全解耦，那么运用OKR的过程自然也不应该让人怀疑它与考核有关。

重视团队，而非个人

OKR倡导对齐协同，实现组织的合力；推崇公开透明，营造互帮互助的场域。对协作的要求同时体现在部门与部门之间、岗位与岗位之间。有些协作关系比较直接，如营销部门对销售部门的支持；有些则体现得不那么明显，如人力资源部对销售部门的支持。无论这些关联是强是弱，企业的各项成果都不是由单一因素决定的，也不可能由一个人单独实现。过度激励个人，会弱化协同的力量，导致内部竞争，破坏公开透明的场域。对个人实施的激励，往往会产生"激励一个人，打击一大片"的效应，可能会使一些人放弃参与。这种政策所形成的落差，会使员工将注意力投向管理层的公平性，进而影响到对工作的聚焦。

如果我们不是评选"最佳歌手"，而是举办一场团队之间的"对歌"活动呢？大家的热情一定会被迅速点燃。很多成绩平平的运动员在个人比赛时，往往状态不佳，因为他们看不到希望，但在参与团体赛时，却斗志昂扬。我想，这样的经历每个人都有。激励团队的优势在于：激励范围广，能够让更多的人受到鼓舞；增强团队的凝聚力和幸福感，营造和谐的氛围；团体赛让人更有斗志、更兴奋，即使团队落后也不会让个人丧失斗志；团队成员共同的经历和回忆，让人们津津乐道，激励的效果更持久；激励团队，就是激励团队中每个人的合作，让他们有更大的力量攻克难关。

对于这一条原则，需要说明一点，我并不否定激励个人的价值，我只是提醒大家，相对于个人的激励而言，我们应更重视对团队的激励。

如何激发热情

OKR 的特征是：聚焦战略、注重逻辑、对齐协同、自下而上、公开透明、积极反馈。如果遇到阻力，这些特征不能充分体现，OKR 的威力就无法发挥。因此，这些特征就需要我们通过各种激励措施大力保持。表 6-2 中举了一些激励措施的例子，供大家参考。

表 6-2　OKR 的激励措施

运用范围	激励措施	激励对象	目的
制定 OKR	OKR 路演	团队	聚焦战略、注重逻辑、对齐协同、公开透明
	OKR 演习对抗赛	团队	聚焦战略、注重逻辑
	OKR 达人大赛	个人	注重逻辑
执行 OKR	人民公仆奖	个人	自下而上、积极反馈
	最佳教练员奖	个人	自下而上、积极反馈
	明师奖	个人	自下而上、积极反馈
	谢师礼活动	团队、个人	自下而上、积极反馈
	最佳盟友活动	团队	对齐协同
	笑脸文化	个人	对齐协同
	雷锋奖	个人	对齐协同
	知音奖	团队	公开透明
	OKR 通讯	个人	公开透明
	客户茶话会	团队	公开透明
推动 OKR	OKR 大使奖	个人	聚焦战略、注重逻辑
	OKR 助攻手	个人	对齐协同、公开透明
	OKR 创客行动	个人	自下而上

激励措施简介

OKR 路演

1. 全公司参与。

2. 以团队为单位上台呈现 OKR。

3. OKR 委员会为每一个项目提出建议，并评出优秀的 OKR 项目。

OKR 演习对抗赛

1. 具有相同业务属性的部门参与，如销售一部、二部、三部，A 品牌、B 品牌、C 品牌。

2. 以部门为单位，各派若干团队上台展示 OKR。

3. 由分管领导和 OKR 委员会提出指导意见，并评出获胜的一方。

4. 获胜的团队获得奖励。

5. PK 要注意团队之间能力的匹配。能力悬殊，PK 就会产生反作用。

OKR 达人大赛

1. 全公司观摩。

2. 参与者可由团队推荐或个人自荐产生。

3. 参与者抽签展示 OKR，由 OKR 委员会提出指导意见。

4. 由 OKR 委员会评选优胜者，或组织全员投票评出优胜者。

5. 初期，尽可能鼓励每一名参与者。

人民公仆奖

1. 面向管理人员，以中高层管理者为主。

2. 自荐或推荐产生候选人。

3. 全员投票，评选"公仆型领导"。

4. 由员工代表颁发。该荣誉有一定的期限。

最佳教练员奖

1. 面向管理人员，以中层和基层管理者为主。

2. 自荐或部门员工推荐，OKR 委员会也可推荐。

3. OKR 委员会组织评选或投票活动。

4. 由员工代表颁发。该荣誉有一定的期限。

明师奖

1. 面向全体员工。

2. 获奖者为辅导他人取得显著进步的人（老师教得明白，学生做得明白）。

3. 自荐或推荐，OKR 委员会也可推荐。

4. OKR 委员会组织评选或投票活动。

5. 由 CEO 颁发。该荣誉有一定的期限。

谢师礼活动

1. OKR 委员会选出取得较大进步的员工。

2. 这些员工集体答谢辅导他们的人（可能是管理者，也可能是基层员工）。

最佳盟友活动

1. 面向部门或团队。

2. 由各部门提名对本部门支持力度大的部门。

3. 全员依据案例投票。

4. 举办"八拜之交"活动。

笑脸文化

1. 面向全员。

2. 每人每月有一定数量的笑脸，可以给帮助和支持自己的人。

3. 月末清零，不能给自己。

4. 帮助他人将获得笑脸。

5. 获得一定数量笑脸的员工可以参与相应的活动，或赢得福利。

6. 勋章、积分、点数、升级等形式均可，但绝不能与金钱挂钩。

雷锋奖

1. 面向全员，且所有人均可推荐候选人。

2.OKR 委员会组织全员依据案例投票或评选。

3. 由 CEO 颁发。该荣誉有一定的期限。

知音奖

1. 面向各部门或团队。

2. 获奖者为信息公开全面、及时，且对他人产生帮助的部门。

3. 由 OKR 委员会评出。

OKR 通讯

OKR 委员会主办的征文活动，发挥经验交流和积累的作用。

客户茶话会

1. OKR 委员会组织部分员工参与，主要是与市场和客户接触比较少的人。

2. 分享客户的收获和快乐。

OKR 大使奖

1. 面向 OKR 委员会成员和各部门 OKR 代表。

2. 获奖者为对 OKR 的导入和推动做出巨大贡献的人。

3. 由 CEO 和 OKR 首席指挥官评出。

OKR 助攻手

1. 面向全体员工，以各部门的 OKR 代表为主。

2. 获奖者为对 OKR 在部门内部的导入和推动做出巨大贡献的人，或在全公司产生积极影响的人。

3. 由 OKR 委员会评出。

OKR 创客行动

1. 面向全体员工。

2. 获奖者为对 OKR 的导入和推动提供合理化建议，并有实际推动行动的人。

3. 由 OKR 委员会评出或组织全员（或管理层）投票评出。

以上介绍了一些已经在企业中运用的激励措施，你可以根据企业的实际情况进行借鉴。我的建议如下。

1. 活动和奖项不要多，避免分散团队的注意力、增加工作负担。要根据 OKR 推进的节奏，有选择、有重点地开展，不要全面铺开。比如在第一个周期重点激励"注重逻辑"，在第二个周期重点激励"对齐协同"。

2. 奖项设置要有明确的导向，避免过于笼统或易产生歧义的名称。比如最佳 OKR 项目、最佳团队、最受认可奖、最佳实践奖、最具影响力奖等，就可能引发不同的理解。

3. 要结合企业的文化，设计丰富多彩的活动，避免审美疲劳。

4. 正向激励，避免否定的评价。评奖时不必限定名额，只要满足条件，都应给予肯定和鼓励。绝不强制分布和排名。激励政策可以事先公开，也可以不事先公开。

5. 要注重人的心理感受。重视过程的体验，而不是奖励。简单地说，就是要"热闹起来、快乐起来"。美好的体验带来的激励效果更持久，员工的幸福感也更强。

6. 绝不用金钱奖励，也不允许兑换成金钱。要体现个性化，让员工忽视奖励的经济价值，体验乐趣，感受到认可。对于喜欢跑步的人，可以奖励一双袜子；对于很少陪伴孩子的人，可以奖励两张动画片的电影票；对于新生代员工，甚至可以提供一次参与抽奖游戏的机会。

7. 获奖者必须有具体的案例，且该案例能够为人们运用 OKR 提供明确的指导或参考。

8. 激励活动要大张旗鼓、大力宣传，使激励的效果最大化。

第四节　为什么 OKR 失败了

OKR 是一项全面推动战略实施、促进组织变革、优化激励机制、提升企业文化的系统工程，涉及的因素众多，任何一方面的缺失都会影响 OKR 的顺利导入和推动，最终功亏一篑。归纳起来，造成这一结果的原因主要有四个：存在认知偏差、缺乏严谨的设计、缺乏有力的组织、忽视人的感受。

存在认知偏差

认为 OKR 只是一个工具

企业领导者的工作繁忙且千头万绪，他们迫切希望能得到一个法宝，让组织自行运转，将自己从繁重和复杂的工作中解放出来。OKR 给他们带来了希望，但是他们不愿意 OKR 增加他们的工作负荷。他们更加希望将 OKR 导入企业，放手交给团队实施。但问题是，OKR 既不是一套软件，也不是一个标准或制度，而是企业的战略系统、文化系统；如果没有最高层的深度参与，缺乏领导的示范作用，就一定会因失去动力而停滞。

认为 OKR 是绩效考核的替代品

OKR 是目标管理的方法，与传统的绩效管理有许多相似之处。但 OKR 之所以备受欢迎，是由于它和传统绩效管理模式的差异，也就是 OKR 的进步性。OKR 不仅仅重视绩效，还重视推动绩效的核心要素——人，OKR 重视人的内在动机，杜绝与考核关联。如果将 OKR 视为考核的替代品，企业要么会因失去考核而导致不公，要么会使 OKR 面目全非，走向穷途末路。

认为 OKR 只适用于互联网和高科技企业，只适用于大企业

人们对 OKR 的了解，常常是从谷歌和华为等企业开始的，因此让人们产生了 OKR 只适用于高科技企业和大企业的误解。我们通过对 OKR 特征的解读，不难发现，这些特征是每一个企业都需要的。事实上，OKR 和 KPI 一样，适用于任何类型的企业，已经有许多中小企业因此受益。关于这一点，约翰·杜尔已经给出了结论：OKR 是瑞士军刀，适合于任何环境。

认为 OKR 只适用于创新型业务，狭义地定义"知识型员工"

有一些学者认为，OKR 只适用于创新型业务和知识型员工。诚然，相对于 KPI 等传统绩效管理方法来说，OKR 对创新型业务的帮助更大，

但并不能因此否定 OKR 对其他业务领域的促进作用。因为，任何业务都需要聚焦、逻辑。

OKR 的确不适用于在流水线上进行简单操作的员工，但其局限性也仅限于此。很多人认为知识型员工仅仅是具备高学历、高技术水平的人才，这种认识无疑是片面的。我们认为，凡是需要运用知识和经验，依靠自己的判断力创造性地开展工作的，都是知识型员工。不少人认为销售人员不属于知识型员工，这个结论是完全站不住脚的。在市场经济背景下，要想在众多竞争者中脱颖而出，赢得客户的认可，没有创造力怎么可能。

此外，自下而上、对齐协同、公开透明、积极反馈，对任何团队都具有巨大的价值。显然，管理者认知的片面性也将给 OKR 的导入和实施造成遗憾。

认为可以试一试

现实中，有部分企业热衷于五花八门的管理模式，老板存在投机心理，希望尝试一下。这种心理必然导致失败。导入 OKR，与其说是在推行一种方法，不如说是在进行一场变革。有人发出这样的感慨："不要说变革，变化都难！"这是事实。任何一项管理改进，都会遇到阻力，都会面临困难，如果领导缺乏坚定的信念，则必将导致员工士气涣散，使 OKR 的成果灰飞烟灭。

需要澄清的是，"试运行"与"尝试"不同。"尝试"是为了测试匹配性，而"试运行"是为了识别并排除障碍、完善系统，是为了取得短期成效，树立更大的信心，从而更有力地推动实施。

认为可以边做边学

我们遇到过一家企业，老板派几位高管来听了一次课，紧接着就开始全面导入，希望能够边做边学，结果只进行了一步就夭折了，团队怨声载道。

管理者迫切的心态是可以理解的，但他们忽视了一个显而易见的规律，那就是，如果没有学清楚，怎么可能做明白；如果做得不明白，又能从中学到什么呢。有人说："我们可以一边做一边摸索、完善。"这种思维令人匪夷所思，让人联想到一手拿着说明书一手握着操纵杆开飞机的样子。为什么放着系统的理论和成熟的经验不去学习，硬要自己付出代价去摸索呢？在 OKR 的推进过程中，必然会遇到阻力和困难，员工很可能因为阻力而心生畏惧、丧失信心，难免会"创造性"地解决困难，导致 OKR 变形。

我必须说明，我们不认同照搬照抄，我们主张要结合企业的实际情况设计和实施。但 OKR 基本的理念、理论和方法已经形成完整、清晰、易学的体系，值得投入时间和精力去学习。"工欲善其事，必先利其器"，培训不但在导入初期要开展，而且应当长期开展。学习不只是提供方法，更利于我们思维的升级，通过系统学习，团队的信心会增强，彼此之间也将更加同频。

缺乏严谨的设计

教条化地盲从

系统的理论和成功的经验值得借鉴，但囫囵吞枣、生搬硬套只会适得其反。

不同的企业，在行业特性、发展阶段、规模、团队的综合素质、企业文化等方方面面都存在差异，忽视这些差异，一味地照搬照抄不是可取之道。只看到他人收获的果实，却不考虑自己的土壤条件，必然颗粒无收。要知道，所有成功受益于 OKR 的企业都是在对自身状况进行深入剖析，并经过广泛调研后，结合企业的实际情况审慎设计实施方案的。

忽视客观规律

企业在制订导入和推进计划时，必须有策略、有步骤、有重点。大刀阔斧地全面推进，常常引发矛盾，打击团队的信心，有时，还会演变成一场轰轰烈烈的群众革命，浮于表面、流于形式。相反，有些企业过于追求稳定，只在极小的范围内做试点，无法形成应有的影响，反而造成文化上的不平衡，又进一步影响了 OKR 的持续推进。还有一种危害更大的做法，管理者急功近利，一遇到问题就以创新为名，频繁调整实施方案，不但打击了团队的信心，而且削弱了组织的威信。

缺乏系统性

OKR 系统的设计应当依照其特征，从企业运营流程和员工实际操作出发，根据组织变革的规律，进行系统和全面的思考。

首先，由于 OKR 这个概念所直接表达的意思是"目标与关键结果"，常常导致人们在重视聚焦和逻辑的同时，无意识地忽略了自下而上、对齐协同、公开透明和积极反馈等特征。

其次，OKR 的规划和设计不是孤立的，必须相应地优化企业现有的绩效考核、目标管理、项目管理、薪酬制度等管理体系，以免产生冲突，让团队无所适从。

最后，我们在规划时不能仅仅考虑导入阶段，还应当思考如何巩固所取得的成果，持续优化和完善 OKR 系统。

缺乏有力的组织

缺乏最高层领导的深度参与

多数企业都有建立 OKR 组织的意识，决策层清楚必须将管理变革作为"一把手工程"来推动，至少应当由负责日常执行工作的高管担纲。但是，在大多数企业中，需要一把手推动的事情实在太多了，一旦"一把手工程"太多，也就失去了"一把手工程"的意义。一把手只是挂个名，偶尔在大会上讲讲话、做做动员，对 OKR 推动计划和实施方案的设计缺乏深入的研判，在运行中也仅仅扮演幕后支持者的角色。

这种有名无实的参与，将导致上行下效。因为，员工不会只听领导怎么说，而是会通过领导实际投入的时间和精力来判断事情的重要程度。当他们发现领导并没有深入参与时，他们就可能只是捧捧场，做做表面文章。道理很明显，哪里被一把手抓得更紧，团队就会将注意力投向哪里。此外，如果领导没有深度参与，也就不可能掌握足够的一手信息，不能全面客观地做出判断，也不能切实体会实际推动中的困扰。

我们的建议是，一把手只要担任了 OKR 首席指挥官的职务，就必须深入实际、承担具体的工作，包括实地调研、听取汇报、审核方案、审定计划、调配干部、沟通协调、中高层管理人员 OKR 的制定、部门 OKR 的对齐、追踪反馈，等等。许多企业的一把手常常有大量的时间外出，如果不能保证及时、通畅的沟通，是不适合担负这项责任的。

一把手通常都很忙，既要关注内部，又要面对外部；既要保证眼下的稳定，又要思考未来的长远发展。我们认为，最理想的情况是，任命一位专职的 OKR 首席指挥官，在职务级别上应当仅低于一把手。首席指挥官应当是 OKR 的项目经理，是辅导教师，是宣传大使，他具备管理基础，深度了解企业，对 OKR 充满热情和信心，对组织充满感情。必须提请大家注意的是，首席指挥官一定要专职，请相信，他所发挥的作用，将远远大于任何一个管理岗位。对于任何一个超过 200 人的企业，这个岗位都是极具价值的。如果企业规模比较小，当然也可以兼任，但应将候选人原有的工作量削减，以保证对 OKR 有足够的投入。

组织没有针对性

有的企业 OKR 组织的成员，全部由各部门负责人担任，希望通过这样的安排可以使 OKR 在各部门中得到足够的重视，能够顺利推动。这个想法可以理解，但不可取。一方面，部门负责人参与并不必然意味着重视，依然存在大家"捧场"的可能，这与任何日常的管理工作并无二致。真正的重视一定来自最高层的身体力行和持续关注。另一方面，正是因为要顺利推动，就应该选择能够切实为 OKR 的设计、导入、推动发挥作用的人，而不是随意拼凑。OKR 组织中一定要有德才兼备的管理专家和业务专家，一定要有德高望重且众望所归的民意代表。

职能部门牵头

把 OKR 的组织推动工作交给人力资源部门负责，也是一个常见问题。决策者认为 OKR 既然是目标管理，就可以像 KPI 一样交给人力资源部门负责。这样一来，OKR 往往就会不自觉地走向考核之路，至少，会让员工产生这样的顾虑，导致他们不愿意挑战、不愿意开放。因为，企业引入 OKR 后，依然存在考核与评价，这些工作都是由人力资源部门负责，那么大家就难免会担心自己的 OKR 评分被人力资源部门当作考核依据。此外，OKR 强调业务逻辑，这一点恰恰是当今大多数企业人力资源部门的短板。缺乏业务逻辑的设计和推动，将是 OKR 的噩梦。

有些企业将 OKR 的组织权赋予战略发展部门，理由是 OKR 要聚焦战略，追求挑战性的目标，为企业的战略服务。遗憾的是，战略研究部门虽然对宏观因素研究得很深入，但对业务运营的逻辑却常常缺乏深刻的认识；虽然了解企业的各项经营数据，但对团队和人的动机却认识不足。

任用新人负责

我常常听到这样的事例，企业的老板在听了 OKR 的课程后热情高涨，但又苦于企业没有专业的人才，于是求贤若渴，从外部高薪聘请管理人员负责 OKR 的组织工作，而且通常都会给予很高的待遇。由空降兵推动组织变革，其结果往往是一场悲剧。要推动管理变革，不仅仅要有扎实的理论功底和丰富的实战经验，更需要对企业本身有深刻的认识，要理解和体会大家所经历的，要了解大家的困扰和希望所在，这些都不是唾手可得的。认知的局限性与组织对变革的迫切要求之间存在矛盾，必然导致理想主义，成为空中楼阁。

而且，人们对空降兵客观存在的怀疑和抵触心理，也会转嫁给 OKR；更有甚者，人们会怀疑领导推动 OKR 的动机，OKR 会不会影响他们的安全、侵害他们的利益。此外，空降兵所享有的职权和高薪，也会使一些人，尤其是管理人员产生嫉妒，一些人甚至会期待他的失败。

需要说明的是，我支持企业招聘专业人员，相对于咨询顾问来说，招聘专职人员能够充实团队、深入企业、快速响应；要杜绝的是让新进的专业人士全权负责 OKR，因为这种做法对企业、对团队、对新的伙伴都是不负责任的。正确的做法是，让该专业人士作为 OKR 首席指挥官的助手，发挥其管理专家的作用。

缺乏专家辅导

对于中国企业来说，OKR 还是一种比较新的管理模式，没有标准化的成功经验可资借鉴，实践中的问题也层出不穷。OKR 组织中必须有理论功底深厚、管理经验丰富的专家，由他们组织系统调研、深入识别制约因素，提供决策建议；由他们主持设计，把握进程，及时察觉隐患并调整部署；也由他们通过辅导解决团队的实际困难，维护员工的信心。

具备一定规模和实力、组织机构健全、管理人员丰富的企业，可以从现有团队中选择具备 OKR 专业知识的人负责。对大多数中小企业来说，我们真诚地建议，从外部寻求专业辅导，可使 OKR 的推动事半功倍。因为，发展的时机和员工的信任才是最宝贵的。

忽视人的感受

缺乏紧迫感

通常，尽管人们并不满意现在的管理模式，但当管理变革发生时，人们又会努力维护现存的制度，有意无意地在心理上、行动上进行抵触。其原因在于，人们担心现在的收益会被稀释，同时也不肯轻易相信新的变革能带来什么好处，或者将对他们未来的收益产生何种影响。相对于描绘未来的蓝图，更具现实意义的是理性分析眼下正在面临的风险或即将到来的挑战。所剖析的危机应是人们在日常工作中切身感受到的，由此所引发的紧迫感会聚合人们的注意力，迫使人们走出舒适区，并让大家迅速团结起来，产生"同仇敌忾"的革新意愿。

缺乏愿景

我们不能让人们陷入恐慌的状态，这种心理不可能持续。无论顺流还是逆流，人们追求的永远都是航行的意义和价值。没有愿景就不会有精神的共鸣和情感的纽带。缺乏愿景，人们的方向感会模糊，出现问题后，会导致认知混乱，破坏行动的统一性，使 OKR 走向歧途。

忽视内在动机

我们在 OKR 导入的八个关键步骤中，没有提到对 OKR 推动的激励工作。这并不意味着激励不重要，恰恰相反，没有有效的激励机制，就很难帮助人们保持信心、克服困难，更难以推动团队勇往直前。激励是必需的，但我们必须不断重申：OKR 绝不能与考核关联，OKR 的推动绝不能运用经济杠杆来激励。

要时刻牢记：关注"人"比关注"事"重要；关心人的感受比给予物质回报重要；良好的感受来自内在动机的满足，外在刺激只会让感受恶化。

这些原则不仅要体现在 OKR 的系统之中，也要根据这些原则逐步优化现有的绩效管理、项目管理以及其他日常管理体系。

缺乏沟通

对任何失败的组织变革而言，缺乏沟通是个通病；归根结底说明了对

"人"的忽视，着眼点还是在"事"上面。任何人都明白，谁都只会把时间投入到对自己重要的事情上，如果沟通少了，团队一定会感到不被关注和重视。只有沟通，才能让我们了解员工的感受，沟通越多，了解就越深入，也越容易。

沟通必须是双向的，管理者要善于听，多用耳朵，少用嘴巴。记得有一次，一位 CEO 向我抱怨："不知为什么，开会时让他们说，他们都不愿意开口。"我回道："因为你说得太多啦！"

沟通并不单指上下级之间的谈话，企业的宣传也是沟通。越是大张旗鼓地宣传，员工就越感受到企业的重视；越是频繁地宣传，员工就越明白工作的迫切；越能表达员工心声，他们就越能感到被尊重。

认知偏差，反映出决策层对 OKR 的核心理念和底层逻辑的理解不足。缺乏严谨的设计，往往是因为管理层存在急功近利的心态。缺乏有力的组织，说明了管理层组织意识的薄弱和组织能力的缺失。忽视人的感受，则体现了企业墨守成规的文化。

归根结底，谋事在人，成事也在人。人是决定 OKR 成败的最重要的因素，而对人影响最大的因素并非客观环境和条件，而是人的思想。只有转变自己的观念，才会产生正确的行动，使 OKR 落地生根、产生实效。

第七章

提升 OKR

引入教练式管理，为管理者提供实用的管理工具，提高他们的领导力；把握 OKR 创造的时机，及时优化组织、提升文化，将构建一种自我驱动、良性循环、生生不息的组织生态。

第一节　教练式管理

OKR 要求自下而上、积极反馈，这些特征不仅要求人们转换工作方式，也要求人们改变彼此之间的关系。企业中蕴含着上下级之间、干部之间、员工之间、业务部门与职能部门之间等多元的关系，其中，最根本的、对组织影响最大的，无疑是上下级之间的关系。长期以来，为适应科层制组织结构的要求，企业一直力图构建一种令行禁止、纪律严明的上下级关系。这种倾向，客观上弱化了组织与 OKR 的兼容性。要体现自下而上、积极反馈的特征，就必须改变上下级之间的关系，而上下级关系的主导者无疑是上级管理者。因此，重新认识管理应当发挥的作用，调整管理者的角色认知，是改变上下级关系的前提。

管理者的角色

管理学大师亨利·明茨伯格（Henry Mintzberg）是经理角色学派的创始人，他研究发现，管理者是各种角色的结合体，包括：名义领袖、领导者、联络者、监控者、信息传播者、发言人、创业者、危机处理者、资源分配者、谈判者。他将这 10 种角色分为 3 类，即人际关系方面的角色、信息传递方面的角色和决策方面的角色。

这 10 种角色并非在每一个管理者的实际工作中平分秋色，事实上，组织中处于不同职级的管理者和从事不同领域工作的管理者，他们角色的倾向是不同的。纵向来看，名义领袖的角色一般都是由高级管理人员扮演，而基层管理者更多地承担监控者的责任。横向比较，行政经理承担发言人的角色较多，而对于工程主管来说，日常工作更多地体现了资源分配者的特点。

回顾企业管理发展的历程，也有一条清晰的脉络呈现出管理者角色的变化。在工业化时代初期，管理者扮演的是监控者的角色，他们要求员工保证时间和精力的投入；在电气时代，自动化水平的提高替代了对人体能的要求，管理者们更多地扮演资源分配者和危机处理者的角色，以便保证生产过程的顺畅；进入信息时代后，最重要的生产资料是人自身的知识和技能，管理者更多地扮演着创业者和领导者的角色，像一个身先士卒的英雄，持续地激发出员工的主观能动性。

今天，我们的时代正向人工智能的时代飞速发展，明茨伯格提出的角色尽管依然有价值，但已经体现出乏力的端倪。科技进步和市场快速变化，使组织不得不通过更专业的分工解决效率问题，对于众多的专业领域来说，传统的管理者渐渐失去了判断能力，"外行管理内行"的现象越来越普遍，这对管理者重新定义自己的身份提出了要求。

联想集团创始人柳传志曾说："我刚刚建立公司时，采用的是'由上而下'的方法领导管理团队，也就是我们称为'指令式'的方法；进入（20世纪）90年代，公司来了一些高素质的年轻人，我就把指令式的方法改为所谓'指导式'的方法；1995年以后，我就把工作方式逐渐改为'参与式'——属下提出计划，我来提供意见。这样我身边的人就有了非常大的舞台，他们自己可以做决定。我也由一个'导演'逐渐变成了'电影制片人'。"

管理效能的体现是从管理者的角色认知开始的。管理角色的转变并不意味着要限制管理者的权力，恰恰相反，这种转变正在促使管理者职能得到更充分的发挥。因为管理者必须为下级的工作承担责任，同时下级的成功也意味着管理者的成功。哪一种身份能更有力地推动下级的成功，它自然就会成为管理者的选择。

教练式管理契合了上述逻辑，为管理者提供了兑现承诺、履行责任的途径。教练式管理的核心是赋能，为员工描绘愿景、提供工具、创造环境、给予支援，帮助他们运用自己的判断力和创造力，成就他们的目标和梦想，将企业的进步建立在个人的成长之上。

教练式管理的特点

一说到教练，我们自然都会联想到体育运动，脑海中浮现出郎平、刘国梁等知名教练的形象。教练式管理正是源于体育运动，它借鉴体育运动中的教练技术，来指导和丰富组织的管理方法。众所周知，优秀的教练员能够让运动员用最小的投入（最少的精力、最短的时间、最低的负荷），取得最佳的成绩。他们不是用威权和压迫的手段，迫使运动员进行残酷的训练，实现所谓的"突破自我局限"，而是与运动员建立伙伴关系，察觉他们的特质，制订符合其自身特点的训练计划，运用科学的方法激发他们的潜力。

教练员的工作包括：与运动员共同制定训练目标，根据赛事安排制订训练计划，结合运动员的特点拟定训练方案，组织训练器材及辅助工具，提供训练方法，给予技术及战术指导，组织并参与训练，安排运动员的饮食，运动损伤预防与康复，以及运动员的心理建设，等等。由此可见，教练员并非一些人想象中的"强势领导者"，而是帮助运动员实现自我价值的赋能者。

优秀的教练员为企业管理者提供了示范，让管理者重新理解自己的责任，重新定义自身的角色。教练式的管理者相对于传统管理者来说，与下级的关系更为平等、和谐，他们对下级的影响力并非来自职务赋予的威权，而是他们对下级的实际帮助。他们认为个体的成长是实现组织目标的最大的驱动力，因此，他们尊重个体的差异，注重发挥个人的潜力，在沟通中注重倾听，善于吸纳下级的智慧，与下级成为事业伙伴的关系（见表 7-1）。

表 7-1　传统管理者与教练式管理者的区别

	传统管理者	教练式管理者
目标设定	自上而下	自上而下、自下而上
制定实施策略	制定策略、传达、培训	与下级共同探讨
对管理意义的理解	以公司目标为导向	以个人发展为导向
关注点	组织目标和上级要求	组织目标和个人期望
重点提升	执行力	创造力
实施要点	解决影响目标的障碍	挖掘个人进步的潜力
着力点	共性问题	共性问题、个性问题
沟通方式	单向指令和检查，说的多	双向沟通、注重倾听
管理者的心态	你为我工作	我给你帮助
上下级关系	保持距离	平等、和谐

如今，大多数企业都已经意识到员工成长的重要性，他们不仅重视员工的培训和教育，也开展了多种形式的一对一辅导工作。其中，常见的

形式有"传帮带""拜师文化""指导人制度"等。这些方法体现了领导层管理思想的进步，但依然存在提升的空间。它们与教练式管理的根本区别在于，"传帮带"等方式所追求的是基于岗位的胜任力要求，快速提升员工的工作技能，使组织目标得以落实。而教练式管理是一种管理方式，是在探索个体的长期发展，通过促进人力资本增值，推动企业进步（见表7-2）。

表 7-2 "传帮带"等辅导方式与教练式管理的区别

	"传帮带"等辅导方式	教练式管理
性质	培训形式	管理方式
主体	上级、有较高技能者、培训人员	上级
计划性	指导者制订，相对随机	组织统筹，双方共同制订，相对稳定
关注点	业务知识、操作技能	全面素质
目标	满足现在的岗位要求	促进个体长期的发展
方法	符合岗位标准、统一要求	满足组织驱动要素、因材施教
回报	产值、指标、结果	能力、文化、结果

教练式管理的收益

1. 提升管理层的管理能力和领导力；
2. 转变管理者的思想意识和工作作风；
3. 识别员工的潜力，做到人尽其才；
4. 提升员工的工作技能，推动组织目标的达成；
5. 提升员工的自我发展意识和学习能力，促进员工成长；
6. 激发员工的积极性和创造性，实现人力资本增值；
7. 构建平等、开放、和谐的场域，促进团队的融合，提升企业文化。

如何实施教练式管理

德鲁克说："领导者要将领导视为一种责任，而非职位或者特权。"管理者转变了对其角色的认知，实质上就是转变了对其责任的理解。然而，传统以监督、控制、激励、教育为手段的管理方式早已根深蒂固，要想让管理者充分履行责任，仅仅依靠管理者自身认识的转变显然是不够的。教练式管理与 OKR 的结合，能够彼此促进，发挥更大的威力。与 OKR 一样，教练式管理也是管理变革的一部分，应当运用组织手段构建卓有成效的教练关系。

重点在人

美国学者理查德·加拉赫（Richard S. Gallagher）在《企业的灵魂》一书中提出了"公仆型领导"的概念，他这样写道："不是总裁，而是模范；不是企业里拿最高薪的那个人，而是承担风险者；不是态度最高傲的那个人，而是仆人；不是吹嘘自己的，而是鼓吹他人的；不是行政人员，而是发动者；不是索取者，而是给予者；不是说话的那个，而是听话的人。在一起为同一目标工作的人需要一个有效的领导，是他们能信任的、能滋润灵魂的领导。"这段形象的描述，给我们展现了一位大公无私、率先垂范而且善于倾听、鼓舞、支持他人的管理者形象，令人动容。值得注意的是，在加拉赫的描述中，并未出现有关组织目标的字眼，他将我们的注意力引向了管理的重点——人与人之间的关系。这也正是教练式管理的精髓。

教练式管理的核心在于"人"，而不是"事"，其逻辑是通过赋能促进个人的进步，从而满足组织的发展要求。

通过组织推动

建立或调整一种关系，其主导者必然是相对更有力量的一方；基于这样的认识，似乎管理者在接受教练式管理培训后就可以很快完成从上级到教练的角色转换。但事实上并非如此，在一个以"胡萝卜加大棒"为主流文化的环境中，一个个孤立的管理者希望转变的努力将尤为艰难。因为，教练式管理要求他们具备的领导力，不是"强"，而是"柔"；管理者要适应的也并非传统的纵向（权威）管理关系，而是以平行（平等）为主、纵向为辅的管理关系。

教练式管理不但要求管理者转变自身角色，而且要求组织对自身的管理方式进行革新。对此，我们有如下建议。

1. 在 OKR 委员会中明确对教练式管理的统筹职能，并由专人负责。

2. 特别需要注意的是，教练式管理是企业管理方式的革新，并非一种教育培训体系，所以不应由人力资源部门主导；但是，根据企业的组织结构，人力资源或培训部门应当负责部分实施与保障工作。

3. 鼓励管理者成为某一领域的专家，不仅仅作为本部门的教练，而且通过公司共享协作平台，为其他部门提供教练服务。

4. 培养基层员工的教练思维，鼓励他们成为某一领域的教练，以期实现教学相长。

5. 运用 OKR 公开透明的特征，将管理者的经验和体会录入共享平台，使管理者和员工都能够随时获取信息，获得支持，进而促进组织的扁平化和开放化。

6. 运用 OKR 自下而上的特征，让下级参与目标的制定，设立共同的目标，从而激发员工的责任感；要鼓励员工进行摸索和挑战，并容忍一定的冒险，为员工提供创新空间。

7. 运用 OKR 对齐协同、积极反馈的特征，建立纵横交汇的沟通体系。

第二节　教练式管理的技术

管理者认知的转变无疑是重要的，但从上级转变为教练，仅仅依靠意识是不够的。如果没有切实可行的方法让管理者发挥教练的作用，教练式管理定然名不副实。关于教练式管理的技术已经较为成熟，下面推荐一些具体的方法供大家参考。

❑ OKR 设定阶段：GROW 教练模型

❑ OKR 跟踪阶段：CFR

❑ 培育 OKR 文化：个人运用 OKR

❑ 培养工作习惯：三只青蛙时间管理法、番茄工作法

❑ 培养工作技能：辅导 16 字诀

GROW 教练模型

GROW 模型是最经典的教练模型，可以帮助员工察觉自我、认知自我，梳理发展思路，坚定信念、树立信心、自我激励。该模型既可以运用于员工 OKR 的制定及 OKR 具体实施方案的研究设计，又可以运用于员工的职业发展。

GROW 即 Goal Setting（目标设定）、Reality Check（现状分析）、Options（方案选择）、Will（行动意愿）(见图 7-1)。

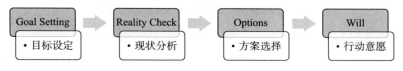

图 7-1 GROW 教练模型

目标设定（Goal Setting）：第一步是上下级之间运用自下而上的方式，就下级的 OKR 达成共识。

现状分析（Reality Check）：上级帮助下级分析现状及其与目标的差距，识别哪些因素在干扰或制约目标的实现、哪些力量可以促进目标实现，以及下级自己可以调整的有哪些、可以获得的支持有哪些、不可改变的因素有哪些。

方案选择（Options）：根据对驱动因素、制约因素的分析，结合自身

资源及可获得的支持，列举所有的实施路径，并从品质、成本、进度等方面进行综合评估。

行动意愿（Will）：优选最佳方案，明确执行者、工作内容、工作方式、时间、场所、工具等因素，制订具体的行动计划。

CFR

CFR 即对话（Conversation）、反馈（Feedback）、认可（Recognition）（见图 7-2）。《这就是 OKR》一书写道："和 OKR 一样，CFR 在组织的各层级都强调透明、问责、授权和团队合作。CFR 是有效沟通的'刺激物'，它能激发 OKR，并将其送入正确的轨道。……CFR 完全体现了安迪·格鲁夫创新方法的精髓和力量，也使得 OKR 更加人性化。"

图 7-2　CFR

对话（Conversation）：是指上下级之间进行务实、高质量的沟通，重点为如何帮助下级实现他的 KR。

德鲁克强调："管理者和下属之间的一对一定期会谈对工作的改进具有很大的价值。"依据格鲁夫的经验，管理者与下属的谈话，将提升下属的工作质量，90 分钟的谈话可以影响下属两周的工作效率。

对话的内容包括：OKR 的设定、OKR 的进度追踪、对 OKR 的反思和检视，帮助员工找到问题的解决方案，发现员工的潜力，提供个人发展的建议等。需要注意的是，对话要聚焦未来，而非纠结责任。

对话应当尽可能一对一地进行，并以下属为主导，上级的作用是倾听并做出指导。在时间安排上应保持至少每月一次。如果团队规模较小，或在 OKR 运行的初期，建议每周一次。

反馈（Feedback）：反馈对体现 OKR 的对齐协同和公开透明极具价值。

同事之间坦诚地交流，有助于人们了解自己的真实表现以及对他人所产生的影响，便于员工客观评估自己的工作，并思考未来改进的方向。

现在很多企业提倡的"严格就是大爱"，就是要敢于批评，帮助员工成长。如果不能及时有效地指出员工的问题和不足，员工就没法进步，相应的压力就得由管理者独自承担。

反馈时，不能害怕打击下属的积极性，这是负责任的做法。需要注意的是，坦诚并不意味着口无遮拦，每个人都应该学会给出受欢迎的批评。给予反馈最重要的是要针对行为，而不是笼统地给一个人定性。反馈的内容必须是可操作的，必须让反馈对象理解他们的行为需要做出哪些特定的改变。如果没有错误，也要告诉员工如何可以做得更好。

认可（Recognition）：不仅仅是指根据个体所做贡献的大小给予对等的表彰，而且，还要营造一种充满尊重、彼此需要、相互认同、相互珍惜的氛围。当然，认可不能无中生有，更不能为了平衡（如安抚因批评意见而产生的不安）而"认可"。

认可一定要客观、具体、及时，以事实为依据的认可才能增强人的自尊心。不但要认可结果，还要认可行为和价值观。对价值观的肯定和弘扬，其影响更为深远。认可并不只是上级对下级的认可，还要鼓励员工相互认可，提高认同的可获得性，哪怕只是很小的贡献，都值得赞扬。

个人运用 OKR

鼓励员工在职业发展和个人生活中运用 OKR，并给予关注和辅导，对 OKR 实施企业大有裨益。一方面，当人们在生活中成功运用 OKR 帮助自己实现目标时，人们对 OKR 的理解会更深入，对 OKR 会更有信心。他们会因此形成 OKR 的思维方式，会更加善于用 OKR 的逻辑思考工作，当 OKR 内化为团队成员的思维习惯和行为习惯时，组织的 OKR 自然扎根。另一方面，当企业对员工在个人领域实践 OKR 给予关注和帮助时，员工会感受到组织对他们真诚的关心，增强对企业的认同感和归属感。

个人实践 OKR 的范围很广，包括考取职业资格、个人兴趣发展、读书、写作、健康、理财、亲子教育等方方面面。OKR 聚焦战略、注重逻辑的特征，可以帮助人们思考实现目标的路径，而员工运用 OKR 公开透明的特征，通过打卡软件、朋友圈、微博等渠道进行分享，可以获得来自家人、朋友和同事的鼓励和鞭策，帮助他们坚定自己的目标。企业或内部团队也可以开展个人 OKR 的分享活动，或举办充满乐趣的竞赛，激发和保持每个伙伴运用 OKR 的热情。

在表 7-3 至表 7-5 中，我们举了几个例子供大家参考。

表 7-3 个人 OKR 示例 1：考证

O		获得 BEC 商务英语证书
KR	KR1	熟练掌握 5000 个英语单词
	KR2	完成商务英语阅读理解 50 篇
	KR3	完成 5 套 BEC 真题

表 7-4 个人 OKR 示例 2：减肥

O		打造完美身材
KR	KR1	确保每周 5 天 23:00 前入睡
	KR2	均衡膳食营养，每天 5 餐，每天喝 1500ml 水
	KR3	完成 65 次中等强度训练，每次 45 分钟

表 7-5 个人 OKR 示例 3：亲子教育

O		一学期大幅提升孩子的作文水平
KR	KR1	陪孩子阅读 16 本参考书，摘抄素材
	KR2	仿写 30 篇短文
	KR3	完成 10 个题材的作文训练

三只青蛙时间管理法

美国首屈一指的个人成长权威博恩·崔西（Brian Tracy）说："如果你必须吃掉一只青蛙，不要长时间盯着它看。如果你必须连着吃掉三只青蛙，记得要先吃掉最大、最丑的那只。"

博恩·崔西用青蛙来形容我们工作中最重要也最令人困扰的工作。他试图用吃掉青蛙的比喻，告诉人们要善用自己的精力和时间，告别拖延的习惯和畏难的情绪。

OKR 聚焦的都是企业最重要的目标，要求人们将力量发挥在最具影响力的关键结果上。然而，大多数人在每天的实际工作中，很难保证在这些核心工作上的投入。他们的时间要么被一些紧急但并不重要的事占用，要么习惯性地把最困难的事安排在计划表的底部。长此以往，必然对组织的 OKR 造成消极影响。

管理者运用三只青蛙的方法，培养员工正确地安排时间，才能保证团队在 OKR 上投入充足的精力。管理者要帮助员工根据组织和个人的OKR，明确每一周最重要的三件事和每一天最重要的三件事，在安排部门工作时，保护好员工的"青蛙时间"，帮助他们排除不必要的干扰；同时，要敦促和鼓励大家克服思想障碍，跳出舒适区，养成好的工作习惯。

番茄工作法

"番茄工作法"被誉为当今世界关于时间管理最重要的发明，它非常简单、易行。依据每天的工作清单，运用番茄钟或其他计时工具，以25 ～ 35 分钟为一个时间段，专注地做一件事，排除一切干扰；每个时间段结束后休息 5 分钟，接着再开始下一个阶段，以此类推；每 3 ～ 4 个番茄钟后，进行一次 15 ～ 20 分钟的休息和调整。

小小的番茄钟，能够有效提升人们专注工作的能力，减轻人们对时间的焦虑感，让人们对自己产生掌控感，更好地提升内在动机。此外，番茄工作法的每一次休息，不仅可以舒展四肢、喝水、去洗手间等，还可以进行自我反馈。这种反馈是对自己在这个时间段工作的思考。它并不正式，也无须记录，甚至都不自觉，但它能带给人们成就感和自我认同，鼓励人们开始下一阶段的工作。周而复始地运用番茄工作法，将帮助人们养成良好的工作习惯。

辅导 16 字诀

"我说你听，我做你看，你说我听，你做我看"是阿里巴巴在 2004 年总结出来的辅导方法，无论是在传授专业技术的过程中，还是在对工作方法的辅导上，都具有突出的成效，现在已经被许多企业广泛应用。在不同的企业中，针对不同的岗位和不同的对象，这四个分句的顺序是可以调整的。

这 16 字诀背后的逻辑是一致的。一是让被辅导者既有直观的体验，又能掌握完整的理论；既避免了辅导者纸上谈兵，又避免了被辅导者知其然不知其所以然。二是既有辅导，也有及时的反馈，辅导者能及时发现员工的障碍，有针对性地解决问题。三是既有技能的传授，也有榜样的示范；管理者的亲身示范能够增强下级的认同度，而且，也为下级做出了辅导和帮助他人的表率。

第三节　培育 OKR 文化

OKR 与企业文化

企业推行 OKR，不仅仅是在尝试和运用一种新的目标管理方法，也是在重塑自己的组织文化，推动组织变革。企业的文化与组织变革相互制约、相互促进。无论是一个国家的政治和经济体制改革，还是一个企业的组织变革，文化都是最重要的推动力量；反过来看，文化也会成为最大的制约因素。尽管文化往往是无形的，甚至在有些地方是抽象的，但它却像空气一样无处不在，深深地浸润着人们的思想观念和思维方式，对个体的行为方式和个体之间的互动关系产生着深远的影响。人们的思维方式和行为方式对企业所造成的影响，有时远远超过企业的战略选择和资源积累。

对于大多数企业来说，OKR 聚焦战略、注重逻辑、对齐协同、自下而上、公开透明、积极反馈的特征，都对传统的企业文化产生着不可忽视的影响。务实严谨、团结协作、坦诚开放、主动负责的文化，能够使 OKR 畅行无碍。很多问题，往往也会因为大家达成高度的共识，迎刃而解。相反，如果企业没有明确的文化导向，缺乏统一的价值观，或者存在唯上、唯权、保守封闭、功利主义的倾向，OKR 必然鼓衰力尽、折戟沉沙。

OKR 崇尚的务实严谨、团结协作、坦诚开放、主动负责，对文化有极强的依赖性。如果无法消除文化障碍，变革的抗体就会被释放出来，组织就会拒绝 OKR 系统。

影响 OKR 的文化因素

朝令夕改

几乎没有哪个领导愿意承认自己是一个朝令夕改的人，但令人尴尬的是，下属往往都会给他们的领导贴上这样的标签。问题在于，领导者认为企业必须敏捷地适应环境的变化，及时抓住市场机遇，最大化地利用企业的资源。在这种思想的指引下，新的项目、新的产品、新的市场不断成为企业的目标，占用了企业的资源，无法保持聚焦。有些决策者也会意识到聚焦的问题，他们会用新的目标替代原来的目标。这种频繁调整的做法，在许多中小企业中普遍存在，使得团队无所适从，也影响了员工对领导者的信任。当团队的工作节奏被频繁打乱，他们便不会再对工作结果负责，而是会等待上级的决策，同时向上级提出更多的要求。当人们前期付出的努力因各种调整而失去意义，他们也就不会在意工作的意义和价值，而会将注意力投入到可预期的回报中。

感性决策

有人这样形容某些干部：拍脑袋决策、拍胸脯保证、拍大腿后悔、拍屁股走人。管理者在决策时，常常单纯依赖自己的经验和直觉做出判断，或者盲目地听从上级或所谓"大师""专家"的意见，缺乏支持决策的客观数据，也常常无视下属的反馈。对于企业的目标，这些领导常常只是坚定不移地向下分解，而没有剖析现象与本质的关系，没有思考方法和目的的关系。通过感性决策制定的目标，缺乏逻辑，往往脱离实际，白白消耗了企业的资源。

长官意志

长官意志源于对自己或下属的不信任。有的领导者对自己的能力和贡献不自信，故而依赖组织赋予的权威，极力地维护自己的威望。绝大多数长官意志强烈的领导者对下属缺乏信任，要么是不信任下属的能力，要么是不信任下属的人格。他们事无巨细，事必躬亲，认为"细节决定成败"，却忽略了真正需要掌控细节的应该是他们的下属。他们凡事都独断专行，藐视他人的意见和建议，对下级的反馈要么是赤裸裸的排斥，要么是虚情假意的作秀，有的企业甚至形成了这样的企业文化："听话照做，必有收获。"

今天知识型员工占据了越来越多的工作岗位，管理者应该认识到：知识型员工不仅仅是下属，更是合作者。因为，他们通常都比上级和老板更了解自身的工作，否则他们就体现不出任何价值。管理者需要通过他们了解工作的标准、程序以及技术实现手段，了解前线真实的情况，从而正确地发号施令。当管理者把员工看成主人翁，而不是把他们当成机器时，主人翁会竭尽所能帮助企业和团队获得成功。

显失公平

企业文化既不是管理层拟定的口号，也不是墙面上醒目的标语，它反映的是人们的价值观，其外在表现是人们的行为。

文化需要用行为验证。当我们倡导的理念不断被事实验证，尤其是被高层领导的行为验证时，这种理念（也许原本只是员工心中的假设）就会逐渐成为他们的价值观，从而形成企业文化。

对任何管理者而言，处事不公都是大忌。有些企业的管理者自觉或不自觉地奉行着双重标准，对干部和员工，对新客户和老客户，对业务部门和支持部门，对资深员工和新人，有意无意地实行差别化对待。这种区别，颠覆了文化，让人们彼此之间相互防范、不再信任；撕裂了组织，使得人们自然地采取封闭的姿态，以保护自身的利益。团结和协作的努力因此化为泡影。

封闭保守

我们时常会听到这样的话："不该问的不问，不该看的不看，不该听的不听，不该讲的不讲，不该传的不传。"从保守商业秘密的角度讲，这些要求存在着合理性，但无限制地扩大这些要求的适用范围，无形之中就扼杀了组织的生命力。这些要求绝不仅仅传递了字面上所描述的行为规范，而且也表达了不信任的态度。

缺乏被信任的感觉，会让人们更加封闭，不愿意表达自己的真实想法。可以想象，如果人们在表达上都不再主动，怎么可能在行动上变得积极。封闭保守的环境，吞噬了人们的希望，限制了人们的创造力。这种文化也许对人们正常的行动没有多大影响，但它却会成为人们思想的桎梏，让追求自我实现的员工渴望逃离。

功利主义

追求利润是企业的天性，也是企业的责任；衡量员工的贡献并给予他们公平的分配，也是管理不可或缺的组成部分。但是，有相当数量的企业，并不只是将员工的最终贡献与经济利益挂钩，他们还将物质激励应用到企业日常管理的方方面面，无论是仪容仪表、行为规范，还是工作中的每一个步骤、每一项任务，甚至人们的"价值观"。

要知道，每个人可以在企业中投入的精力都是有限的，当员工的一举一动都牵涉自身经济利益时，他们必然会在心里衡量哪一种行为的性价比更高，进而做出自己的选择。长此以往，导致人们过分追逐经济回报，对那些不能在眼下为自己带来回报的要求视而不见，对没有物质刺激或刺激力度不够的任务有意逃避。对管理者而言，他们唯一的管理手段只剩下金钱。在工作的沟通交流中，估价成为主题，人们对使命、责任、荣誉、关系都视若无睹、不屑一顾。上下级之间、部门之间、岗位之间，都是交易关系，组织的凝聚力荡然无存，企业的文化消耗殆尽。

总之，朝令夕改使组织无法聚焦，感性决策忽视了业务的逻辑，长官意志排除了自下而上的广泛参与，显失公平让人们不能真诚合作，封闭保守扼杀了人们的主动性和创造性，功利主义异化了人们的关系。不容置疑，OKR 要想成功，必须根除上述现象。

奠定文化基石

任正非在华为的一次内部会议中讲道："资源是会枯竭的，唯有文化才会生生不息。一切工业产品都是人类智慧创造的。华为没有可以依存的自然资源，唯有在人的头脑中挖掘出大油田、大森林、大煤矿……"这句话道出了企业文化的本质——文化是资源，它可以生生不息；文化是生产力，它能够促进创造、激发创新。进一步思考，我们应当认识到，文化作为资源，必然应当具有支持组织战略的价值，而不是辞藻华丽的装饰；文化作为生产力，必然应当体现为人们的行动，而不是挂在墙上的标语。

尽管每家企业对自身文化的表述方式不同，但有理由相信，OKR 所崇尚的务实严谨、团结协作、坦诚开放、主动负责的文化，一定是每一个企业所追求的。事实上，优秀的企业与平庸的企业在文化上的差异，并不在于表达的内容和方式，而在于落地的程度。在优秀的企业中，文化时时处处都体现在人们的行为方式和彼此的关系上，文化已经成为企业的 DNA，不断凝聚、吸引和激励着人们。而对于很多平庸的企业来说，文化往往只是几条标语、几次活动、几场会议，人们甚至无法感受到文化对组织的价值，无法感受到文化对他们的影响力，文化成了可有可无的装饰品。

阿里巴巴经过长期的摸索，确立了自己文化落地的方式，值得广大企业借鉴，这些方法是：价值观量化、仪式固定化、文化道具化、内容可视化、案例故事化、激励特殊化。现实中，很多企业也采取过其中的一些方法，运用多种形式，开展各式各样的活动，取得了一些成效。然而，仍然有相当多的管理者表示，团队中的文化氛围往往只能在会议、培训或活动之后短暂地保持，日子一久，又回到了原点。企业又不可能经常安排此类活动，毕竟大家的主要精力还是要投入到业务领域。管理者中有这种困扰的不在少数，有人渐渐怀疑企业文化的落地方法，还有人甚至因此质疑企业文化的价值。

管理者所做的努力都是希望将文化内化为人们的行为，简单地说，就是改变人们的习惯。其实，这也是企业文化落地难的根本原因。想想看，我们每个人想改变自己的习惯都难，更何况要改变一群人的习惯，还要让不同年龄、经历、个性的人养成同样的习惯。说到这里，可能有人会站起来说："既然要改变行为习惯，直接用制度进行奖惩不是更直接、更简单吗？"这种说法只关注了行为本身，却忽略了更深层次的问题。

第一，制度是一种约束，文化是一种赋能。制度只能让人被动地遵从，但文化却能够激发人们的主动性、积极性。

第二，由于环境的变化、企业的发展、人的复杂性，制度不可能覆盖任何事、任何人，对于制度没有涉及的部分，企业文化将发挥其导向和约束的作用。这一点，跟法治与德治相结合的治国之道异曲同工。

第三，企业文化最终要影响的是人的思想，是大家对事物的判断标准，是人们的价值观。如果简单地用制度去调整，很可能导致内在观念的淡薄、行为表象的敷衍。

我们应当认识到，要塑造或改变一种文化，绝非易事。同样，如果我们能够将文化落地视为开发企业生产力、挖掘资源宝藏的工作，理性地去思考适合企业自身的文化落地之道，假以时日，也将奠定我们文化坚如磐石的基础。

关于文化落地，我们有三个建议：描述具体化、执行原则化、落地持续化。

描述具体化

企业文化的成败关键在于个体对企业文化的理解和认同程度。对于企业来说，只提出文化口号，正如告诉孩子"要好好学习"一样，是远远不够的。管理者应当描述企业文化的意义和价值，告诉人们企业文化主张的背景，形成企业文化的逻辑。最重要的是，要让文化能够在实践中产生指导价值，让个体清楚地知道，什么样的行为是组织所弘扬的，而不必基于自己的理解做出判断。

举个例子，作为一家专业的管理咨询公司，合智连横对他们文化中的

"坦诚"做了具体化的描述：简单直接，面对面据实以告；随时随地，公开讨论；给出受伙伴欢迎的批评；反馈要针对行为；不能给人贴标签；反馈必须具有可操作性；反馈要严格；管理者要能够坦承错误；禁止背后议论他人。

执行原则化

"客户第一""质量就是生命"等原则是很多企业倡导的文化，但在实践中，却往往让人认为是一种粉饰。其原因在于，这些企业实际上不但没有体现出这种价值观，往往还背道而驰。比如，在企业盈利和客户价值产生矛盾时单单维护自身利益，在客户投诉产品质量时一味地为自己开脱，等等。类似的情况如果发生在管理者身上，员工自然会质疑企业的价值观，从此对企业文化不屑一顾。

同时，如果某些行为违背了企业的价值观，组织又没有及时进行纠正，那么文化就将失去员工的信任，人们甚至还会对企业文化嗤之以鼻。

此外，如果上级只对部分员工坚持原则，对他们的不当作为予以纠正，但对另外一些人网开一面，采取放任态度，这对企业文化的破坏作用会更大。员工会感到上级言行不一，认为企业文化不过是管理者的统治手段，而且这种手段是有针对性的。

可以肯定地说，上级对文化的身体力行是企业文化落地的基本保障。打个比方，在培养孩子性格和习惯的过程中，家长的表率作用最大。企业文化的落地也是如此，如果上级不能坚持原则，必然上行下效，企业所推行的文化就只是一具躯壳。

在执行中坚持原则，象征着企业的承诺，体现了企业的决心。尤其是，在面对大客户、老员工、高层干部时，在面临巨大压力和利益诱惑时，坚守原则，对榜样"敲锣打鼓"，对有违企业文化的行为"斩首示众"，能够快速打消员工的顾虑和疑惑，消除团队中存在的侥幸心理。这些坚持原则的案例，比任何形式的活动都更具建设意义，而这些经历本身也将成为大家共同的文化记忆。

落地持续化

阿里巴巴人力资源原副总裁卢洋曾经说："阿里巴巴的文化和价值观不是设计出来的，而是随着公司的发展慢慢'长'出来的，当它拥有自己味道的时候，再把'有意思的地方'因势利导，进而做成体系结构。"阿里巴巴企业文化的"阿里味"是众所周知的，这种鲜明的特征是阿里人共同智慧的结晶，也是阿里决策层审慎思考的结果。作为推动组织发展不可或缺的要素，企业文化当然不可能是随机产生的，一定是理性思考下严谨的选择。卢洋的深意在于"因势利导慢慢长"。

"滴水穿石非一日之功"，提出企业文化的主张容易，就像穿上一件华丽的外衣，但要让文化融入血液，成为组织的 DNA，就需要管理者有永续经营的理念。有学者提出，经营企业就是经营文化。这种说法是有道理的。虽然组织的变革会明确新的行为规范，但传统的行为方式依然有其惯性。这种惯性会侵蚀团队所付出的努力。因此，将企业文化持续强化，随着组织变革进程的深入，可以不断巩固团队努力的成果。

管理者必须抛弃认为企业文化落地是一项阶段性工作的观念，"十年树木，百年树人"，人的观念、思维方式和行为习惯都需要时间来养成，不可能一蹴而就。

持续落地，首先要持续关注人的感受，了解个体对组织文化的理解和认同程度，让人们感受到文化对个人和团队的积极影响，从而使大家发自内心地身体力行，而不是以"捧场"的心态进行"作秀"式的敷衍。茅庐学堂主编的《阿里三板斧：重新定义干部培养》讲到了 2000 年阿里巴巴的第一次"裸心会"："会议从晚上 9 点开到凌晨 5 点多，从创业的初心一直到团队现状，大家把想法、建议都一一抛了出来。即使到了现在，很多参加过那次会议的老阿里人，对这种开放、坦诚的氛围也仍然非常喜欢，这也是为什么阿里巴巴经过无数次折腾，依然保持很好的团队状态的原因。"

其次，要因势利导，持续完善文化系统。企业可以摸索出具有自身特色的企业文化落地方式，通过持续且有节奏的工作、立体多样的互动方式，了解大家在哪些事情上容易达成共识、在哪些问题上会产生分歧，大家认为哪些部分最具价值、哪些部分需要组织强化。企业文化持续落地的过程，应该是一个持续沟通的过程，通过沟通，让大家对企业文化形成统一的理解，并知道应该如何做好自己、影响他人。

案例：合智连横的企业文化

合智连横打造自由与责任的文化

一个成熟的人，

在开放的环境中，

拥有充分自由的权利，

理应坦诚，

履行责任！

目标

1.（团队）我们立志打造伟大的团队，和一群有情、有义、有志、有识的人，做一项有意义、有发展的事业。

我们认为，加入到让我们信任和钦佩的团队中，大家一起专注于一项伟大的任务，一起解决问题，就是最好的激励。

2.（创造）我们立志建设具有创新的问题解决能力的文化。我们每天来工作不是被迫来迎接这些挑战，而是因为这些挑战让我们兴奋。"好难啊，但我很想去做！"

3.（奋斗）我们立志创造奋斗的文化，让优秀的同事和艰巨的挑战成为加入我们的最大动力。我们了解，任何一位成功人士，职业生涯中最值得珍视的回忆，就是他们早期的奋斗经历，特别是攻克难关的时刻。

成熟

1.（基因）我们只招成年人，心智健全的成年人，而无须教育他不要迟到早退、不要无故请假、不要撒谎、不要任性和发脾气……

2.（热情）我们需要那些渴望接受挑战的成年人，成年人最渴望的奖励，就是成功。

3.（潜质）我们不画高额薪酬和优厚福利保障的大饼，但我们提供释放自己潜能的创业平台，提供公平的、富有激励性和竞争力的薪酬体系。

4.（自发）我们不限制个人的职业生涯规划。我们提供的是向优秀伙伴学习的机会、在实战中历练能力的机会，和坦诚交流、持续创新的空间。我们认为，每个人的成长，自己负责最靠谱。

5.（自觉）我们对伙伴职业发展和个人成长的建议就是：不断学习新技能，不断接受挑战。

自由

1.（自由与纪律）我们认为：简洁的工作流程、强大的纪律文化，比发展速度更为重要。

2.（对自己负责）我们没有考勤打卡制度，不设定休假标准，我们相信每个伙伴都有能力协调好生活和工作的平衡，对两者负责。

3.（对公司负责）我们不设定报销标准、差旅标准，我们相信每个伙伴都能够运用合理的判断，来决定如何花公司的钱。

4.（对事业负责）每个单位的负责人都有权自主决策，我们鼓励创新，允许试错；但勇敢的尝试必须经过审慎的思考，必须具备承担后果的勇气和能力。

5.（思想自由）我们欢迎提问和不同的见解，鼓励每个人畅所欲言，充分表达有事实依据的观点。

6.（保障自由的权利）我们尊重每个人的信仰、意识、爱好、个性和生活方式，我们相信不同的乐器和鸣才能奏出美妙的乐章。我们要不断努力，为大家创造条件，让大家充分地行使权利。

开放

1.（促进公平）我们建立薪酬透明的机制，以促进公平，也让大家对薪酬有正确的判断。

2.（加深理解）我们会做到财务公开，让伙伴们分享成功的喜悦，也让每个人知悉公司的处境，感受我们面临的危机。（风控涉密内容除外。）

3.（强化责任）我们要建设无职级、项目制、细胞化的组织，培养每个人的管理者视角，察觉自己与企业的联系，发现每个环节上的问题，并采取有效行动。

4.（简单直接）我们要求：简单直接。层级之间、单位之间、伙伴之间都能够清晰、透彻和持续的沟通，沟通我们亟待完成的任务、面临的挑战。

5.（互动）我们要双向沟通，注入好奇的文化，任何人都可以向高层级的人提问。

6.（转换）我们要用开放的心态去倾听我们并不认同但以事实为依据的见解。

7.（胸怀）我们要与离开的人好好说再见，不把与工作不再匹配的伙伴视为失败者，积极帮助他找到新的机会。

坦诚

1.（基础）信任是建立在坦诚的基础上的。

2.（价值）我们相信，只有绝对的坦诚，才能获得真正高效的反馈。

"与人为善"、不给予真实的反馈，其实是源于我们想让自己感觉良好，但这会导致别人的实际感受更差，因为这样做并没有解决问题，最终自食其果。

3.（出发点）我们要求大家做出的任何举动，出发点都是为了对客户和公司最有利，而不是试图证明自己正确。

4.（面对面）我们认为，既然是成年人，就应该有能力听真相。我们要求：简单直接，面对面据实以告。

5.（言行一致）我们要营造公开讨论问题的环境，随时随地都可以坦诚地沟通，以使每个人都能做到人前人后言行一致。

6.（建设性）我们要培养这样的能力：能够给出受伙伴欢迎的批评。我们的反馈要针对行为，而不能笼统地给人贴标签；反馈的内容必须具有可操作性，让伙伴理解该做出怎样的行动，以获得改变。

7.（严格）为了避免压力，不给伙伴严格的反馈，是掩盖和欺骗，会导致伙伴丧失改进的机会。

8.（榜样）我们要树立坦诚的榜样。管理者能够坦承错误，大家才能畅所欲言。没有人总是绝对正确的，满足于自身正确非常危险。

9.（影响）对于新加入的伙伴，公开的批评是最难适应的，我们要身体力行，让新的伙伴很快发现，这种公开具有多么高的价值。

10.（禁止）我们严厉禁止背后议论他人，除非抱怨的问题涉及隐私。

第四节　优化组织

OKR 聚焦战略和注重逻辑的特征，能够大幅提升管理者的领导力和团队的业务水平；OKR 对齐协同、自下而上的特征，加强了组织内部的沟通与合作；OKR 公开透明、积极反馈的特征，极大地激发了员工的内在动机，提升了员工的主动性和创造性。这些积极的影响为组织自身的优化提供了有利条件，也为组织变革带来了无穷的动力。

OKR 与组织自身的建设也是相互制约、相互促进的。僵化的组织形式不可能适应 OKR 的要求，而一个开放、灵活的组织则会积极响应 OKR，并对 OKR 的实践发挥巨大的促进作用。用 OKR 的理念反思组织方式的合理性，构建与 OKR 特征相匹配的组织形式，充分利用 OKR 实施所产生的有利因素，对组织的自我更新将会产生积极的影响。

提到组织，人们的脑海中会自然呈现出一幅幅组织结构图的形状，也许是直线制或职能制，也许是直线职能制或矩阵制，也许是事业部制或委员会制。无论是何种样貌，通常，人们在设计组织结构时思考的重点都是工作的专业化、权力与责任的分配、控制的层次与幅度等内容，意图通过在这些方面的权衡，保证组织结构具有一定的稳定性，使其能够兼顾效率与公平。

毋庸置疑，权力结构、组织规模、沟通渠道、角色设定都是组织设计不可或缺的要素。但是，在组织为适应外部和内部变化而进行变革前，管理者首先应当转变自己的思维，将注意力更多地投向个体的观念、态度和行为，以及组织成员之间的合作精神。今天，组织的多元化、柔性化、赋能化，对人们的思想和行为发挥着前所未有的巨大影响，已经成为组织自我革新和演进的趋势。

多元化

德鲁克在《21 世纪的管理挑战》[⊖]中写道："所谓的唯一一种恰当的组织形式是不存在的，而只能是多种多样的，每个组织形式都有其独特的优势、局限性以及特定的应用方式。我们认识到，组织形式不是绝对的，它是提高人们在一起工作的效率的工具。同样，一个特定的组织结构是与

　　⊖ 本书中文版已由机械工业出版社出版。

特定条件和特定时间内执行的特定任务相匹配的。"他说："我们必须研究和采用'混合型'的组织结构，不能只重视'纯粹的''一种恰当的组织形式'，但是遗憾的是大部分组织理论和组织方法仍旧将后者奉若神明。"

德鲁克的这一番话打破了管理者的思想藩篱，为组织重建提供了新的思路：组织结构不是绝对的，而应该与其特定的任务相匹配。以我们服务的许多企业为例，这些企业在战略与日常的经营管理决策中，建立了二级或三级的决策组织，在运行中不仅与组织结构并行不悖，还减轻了各部门的工作负荷，并通过组织给予他们更多实际的支持。

我们以二级决策机构为例。组织的决策机构由战略委员会和各专业委员会组成。战略委员会通常由部分董事、高级管理人员、技术专家、市场专家、外部顾问组成，负责治理结构、战略定位、战略规划、商业模式设计、组织设计、文化整合、投融资、财务制度、财务预算、分配机制设计等决策。各专业委员会由具备相关专业能力和经验或者有代表性的员工组成，虽然他们并非全部来自对应的职能部门和业务部门，但他们所制定的经营管理决策，将决定相关职能部门和业务部门的工作方向。专业委员会包括人力资源委员会、整合营销委员会、项目管理委员会等。

企业的组织结构就是一种媒介，将个体的专长与组织目标相联结，将企业与市场相联结。市场是复杂的，组织目标是变化的，因此组织完全不必追求某种特定的稳定结构，而应当根据特定的目标决定资源的整合方式。当面临多个不同目标时，可以在保证资源平衡、有效利用的前提下，实现多种组织形式的并行。

柔性化

组织结构体现的是排兵布阵，其根本价值在于使组织能够根据内外环境的变化，迅速、有效、充分地配置自身的资源，从而发挥整体优势，求得生存和发展。

柔性化要求组织具备市场导向，实现扁平化。

具备市场导向

许多传统企业的管理者认为，组织结构是企业内部的工作，只要把内部的分工理顺，让个体能够发挥自身专业特长，通过流程设计使个体和团队顺畅地合作即可。然而，事实并非如他们所想象的这么简单。缺乏市场导向，不仅会损害组织对市场的响应能力，还有可能削弱团队的专业性，使团队职能逐渐异化。

最典型的例子是企业的研发部门，有的企业将研发部门与生产部门纳入制造中心，有的企业却将研发的职能纳入营销部门。对于以技术为核心竞争力的企业来说，前者天经地义；而对许多市场竞争激烈、产品同质化严重的快速消费品行业的公司来说，营销部门显然对研发的方向更有发言权。可以想象，如果后者单纯基于内部工作流程，将研发与制造绑在一起，将面临怎样的挑战。

另一个例子是我们服务过的一家企业，他们抽调了部分资深的业务人员组建了客服部，目的是要及时获取客户的真实反馈，从而提高服务质量和响应速度，为销售部门提供侧翼支持。然而，当他们将客服部纳入管理中心后，这些拥有丰富市场经验的人员逐渐变成了销售人员的监督者，尽管他们都全心全意地维护客户和公司的利益，但客观上仍然造成了与业务人员的对抗，引发了内部矛盾，本应发挥的支持作用，被销售部门认为是掣肘。

上述两个例子表明：无论怎样的设计，组织都要适应市场和业务，而不能反过来让市场和业务适应组织的设计。以市场为导向的组织设计是企业实现柔性的首要条件，是企业最大化地利用资源、适应市场竞争的必然要求。

实现扁平化

拉斯洛·博克（Laszlo Bock）在《重新定义团队：谷歌如何工作》中谈道："管理严密、等级森严、指挥控制的管理模式将逐步绝迹——我称之为'低度自由'环境。……命令导向型、低自由度的管理方式非常普遍，因为这种管理方式容易产生效益，需要耗费的精力较少，而且绝大多数管理者都畏惧其他管理方式。"博克道出了阻碍企业扁平化的真实原因，因为管理者精力有限，无法及时全面掌控，出于对失控的恐惧，便通过授权分层管控，客观上就形成了管理层级。

众所周知的事实是，垂直高耸的组织结构根本无法及时做出调整，更不用说具备柔性、快速和持续地响应变化了。如今，实现组织的扁平化已经成为大多数管理者的共识，而制约扁平化变革的并非业务本身，而是管理者内心深处的恐惧。《西门子传》一书中有这样的表述："人们致力于简化等级制度的努力，同时也给自己带来了责任，因为每一个人都有了更大的自由发挥空间和决策余地来完成他们的任务。"

OKR在提升管理者领导力和员工业务能力的同时，能够通过自下而上的实践增进管理者对员工的了解，根除管理者的"心魔"，使管理者有信心减少自上而下的监督，赋予下级更多的自主权，打破7人原则，扩大管理幅度，实现组织的扁平化。

赋能化

阿里巴巴集团参谋长曾鸣认为："未来组织最重要的功能已经越来越清楚，那就是赋能，而不再是管理。"传统的以科层制为特征，以管理和控制为核心职能的企业，正面临着前所未有的挑战。如何突破计划下达、责任分解、监督控制、绩效奖惩的传统管理框架，如何将员工的成长和企业的发展融为一体，持续激发员工的热情，如何为员工赋能，培育创新的土壤，都已成为管理者实施组织变革的焦点。

组织变革的赋能化应当是生态化的，而不是单纯地通过增加培训、扩大授权或增加激励来实现的。

赋能的生态化首先要将员工视为事业伙伴，尊重每个人的意识形态、人生追求、思维方式，发挥个体的专长和优势；而不能再把他们当作企业的生产资料，强求每个人时时完美、处处统一。

赋能的生态化还体现在个体的市场地位上，也就是个体与市场产生更紧密的联系，员工不是在完成上级交办的工作，而是在为创造客户价值而努力。组织的职能不再是分派任务和监控执行，而更多的是让员工的专长、兴趣和客户的需求更好地匹配。

赋能要求组织去中心化，给个体留出自我成长的空间，并为他们带来个人无法单纯通过自身努力所获得的进步和成绩，当然，也包括对组织的贡献。

从海尔提倡的企业平台化、员工创客化、用户个性化的"三化"改革到韩都衣舍的阿米巴组织结构，从万科的事业合伙人机制到小米生态链的构建，无论是在运营层面还是战略层面，这些企业都在致力于打造共识、共担、共创、共享的命运共同体，成了这个时代组织变革的榜样。

OKR 自下而上、公开透明、积极反馈的特征，使其成为最具赋能效用的目标管理方法。通过实践 OKR，在为个体赋能的同时，也为组织变革积蓄能量。

实践 OKR

第八章

OKR 的规划设计

　　符合组织发展规律的系统规划和基于员工应用场景的严谨设
计，将使 OKR 的运用事半功倍。OKR 的系统设计包括：组织的
使命、愿景和发展战略，OKR 的组织，导入和实施计划，推动
措施，运行流程，操作工具，协作与共享平台。

第一节　从战略出发

　　关于战略的论著可谓汗牛充栋，我们无意要求大家在运用 OKR 时进
行系统的战略研究。毕竟，中国大多数的中小企业并没有条件依据这些战
略理论进行研究。事实上，绝大多数企业家都是在市场经济的大潮中凭借
个人的胆魄和拼搏精神取得了今天的成就。今天被人们津津乐道的许多独
角兽企业，在成长的道路上也并非始终都有清晰的战略指引。战略的内涵
非常丰富，尽管很多战略管理大师都有自己独到的见解，但一言以蔽之，
战略就是一种全局性的长远思考。

　　OKR 是一种通用的管理方法，可以适用于任何环境，但它并非为每
一家企业量身打造。OKR 作为一项基于战略的目标管理实践，需要决策

者系统思考企业所处行业的特性及业务的发展规律。运用 OKR 的过程本身就是组织变革的进程，需要管理者审慎地思考组织所处的发展阶段、组织文化的现状，以及团队的思想意识和职业能力。

我们认为，决策者应当明确企业的使命、愿景和竞争战略。使命和愿景能够赋予 OKR 意义，让组织的变革具备正当理由，从而凝聚人心。竞争战略能够让企业明确航向，找到差距，让 OKR 更贴合企业的实际，有的放矢。只有在战略的指导下构建和强化自己的核心竞争力，OKR 才能发挥最大的价值。

使命和愿景的意义

一谈到使命和愿景，很多人会认为这是企业标榜自己的广告，充满了夸大其词的陈腔滥调，与团队每天的工作相距甚远，不管怎么说，使命和愿景也不像必需品，不过是锦上添花的装饰品罢了。的确，不少企业对使命和愿景的描述，会给我们留下这样的印象。

现在，我们不妨换一个方式来理解。其实，使命就是责任，愿景就是希望。无论是为了谁，企业都要肩负某种责任，都需要抱有希望。一个没有责任担当的企业没有存在的理由，一个没有希望的企业也无法凝聚人心。

耶鲁大学的艾米·瑞斯尼斯基说，人们可能会把自己的工作简单地看成一份工作（一种必需品，在他们的生活中并非重要的积极方面）、一项事业（需要"赢取"或"提升"的事情），或一种命运的召唤（你所做的是有益于社会的事情，是喜悦和满足感的一种来源）。OKR 强调激发员工的内在动机，而企业明确的使命和愿景就是对人们内在动机最好的激励。相反，缺乏使命和愿景的企业，无法持续地凝聚人心，员工会认为他们只是在为老板打工，用自己的时间换取一份报酬而已。

比尔·波拉德在《企业的灵魂》中告诉我们："在自由市场机制里运行的企业通常只有中性道德。市场本身无道德选择，无视善恶，仅仅讲究物质，也不触及人性，这是一个既可以造福也可以造孽的机制。如果一个企业没有道德标准，就会加剧市场机制对人类灵魂的腐蚀作用。历史告诉我们，从来没有人类组织或者政府可以在没有道德标准的情况下运作，否则就会出现对弱小者的压迫、歧视和迫害。商品市场和在市场运作的企业遵循同样的规律。"使命和愿景体现的就是企业的价值观念和道德准则，感召有着共同理想和信念的人，发自内心地渴望为共同的目标奉献力量。

思考使命和愿景

使命阐述的是企业存在的理由，即企业要为他人提供什么样的价值。企业提供价值的对象包括股东、员工、客户和社会。其中，最重要的是客户价值，因为，对社会的价值、给员工和股东的回报，都间接来自为客户提供价值的工作。因此，明确使命要思考如下问题。

1. 我们的客户是谁？他们在哪里？有哪些特征？

2. 我们要满足客户的哪些需求，或解决客户的哪些问题？

3. 我们是谁？我们要用哪些资源和能力服务客户？

4. 我们满足客户需求的方式是怎样的？我们提供何种产品或服务？

5. 我们能够在何种程度上满足客户需求？

愿景阐述的是企业通过履行自己的使命，所期望获得的成就。这种成就可以是自身所希望取得的发展，也可以是客户需求的满足，或者社会取得的进步。明确愿景需要思考的是以下问题。

1. 当我们充分履行自己的使命后，理应产生什么样的结果？

2. 激励我们坚持履行使命的未来是什么样的场景？

3. 我们希望通过履行使命，实现何种程度的成长和进步？

4. 客户会因我们的努力发生哪些改变？

5. 社会将因我们的努力产生哪些进步？

正确描述使命

描述企业的使命，应当满足以下要求。

1. 针对性。使命必须与企业的主营业务相关，如"根除中国中小企业管理的亚健康现象"（合智连横）。有的企业对使命的描述缺乏针对性，比较空泛，如"诚信高效服务客户，开拓进取创造未来"。

2. 具体性。使命应当让人感知到企业将采取的行动，如"整合全球信息，使人人皆可访问并从中受益"（谷歌）。抽象的描述会令使命变得模糊，如"追求卓越，共建美好中国"。值得注意的是，这里的具体性是指让人能够明确感知到企业服务的对象和提供的价值，并非要求"具体化"，使命是为了指明前行的方向，并非制定具体的目标，更不必体现行动计划。

3. 社会性。使命应当体现企业的社会责任和担当，如"让天下没有难做的生意"（阿里巴巴）。功利性的使命描述会弱化使命的感召力，甚至引起人们对其正义性的质疑，如"打造一百个百万富翁"。

4. 长期性。使命体现的是企业对其奋斗方向的长期思考，如"创无限通信世界，做信息社会栋梁"（中国移动）。我们不必追求使命百年不衰，毕竟客观上企业的平均寿命都是有限的。我们应当呈现的是我们愿意为之不懈努力的目标，而不是短期的回报，如"突破亿元大关"。

正确描述愿景

描述企业的愿景，应当满足以下要求。

1. 相关性。愿景必须与使命相关联，它体现的是使命达成后所取得的成就，如微软的使命是："致力于提供使工作、学习、生活更加方便、丰富的个人电脑软件"；其愿景是："计算机进入家庭，放在每一张桌子上，使用微软的软件。"

2. 现实性。只有可实现的梦想才会让人感到有希望，并愿意为之努力，而脱离现实的陈述，只会让人觉得是在唱高调，反而对企业的使命和战略产生怀疑。例如，对很多初创企业来说，在愿景中以"最大""第一""唯一""领航者""百年企业""世界五百强"等字眼描述愿景，就难免令人怀疑其现实性。

3. 阶段性。企业有其特有的生命周期，对于初创型的企业，将其发展成熟之后的成就作为愿景，难免会因为过高的主张，导致社会的质疑，也会令员工望而生畏，失去愿景应有的鼓舞作用。企业可以根据行业和自身的发展规律，设定短期、中期和长期的愿景，让大家对组织的未来更有信心。

4. 形象化。形象化并非必须满足的要求，但可以肯定的是，赋予对未来抽象的概括以具体的形式，让人们看到组织未来的样子，将对他们产生更大的鼓舞，让他们更信任组织的使命和战略。如小米的愿景是："让每个人都能享受科技的乐趣。和用户交朋友，做用户心中最酷的公司。"为了达成这样的愿景，小米的员工会更愿意践行他们的使命："始终坚持做感动人心、价格厚道的好产品。"相反，抽象的愿景会令人费解，无法感知其明确的意义，如"成为最受尊敬的企业"。

依照上述要求，简洁明了地描述使命和愿景，能够清晰地传达企业的价值主张，凝聚人心，激发热情；同时，使命和愿景能够像指南针一样标明企业前行的方向，在企业面临挑战和威胁、机遇和诱惑时，帮助决策者协调冲突、化解矛盾，做出正确的战略选择。

竞争战略的意义

企业战略涵盖的内容很广，包括竞争战略、研发战略、产品战略、品牌战略、营销战略、组织战略、人才战略、投融资战略等，既有公司层面的战略，也有事业部层面、职能部门层面的战略。正如前文所言，对于大多数中小企业而言，战略的研究和制定无疑是一项庞大和繁重的工作，既不现实也不必要。事实上，这些企业的战略往往都在创始人和决策者的头脑之中，需要将它们条分缕析，去芜存菁，使其清晰和固化下来。

在战略的诸多组成部分中，竞争战略至关重要，是应当优先进行研究的。

首先，企业在市场之中不是孤立存在的，不可能独善其身；它时刻面临着来自既有竞争者、新加入竞争者、替代产品或服务、客户和供应商的挑战，这些威胁使企业不能心无旁骛地追求自己设定的使命和愿景。企业必须思考如何排除干扰，在激烈的竞争中脱颖而出。

其次，竞争战略的底层逻辑是核心竞争力。事实证明，核心竞争力比战略更加重要。无论多么科学严谨的战略，如果缺乏核心竞争力的支撑，都不可能实现。而现实中的许多企业，尽管没有精心规划的战略，却依然取得了令人瞩目的发展，其中核心竞争力的构建功不可没。

明确竞争战略

被誉为"竞争战略之父"的迈克尔·波特（Michael E. Porter）提出的"五力理论"和"三大战略"为企业分析竞争策略提供了思考框架。此外，广泛运用于企业制定发展战略的 SWOT 分析法、用于规划产品组合的波士顿矩阵、用于业务评价与规划的 GE 矩阵等战略分析工具都为我们提供了参考。

对于广大中小企业而言，我们推荐一种相对简易的分析方法。我们相信，只要把握了该方法的逻辑内核，谙熟企业业务的创始人和对企业充满感情的核心管理人员，都可以运用自己的智慧制定适合企业的竞争战略。

思考框架如下。

1.（使命）企业的使命是什么？

2.（愿景）当企业充分履行使命后，应该获得怎样的市场地位和影响力？

3.（长期目标）具备这样的市场地位和影响力时，企业的规模、实力是怎样的？

4.（中短期目标）在可以预见的并可控的未来，企业的规模、实力应达到何种程度？

5.（现状）目前企业处于哪一个阶段？

6.（差距）与可预见的目标有哪些差距？

7.（可控因素）这些差距中，哪些是企业可控或可通过努力缩小的？

8.（关键因素）哪些方面的努力是最有价值、最不可或缺、影响力最广泛和深远的？

9.（核心竞争力）为了缩小差距，企业应当具备哪些能力和条件？

10.（制约因素）在企业构建核心竞争力的努力中，有哪些干扰因素？

11.（可控制约因素）这些干扰因素中，有哪些是企业可以通过努力消除的？

12.（关键制约因素）在这些可控的制约因素中，哪些是最关键、影响力最广泛和深远、必须消除的？

13.（核心竞争力）为了消除这些制约因素，企业应当具备哪些能力和条件？

以上的思考框架，可以供管理者参考。无论哪一种分析工具，归根结底，都要在对组织所处的外部环境以及组织内部条件分析的基础上，识别出阻碍企业发展的制约要素和推动企业进步的驱动要素。这些要素一般包括：产品和服务、市场和渠道、技术和品牌、销售和客户、原材料和资源等，每个企业各不相同，在企业不同的发展阶段也不完全一致。

OKR 强调聚焦战略，就是要聚焦组织的竞争战略。战略就意味着取舍，意味着有所为、有所不为。OKR 正是要聚焦组织的资源，消除关键的制约因素，构建企业的核心竞争力。

确定使命和愿景

决策层负责

确定使命和愿景的工作，应当由企业的决策层负责。具体的参与者可包括主要投资人（大股东）、董事、CEO、分管业务和管理工作的副总裁、财务负责人、人力资源专家以及外部顾问等。企业应根据自己的实际情况，选择参与的人员。企业内部参与的人员应当具备以下条件。

1. 个人与企业的关系密切，这种关系并不单指投资关系，而且指其职业发展已经与企业紧密相连，与企业成了命运共同体；

2. 熟悉企业的业务，了解行业的现状和发展规律；

3. 熟悉企业的组织和文化，对企业充满责任感。

会议研讨

确定使命和愿景的过程，本身就是一个统一认识、交流思想的过程，对于决策层在日后工作中统一思想、统一口径、统一姿态、统一步调有积极的意义；因此，应当采用会议的形式进行面对面的研讨。

会议的时长应根据组织规模、业务复杂性以及参与人数等确定；对中小企业而言，一般需 1 ～ 2 天。

如果参与人员较少，在 5 人左右，且彼此默契程度较高，可以通过会议直接研究。如果人数较多，或参与研究的人员平时的沟通并不多，则应

当在会议前，先拟订一份初稿，以便大家能够在会议中快速进入状态，有
的放矢。在会议中，应让少数意见持有者阐述自己的观点，因为"真理往
往掌握在少数人手里"。而且，这些不随波逐流、不"逢场作戏"、勇于表
达不同意见的"异议人士"往往是对企业非常负责任的人，给他们充分的
时间发言，一方面是为了保证决策的质量，另一方面，也是对他们的保护
和鼓励，进而营造负责任的企业文化。

以下会议流程供参考（见表 8-1）。

表 8-1　确定企业使命和愿景的会议流程

会议目的	确定企业使命和愿景	
参会人员	董事长、董事代表、CEO、董事长助理、副总裁 A、副总裁 B、副总裁 C、财务总监、人力资源总监、战略发展部总监、总裁办公室主任、管理专家（顾问）	
主持人	CEO	
记录人	总裁办公室主任	
会议时间	8 小时（含会间休息）	
会议流程		
负责人	内容	时间
CEO	宣布会议开始，陈述会议目的和议程	10 分钟
CEO	介绍确定企业使命和愿景的必要性和紧迫性	20 分钟
内部专家 / 外聘顾问	1. 使命和愿景的意义与价值 2. 案例分析 3. 介绍确定使命和愿景的方法	60 分钟
董事长 / 创业团队	1. 分享创业初心 2. 回顾企业发展中的重要时刻	60 分钟
CEO	组织研讨，每个人表达自己的观点	150 分钟
CEO	要求每个人结合大家的观点，将自己对使命和愿景的描述写下来	10 分钟
CEO	组织第一轮投票（董事长可不参与），请少数意见持有者说明理由	20 分钟
内部专家 / 外聘顾问	点评并提出专业建议	30 分钟
CEO	组织第二轮投票（董事长参与），形成结论。	20 分钟
CEO	组织讨论：如何将各项工作对标组织的使命和愿景，如何在工作中对使命和愿景予以体现	60 分钟
CEO	总结会议结论，部署相关工作，宣布会议结束	20 分钟

制定竞争战略

制定竞争战略，应当采用团队共创的方法进行研究，一方面有利于充分了解一线的情况，全面把握市场的真实状况；另一方面有助于调动团队的积极性，有助于通过研究达成广泛的共识。

对于较大的企业，除决策层的参与外，还应当请各事业单位和管理部门的负责人参与；对于中小企业，应当扩大到中层干部。

与确定使命和愿景不同的是，在团队共创之前，决策层应先进行初步研究确定方向，也可以拿出一个简要的草案作为团队共创的模板。

会议流程可以参考表 8-1 和前文提供的明确竞争战略的思考框架制定。

第二节　建立组织

企业 OKR 的组织由 CEO、OKR 委员会和 OKR 大使组成。OKR 委员会由 OKR 首席指挥官、OKR 专家和 OKR 委员组成（见图 8-1）。

图 8-1　企业 OKR 的组织结构

OKR 委员会

人员配置

OKR 委员会在 OKR 首席指挥官的领导下开展工作。对达到一定规模的企业，我们建议组建一个 3 ～ 5 人的专职团队负责。该团队由 OKR 首席指挥官、1 ～ 2 名 OKR 委员、1 ～ 2 名 OKR 专家组成（见表 8-2）。

对于小微企业，OKR 委员会的成员可以兼职，但应保证他们的工作重心及大部分工作时间投入到 OKR 上来。不过，实事求是地说，要想在推动 OKR 的同时兼顾其他工作，是不切实际的。当然，OKR 专家可以由从外部聘请的顾问兼任，前提是要协调好他们的时间，尤其是在导入的初期，必须保证足够的投入。

OKR首席指挥官应当是一位技能和经验相对全面的人，是一位说服力强、充满激情的沟通者，负责领导企业的OKR实践。OKR委员可以视作企业主营业务的代言人。OKR专家则是专业管理的赋能者。

在选择OKR团队成员时，可以将不同年龄、资历、业务背景、人际交往风格的人进行搭配，让大家取长补短，实现最佳的配合效果。

表8-2　OKR委员会人员配置

岗位	人数	职责	工作方式	汇报对象
OKR首席指挥官	1	统筹协调	专职	CEO
OKR专家	1～2	专业赋能	专职/兼职	OKR首席指挥官/行政上级
OKR委员	1～2	业务协同	专职/兼职	OKR首席指挥官/行政上级

向CEO直接汇报

OKR委员会必须向CEO直接汇报。OKR作为一项涉及全局的战略性组织变革，首席指挥官的最佳人选是CEO。但事实上，CEO的工作总是千头万绪，客观上分散了CEO的精力，CEO往往只是挂名，并没有充分的时间投入。

另一种选择是，由分管主营业务的高管担任首席指挥官，他们谙熟业务且德高望重，也是首席指挥官的理想人选。但是，分管主营业务的高管无时不在承担着企业生存发展的压力，更难于从繁杂的工作中脱身出来专心致志地推动OKR。

一项组织变革如果缺乏最高层领导的实质性参与，其前景必定不容乐观。OKR委员会应当发挥联结的功能，使企业的最高决策层充分参与，并在重大决策和协调事项中发挥作用。如果在OKR委员会和CEO之间隔着一层，则会削弱这种衔接的效力，也会让员工怀疑决策层的决心和承诺。

OKR 首席指挥官

我们强烈建议企业任命一位 OKR 首席指挥官，作为企业导入、推动和实施 OKR 的最高管理者和责任人。OKR 首席指挥官向 CEO 汇报，并且全职工作。

这个岗位就是"首席 OKR 官"，但是为了避免与"COO"（首席运营官）混淆，所以称之为"OKR 首席指挥官"。企业可以根据自己的职务体系命名，其实质不变即可。

OKR 首席指挥官的职责

一、规划设计

1. 参与企业战略研究和战略制定工作，明确运用 OKR 的目标；

2. 组织 OKR 系统的设计工作；

3. 审定 OKR 的导入和推动计划；

4. 审定 OKR 各项实施方案；

5. 根据实际运行状况，调整计划和实施方案。

二、组织实施

1. 建立 OKR 组织，聘任和解聘 OKR 委员会成员；

2. 任命 OKR 大使，并激励更多人成为大使；

3. 组织 OKR 委员会的常规会议，积极稳健地推进各项工作；

4. 参与对各层级、各部门、各岗位 OKR 的审核工作；

5. 进行有针对性的辅导，帮助各部门和员工解决实施中的问题；

6. 协调矛盾，解决争议，进行裁定；

7. 向 CEO 汇报 OKR 运行的成果。

三、领导变革

1. 强化使命和愿景，统一思想，凝聚人心；

2. 运用激励措施和奖惩手段，保障 OKR 持续推动；

3. 提出优化组织的建议，促进组织生态与目标管理的协同发展；

4. 营造并强化氛围，用 OKR 提升企业文化；

5. 对内对外广泛宣传和展示企业运用 OKR 取得的进步，助力企业品牌建设。

OKR 首席指挥官的任职资格

OKR 首席指挥官集管理教练、业务专家、项目管理专家于一身，对 OKR 的成功运用发挥着举足轻重的影响力。OKR 首席指挥官应当具备以下条件。

1. 高度认同企业的价值观，将个人的职业发展与企业的进步融为一体；

2. 管理经验丰富；

3. 接受过 OKR 的系统训练，对 OKR 有深刻的认识，对 OKR 充满热情；

4. 熟悉企业的业务，对企业的战略有清晰透彻的理解；

5. 对企业的发展历程、组织状况、团队文化等非常熟悉；

6. 具有组织影响力，在团队中有良好的声望和口碑，受人尊重；

7. 充满责任感和使命感，对企业和员工充满感情；

8. 思维系统、思路严谨、决策理性、作风务实。

任何一家超过 200 人的企业，都应该能够选出一位适合的人担当此任。必须注意的是，一定不能聘用新人或外部专家作为 OKR 的首席指挥官，无论他们在 OKR 方面的知识和经验多么丰富。因为，OKR 的专业知识完全可以通过培训学习，OKR 最有价值的实践经验来自 OKR 在本企业的实施。而对企业价值观的高度认同、对组织的深入了解、对业务的熟悉，尤其是在团队中的公信力，是任何新人或外部专家所不具备的。任用新人或外部专家担任 OKR 首席指挥官，会让人们缺乏安全感，引发疑虑，甚至产生抵触行为。

关于任命 OKR 首席指挥官的这项建议，很可能会被忽视，因为一定会有企业家觉得不可思议，为了推行一项目标管理方法，而设置一个由高级别管理者担任的岗位，似乎显得有点奢侈。对于这样的疑惑，我可以非常肯定地说，对任何一家超过 200 人的企业来说，这个专职的岗位都是非常必要的。对于小微企业来说，OKR 首席指挥官也应该保证有一半的精力投入到 OKR 上。请相信，OKR 首席指挥官所带来的价值一定远远超过企业所付出的成本。

OKR 虽然简单，但绝不可以将其简单化。OKR 独特的理念对传统的管理思想是一种挑战，要想在实践中体现出 OKR 的特征，需要管理人员和全体员工持续地支持和配合。这种支持和配合绝不只是表态，而是需要他们突破舒适区，甚至部分否定自己习惯的工作方法；需要他们在繁忙的工作中，腾出时间不断地学习和探索。这个过程会令人不适，进而诱发抵制变革的抗体。正是因为这样，就需要强有力的组织和领导，给予人们关心和鼓励；听取他们的心声，帮助他们解决问题；征询他们的意见，促进彼此的合作。这样，才能最终使员工的行为与组织的战略方向协同一致。

OKR 专家

OKR 专家通常来自管理部门，他们管理理论扎实、实践经验丰富，对 OKR 的理解深入，是 OKR 系统设计的中坚力量。他们乐于倾听、洞悉人性，具备高超的沟通和培训技能，善于对员工进行培训和辅导。他们思维系统、理性严谨，具备对管理规律的客观认识，能够判断可能发生问题的环节，能够有预见性地提出解决问题的方法。他们善于学习和总结，不断优化 OKR 的方法。这些 OKR 专家的专业素质将给员工以巨大的信心和鼓舞。

OKR 专家的职责

一、系统设计

1. 运用专业方法，深入诊断组织现状，识别战略的关键驱动因素和制约因素；

2. 对企业各项业务、各部门和岗位进行适用性评价，确定 OKR 的实施范围，并制订推进计划；

3. 结合企业业务规律，确定 OKR 运行的周期和流程；

4. 设计 OKR 推动中的各项激励措施；

5. 基于应用场景，组织设计各种表格和工具；

6. 创建信息共享平台、沟通反馈平台、经验交流平台。

二、实施辅导

1. 组织 OKR 的全员培训，参与授课；

2. 组织委员会成员审核各层级、各岗位的全部 OKR，并给予指导；

3. 进行有针对性的辅导，帮助各部门和员工解决实施中的问题；

4. 对 OKR 的更新及更新后的对齐进行审核；

5. 辅导评分工作，对相关人员进行培训，并提供辅助工具；

6. 持续推动教练式管理的落地，为管理层提供相关的培训和辅助工具；

7. 指导管理部门的工作；

8. 组织 OKR 委员会持续进行专业学习。

三、系统优化

1. 组织 OKR 的复盘工作，巩固成果，优化 OKR 系统；

2. 通过 OKR 的实践，提出改进企业目标管理、绩效管理、项目管理和薪酬管理等工作的建议，并参与相关制度的完善工作；

3. 通过 OKR 的实践，提出优化组织的建议；

4. 通过 OKR 的实践，提出员工职业生涯规划、人才梯队建设的建议，并参与项目的实施；

5. 通过 OKR 的实践，培养企业吸收先进管理技术的能力，将更多先进的管理工具推荐给企业。

OKR 专家的任职资格

1. 高度认同企业的价值观，将个人的职业发展与企业的进步融为一体；

2. 管理理论扎实、实践经验丰富；

3. 接受过 OKR 的系统训练，对 OKR 有深刻的认识，对 OKR 充满热情；

4. 思维系统、思路严谨、决策理性、作风务实；

5. 具备出色的表达能力，善于培训；

6. 具备良好的沟通能力，能够帮助他人有效识别问题，寻求解决方法。

OKR 委员

OKR 委员一般是核心业务部门的资深管理人员，他们可能来自高层、中层，也可能是基层管理者。他们有丰富的业务实战经验，业务逻辑清晰，对市场有敏锐的判断力，对一线的工作细节了如指掌，他们能够更好地提出需求，反馈一线面临的真实问题。同时，他们在团队中拥有良好的声望和口碑，受人尊重，他们有责任感，对企业和员工充满感情。因此，他们能够听取真实的反馈意见，并有能力协调和处理冲突。他们的存在，会对团队产生巨大的感召力。

OKR 委员的职责

1. 根据业务逻辑和企业的实际情况提出需求，为 OKR 系统设计工作提供建议；

2. 参与审核各层级、各岗位的全部 OKR，并给予指导；

3. 进行有针对性的辅导，帮助各部门和员工解决实施中的问题；

4. 听取员工的心声，了解 OKR 实施中可能产生的负面影响，反馈一线面临的真实问题；

5. 协调和处理冲突，及时化解矛盾；

6. 组织和指导相关部门开展 OKR 场域的营造工作；

7. 根据业务实践，提供优化 OKR 系统的建议；

8. 通过 OKR 的实践，对工作流程进行分析，推荐提升效率的改进方案。

OKR 委员的任职资格

1. 高度认同企业的价值观，将个人的职业发展与企业的进步融为一体；

2. 接受过 OKR 的系统训练，对 OKR 有深刻的认识，对 OKR 充满热情；

3. 丰富的业务实战经验，业务逻辑清晰，对市场有敏锐的判断力，对一线的工作细节了如指掌；

4. 对企业的发展历程、组织状况、团队文化等非常熟悉；

5. 具有一定的组织影响力，在团队中有良好的声望和口碑，受人尊重；

6. 充满责任感和使命感，对企业和员工充满感情；

7. 学习能力强，能够迅速掌握新的方法，并付诸实践；

8. 充满工作激情，具有创业精神，追求灵活高效的工作方法。

OKR 大使

OKR 大使是一种兼职的身份，他们既是 OKR 委员会所肯定的推动力量，也是业务领域和团队的民意代表；他们既是 OKR 委员会获取真实反馈的渠道，也是部门内部推动 OKR 实践的榜样。

OKR 大使的任务

1. 持续组织部门内部的 OKR 学习，搜集学习中的疑惑，并通过 OKR 委员会给予反馈和辅导；

2. 在部门内开展 OKR 试点，征询员工的意见，向 OKR 委员会反馈；

3. 与部门负责人协同，推动 OKR 的各项实践；

4. 与部门负责人协同，审核全部的 OKR，提出改进意见；

5. 与部门负责人协同，组织 OKR 在部门内部的对齐，提交与其他部门对齐的要求；

6. 与部门负责人协同，跟踪 OKR 的进度；

7. 组织部门 OKR 的复盘，并反馈给 OKR 委员会；

8. 主动分享、积极辅导他人制定 OKR；

9. 营造 OKR 的文化，持续保持团队 OKR 的氛围。

OKR 大使的来源

1. OKR 大使必须是精通所在部门业务知识的人，因为业务逻辑是部门 OKR 实施中的重点；

2. OKR 大使最好是部门内的资深员工，对员工有深入的了解，且受人尊重；

3. OKR 大使可以是部门负责人；

4. 符合条件的员工可以向 OKR 委员会自荐成为 OKR 大使；

5. 根据部门的团队规模和业务的复杂性，可以选择多人同时担任 OKR 大使；

6. OKR 大使可以在 OKR 实施的第二个周期开始选任。通过了一个周期的实践，员工对 OKR 的认识会逐步深入，OKR 委员会也有条件从团队中发现榜样；

7. 应当鼓励、培育和激励更多人成为 OKR 大使。

第三节 制订推动计划

制订推动计划包括三部分工作，依次是：界定 OKR 的实施范围、规划 OKR 的导入节奏、导入 OKR 的行动计划。

界定 OKR 的实施范围

可以采用适用性分析的方式，以各业务单位和职能部门为单位，对各岗位的工作特点进行分析，界定实施范围。分析内容包括工作所承担的责任、工作内容的复杂性、工作的方式、工作所需的知识和技能、工作条件和工具、外部环境的影响（见表 8-3）。

表 8-3　OKR 适用性分析表

工作所承担的责任	工作结果直接影响企业战略或核心任务	是□	否□
	工作内容直接体现部门的核心职能	是□	否□
	工作结果将直接影响其他岗位或部门	是□	否□
	工作结果直接决定效益水平	是□	否□
	工作结果直接影响企业或部门的发展	是□	否□
	欠佳的工作表现可能导致组织面临风险	是□	否□
	工作水平直接影响团队的工作绩效	是□	否□
	对组织的管理水平有直接影响	是□	否□
	对企业文化有直接影响	是□	否□
工作内容的复杂性	没有明确的交付标准，需要自己判断	是□	否□
	没有明确的规则、标准、流程，需要自己把握	是□	否□
	没有明确的规划，需要自己研究确定	是□	否□
	内容多变，经常面对不同的情况	是□	否□
	经常需要自己制订战术	是□	否□
	常常会做一些从未做过的事情	是□	否□
	需要自己摸索工作方法	是□	否□
	需要一定的指导	是□	否□
工作的方式	工作中有较大的自由度	是□	否□
	可以对现有的规则和技术进行调整	是□	否□
	自己可以灵活支配工作时间	是□	否□
	完成工作必须由他人配合	是□	否□
	工作方式经常需要调整	是□	否□
	例行工作占用的工作时间较少	是□	否□
	大量的时间需要与人沟通	是□	否□
	需要经常与他人分享工作成果和经验	是□	否□

（续）

工作所需的知识和技能	知识和技能必须经过专业训练	是□	否□
	丰富的工作经验有助于产生高绩效	是□	否□
	必须持续学习，才能满足工作需要	是□	否□
	即使经验丰富，工作也需要不断摸索	是□	否□
	创造力对工作成果有积极影响	是□	否□
	良好的人际关系对工作很重要	是□	否□
	经常需要说服他人	是□	否□
工作条件和工具	必须对信息进行加工	是□	否□
	不能仅仅依赖指令工作	是□	否□
	工作场所不固定	是□	否□
	并不依赖特定的生产工具	是□	否□
	新技术、新模式、新方法对工作有很大的帮助	是□	否□
	存在一定的不安全因素	是□	否□
外部环境的影响	外部影响因素较多	是□	否□
	外部影响因素并不清晰	是□	否□
	外部影响因素多变或变化频繁	是□	否□
	经常由于外部环境的变化而感到紧张	是□	否□
	市场环境变化对自身工作有直接影响	是□	否□

　　OKR 委员会可以运用表 8-3 对拟采用 OKR 的部门和岗位进行分析。肯定的回答越多，则 OKR 的适用性越强。如果超过半数的回答是肯定的，那么应当毫不犹豫地运用 OKR。

　　对大多数企业来说，可以根据表 8-3 分析出各部门的适用程度。表 8-4 分析了大多数中小企业部门的适用性，必须说明的是，每个企业对部门的职能定义不完全一致，可能会存在差异。

表 8-4　中小企业各部门 OKR 的适用性

	定义	部门
显著适用	在任何企业中，OKR 都适用于这些部门	研发部门、设计部门、市场部门、产品部门、商务部门、公关部门、品牌部门、战略研究部门、投融资部门
普遍适用	在大多数企业中，OKR 适用于这些部门	技术部门、运营部门、客服部门、销售部门、工程部门

(续)

	定义	部门
部分适用	适用于部分企业，或适用于这些部门的部分岗位	计划部门、财务部门、生产部门、质检部门、储运部门、采购部门、人力资源部门、教育培训部门、行政部门、党工团部门、信息部门、后勤部门
不适用	不建议在这些部门运用 OKR	法务部门、稽核部门、审计部门

规划 OKR 的导入节奏

通过适用性分析，我们可以判断哪些部门可以运用 OKR。需要注意的是，运用 OKR 并不是目的，促进员工的成长和企业的发展才是真正的目的。企业应当根据自身战略、组织规模、团队能力、员工心态，规划适合自己的导入节奏，兼顾效率和稳定。表 8-5 呈现了宜佰家居导入 OKR 的规划。

表 8-5　宜佰家居 OKR 导入规划

阶段	时间	导入依据（年度战略 OKR）	导入范围（部门和层级）
第一阶段	2019 Q1	打造引爆目标市场的产品款式及设计方案	全公司高层 设计部中层、基层 营销部中层、基层 人力资源部中层、基层 行政部中层
第二阶段	2019 Q2	实现自动化生产线的柔性运转	订单部中层、基层 技术部中层、基层 生产部中层 采购部中层 储运部中层
第三阶段	2019 Q3	提升目标区域的市场占有率至 30%	销售部中层、基层 客服部中层、基层
第四阶段	2020 Q1	2020 年度战略 OKR	全员导入

OKR 的导入原则：

1. 避免全员同步导入，除非是小微企业；

2. 从高层开始逐级导入，不必急于推行到基层员工；

3. 只聚焦一个最具价值的战略目标，导入效果最佳；

4. 首先导入与核心战略相关的业务部门和支持部门；

5. 平台运营部门、创新型业务、探索型工作应当实施 OKR；

6. 部门内无须全员同步导入，可以根据员工的岗位和能力分阶段导入；

7. 从事简单劳动的岗位不适用 OKR；

8. 按周期分步导入，及时关注、及时反馈、及时调整、小步快跑。

导入 OKR 的行动计划

表 8-6 的案例是宜佰家居导入行动的案例，读者应当根据自身的实际情况进行设计。需要进一步说明的是以下几点。

1. 注重员工的感受。员工对 OKR 的理解和认同是 OKR 成败的关键，管理者应当将工作的重点由推动 OKR 落地转向调动员工积极性。有了群众基础，变革就成功了一半。案例中只体现了企业组织的会议，这些正式的、集体的沟通不可或缺。事实上，宜佰家居在导入阶段，非常重视与各级管理人员一对一、面对面的沟通，CEO 和 OKR 委员会在这方面做了大量细致的工作，为企业顺利导入 OKR 铺平了道路。

2. 培训为主。常言道"磨刀不误砍柴工"，对于 OKR 的实践来说，培训就是"磨刀"的过程。培训不能走过场，必须发挥实效。培训的内容应当包括理论讲解、案例分享、实操模拟，让团队全面掌握 OKR 的基本理论、工作流程、实操技巧。

培训应当依照层级有针对性地开展。对于高层来说，重点是 OKR 的理念、价值观和方法论。通过培训，高层应当知道如何调整自己的管理观念，如何带动管理层跳出舒适区，学会为员工赋能，准确地把握影响 OKR 成败的关键因素，从而制定适合企业的政策。通过培训，中层应当掌握 OKR 实施的具体方法，思考如何将部门的工作目标与企业的战略保持一致，了解 OKR 实施中可能出现的问题，以及应该如何帮助员工解决问题。通过培训，基层应当具备基本的操作技能，知道该做什么，该怎么做，遇到问题应该通过什么途径寻求帮助，如何通过 OKR 提升自己。

3. 把握节奏。企业各业务单位时刻都承担着业绩指标的压力，各职能部门也需要时刻发挥其不可替代的作用，要确保各项经营计划的落实，团队一刻也不能松懈。导入 OKR 就像在高速行驶的列车上安装新的系统，既要保持列车的正常行驶，又要完成新系统的加载。推行 OKR 的进程很容易被日常繁杂的工作，尤其是突发事件干扰。因此，企业应当将 OKR 作为组织工作的重中之重，保证团队在时间和精力方面的投入，珍惜员工的热情，维护变革的场域，一鼓作气，完成 OKR 的导入。

表 8-6　宜佰家居 OKR 导入行动计划

时间	行动计划
2018 年 12 月 15 日	高管集体学习"OKR 工作法"课程
2018 年 12 月 16 日	召开总裁办公会，研究决定导入 OKR
2018 年 12 月 16 日	成立 OKR 委员会，聘任 OKR 首席指挥官
2018 年 12 月 18 日	全体管理人员参加"OKR 系统解析与实操工作坊"培训
2018 年 12 月 20 日～2019 年 1 月 8 日	OKR 委员会设计 OKR 系统
2019 年 1 月 9 日	召开总裁办公会，梳理企业使命和愿景
2019 年 1 月 10 日	召开中高级管理人员会议，研究企业竞争战略
2019 年 1 月 11 日～12 日	制定企业年度战略 OKR
2019 年 1 月 16 日	发布《CEO 致全体员工的一封信》
2019 年 1 月 17 日	召开全体员工大会，宣导 OKR 理念，培训基本知识
2019 年 1 月 18 日	针对第一阶段导入的对象，进行实操模拟培训
2019 年 1 月 20 日	第一阶段导入的部门和人员开始运用 OKR

第四节　制定推动措施

OKR 的推动措施包括：统一思想、统一信条、培训常态化、营造严格和爱的场域。统一思想，确保员工的理解和认同；统一信条，是行动的纲领和规范；培训常态化，持续为员工赋能；营造严格和爱的场域，让员工充满斗志，并激发他们的创造力。

统一思想

统一思想就是要对导入 OKR 的必要性和紧迫性进行清晰的阐述，塑造团队的共同愿景。本书第五章介绍了约翰·科特的"变革八法"，并为读者提供了导入 OKR 的具体步骤。从中可见，人们意识的转变是决定 OKR 成败最关键的因素。只有足够的紧张感，才能让人们的注意力集中，投入时间、精力和热情，消除懈怠和侥幸心理。清晰的愿景，可以让人们意识到自己与企业之间的紧密联系，激发内在的动机和必胜的信念，让人们发自内心地支持组织变革的决策。

案例：炎黄体育旅游发展有限公司创始人给全体员工的一封信

OKR 为我们的梦想插上翅膀

亲爱的战友们：

岁月不居，时节如流。从 2012 年我们走进"中国环塔（国际）拉力赛""中国越野拉力赛"到组织地方性汽车运动赛事再到今天筹备"中国沿黄拉力赛"，从"任我行"拉力车队、陆航体育到今天的炎黄体旅，一晃六年过去了。我们经过了一个漫长的自我孵化、学习、培养、在迷茫中成长的过程。时至今日，我内心无限感慨。

感谢兄弟姐妹们六年来的相互陪伴、相互扶持！在祖国的高山戈壁中，在无数个日日夜夜里，大家奋战的场景，时时浮现在我脑海中。我们最常挂在嘴边的就是"情怀"，这是让我们始终凝聚在一起的力量。无论何时何地，从没有人计较过付出，从没有人在意过回报，我深受感动，更加觉得自己责任重大。

也许，正是我们的这份情怀，为我们赢得了越来越多的社会各界的支持。客观地说，如果没有这些支持，我们不可能获得今天这样的成长。我们从单纯的玩车到举办汽车赛事，再到今天研发赛车新内容、新规则、器械以及培养赛车手、规划建设汽车主题公园，我们的队伍越来越大，伴随我们的同行者越来越多。我深知，我们必须为团队负责，对长期以来支持我们的各级领导和社会各界的朋友们负责，更要对我们的未来负责。

这些年我们走了不少弯路，大家开始重视规范化运作。我们在组织结构、岗位职责、工作流程、项目管理上都取得了前所未有的进步。不过，在复杂多变的情况下，我们仍然因为力量分散、响应迟缓、措施不力，错过了很多机遇，令人惋惜。

大家都知道，我们行业的机会将越来越多，但竞争和挑战也会越来越大。我们一直期待能运用更好的方法，将大家的力量聚集在一起，避免无谓的消耗，并通过更多有价值的创新，快速把握住市场机遇。我很庆幸能找到OKR这种简便而行之有效的方法，OKR对我们来说意义非凡，能够帮助我们以最低的投入实现最高的效能。

OKR曾经让硅谷的两个年轻人实现了他们的梦想，缔造了今天的谷歌；如今，OKR正在为许多值得尊敬的企业注入腾飞的力量；我们相信，OKR也一定能为我们的梦想插上翅膀！

我们都知道，汽车运动拼的就是速度，拼的就是全体赛员、后勤保障团队的组织效能共同赢得时间，比别人再快上0.1秒。提升效能是我们赢得比赛的唯一途径。OKR对我们的意义绝不亚于举办任何一场赛事，因为OKR是在帮助我们赢得自己的比赛！

战友们，加油！

炎黄体旅创始人

2018 年 10 月 1 日

统一思想的方式很多，既有书面的、正式的、组织的方式，也有针对性、个性化、生活化的交流。值得注意的是，寄希望于通过一次会议讲话来统一思想是不可取的，因为，人们不会意识到与以往有什么不同，不能排除会以敷衍的态度捧场的可能。事实上，真正让思想统一的，是日常工作中的关注、理解、担当和支持，是人与人之间的信任和爱。

统一信条

人们的行为总是具有客观的复杂性和强烈的主观性。在面对同样的情势时，人们可能会基于各自的认知做出完全不同的判断；即使人们的判断一致，他们采取的行动也很可能天差地别。我们应当意识到，无论人们的思想意识如何，最终决定结果的是他们的行为。任何制度都不可能全面覆盖任何实践中的场景，为人们的一切行为提供规范。

信条就是人们忠实遵守的准则，可以为人们选择正确的行动提供帮助。这些行为准则就是对价值观的诠释，但它不同于日常行为规范。它没有那么全面、周密和细致，它并不会告诉人们应该采取何种具体的行动；它运用原则性、概括性的描述，告诉人们应当以何种标准去衡量利害、判断对错、做出取舍。

案例：谷歌的十大信条

1. 以用户为中心，一切将水到渠成（Focus on the user and all else will follow）。

2. 聚焦将一件事做到极致（It's best to do one thing really, really well）。

3. 快比慢好（Fast is better than slow）。

4. 网络上也讲民主（Democracy on the web works）。

5. 信息随时随地可得（You don't need to be at your desk to need an answer）。

6. 赚钱无须作恶（You can make money without doing evil）。

7. 信息无极限（There's always more information out there）。

8. 信息需求无国界（The need for information crosses all borders）。

9. 无须西装革履，也可认真执着（You can be serious without a suit）。

10. 没有最好，只有更好（Great just isn't good enough）。

案例：华为某团队的 OKR 信条

1. 始终思考我的目标对客户的价值；

2. 主动承担，为团队做更大贡献；

3. 目标认定后坚定执行，相关变更及时知会周边成员；

4. 在聚焦自己目标的基础上尽力帮助别人；

5. 精益求精，坚持对技术的执着追求；

6. 合理规划工作，核心时间聚焦核心工作；

7. 面临压力仍然坚持质量；

8. 求助他人前，确保我已经做过深入思考；

9. 勇于挑战新领域；

10. 我的成长我做主。

案例：炎黄体旅的 OKR 信条

1. 一次只做一件事；

2. 快速搞定；

3. 不怕搞砸；

4. 行动前多商量；

5. 行动中不轻易求助；

6. 随时报方位；

7. 没有什么比同伴重要；

8. 最后一名决定团队的成绩。

OKR 要求自下而上，让员工广泛地参与。OKR 信条作为员工行动的准则，同样应当集聚员工的智慧。这些准则可以在 OKR 运行一段时间后，比如可在第一个周期结束后的复盘会议上，通过团队共创的方法制定（见表 8-7）；也可以通过企业内部的共享平台发起讨论和投票（在投票形成结论后，要通过会议面对面地沟通，确保大家理解一致）。

除了企业整体的 OKR 信条，各部门也可以根据自己的业务特点和团队状况，提炼更有针对性的部门 OKR 信条。

OKR 的信条并非一成不变，随着团队的进步和业务的发展，团队可以对这些信条进行调整和补充。

表 8-7 团队共创 OKR 信条的会议流程

负责人	会议内容
CEO	总结本周期 OKR 实践所取得的成果，肯定大家的努力
OKR 首席指挥官	展示优秀的案例，表彰 OKR 的榜样
OKR 专家	介绍 OKR 信条的意义和价值
OKR 委员	请大家回顾实践中的困扰、顾虑、摩擦
	请大家依据现象，分析制约因素和驱动因素
	请大家思考哪些行为有助于解决这些问题，有力推动 OKR 的实践
	梳理这些积极行为的规律，归纳为信条
	组织全体参会人员投票
OKR 首席指挥官	宣布组织的 OKR 信条，组织大家宣读
OKR 专家	将 OKR 信条案例化，给予具体的行动建议

培训常态化

员工对 OKR 的认识水平和实践能力的提高，需要经过一个日积月累、积少成多的过程，与掌握其他任何新技能一样，不可能一蹴而就。不能期待通过导入阶段的几次培训，就能满足复杂多变的实际工作需要。

OKR 本身并不复杂，一般来说，经过一个周期，团队就可以掌握它的制定方法和实施流程。但是，要想使 OKR 与实际的工作场景充分匹配，真正发挥促进目标达成的作用，则需要组织有计划地开展针对性的培训。

1. 组织战略的培训。OKR 强调聚焦战略，要不断地强化组织战略的地位，让员工的注意力不被日常繁杂的工作和突发事件干扰。这项培训不是照本宣科地复述或解读企业的战略，而是结合 OKR 的制定，让员工明白自己工作最大的价值就是对组织战略的支撑，激发他们思考如何将自己的工作与组织战略充分结合。

2. 业务逻辑的培训。一方面是基于部门的属性，对实现目标的规律和方法进行培训，从而体现 OKR 注重逻辑的特征，比如如何扩大市场占有率，如何提高 DAU（日活跃用户数量），品质与进度如何兼顾等。另一方面是对企业整体的运营，以及各部门的工作内容、工作方式进行普及，使大家清晰自己在企业价值链中的位置，了解彼此工作的意义和价值，正确地思考如何通过 OKR 的对齐，强化协作。

3. 个人工作技能的培训。工作技能的培训包括岗位技能培训、通用职业技能培训和工作习惯、工作方法的培训。这些培训与员工的日常工作紧密相关，能够快速转变为实际行动，为员工赋能。

OKR 公开透明的特点有助于学习型组织的建立。像维基百科一样，员工可以通过共享平台分享自己运用 OKR 的方法和技巧，这些宝贵的经验将成为企业 OKR 培训的组成部分；他们也可以自荐成为新员工的 OKR 培训导师。企业定期举办的 OKR 培训，也可以根据每期不同的主题，选择 OKR 实操的榜样作为讲师。

学习型组织的建立，会极大地影响人们的心智模式，让人们意识到团队智慧的力量，从而强化共同愿景的凝聚力，同时也激励人们以更大的热情投入工作，精益求精，不断突破和超越自我。

营造严格和爱的场域

OKR 是一种持续的纪律要求。既然是纪律，就必须人人平等，就必须严格执行。约翰·杜尔在《这就是 OKR》中介绍了一个案例。谷歌高级副总裁乔纳森·罗森伯格发给 13 名没能完成 OKR 的产品经理一份备忘录。罗森伯格写道："我坚信拥有一套良好的季度 OKR 是谷歌取得成功的关键所在。这就是为什么我会按时给你们发送备忘录，提醒你们按时完成任务，以及我为什么要求经理们审查 OKR 以确保我们所有的目标与关键结果都是好的。……这个季度，你们当中的几个人没有按时完成任务，还有一些人没有给第二季度 OKR 评分。……如果你不能想出一个让你每天都充满激情来上班的目标与关键结果，那么一定有什么地方出错了。如果你的情况正是如此，请你来找我。……这不是行政性的繁忙工作，这是确定本季度工作重点并确保我们的团队在一起工作的重要方法。"

在 OKR 推广和应用的过程中，有些人会因为不适应而拖延和敷衍，有些人会因自己的懈怠而逃避，甚至对抗。这些现象对 OKR 来说是致命的，尤其是当这些现象发生在中高级管理人员和团队负责人之中的时候。"千里之堤，溃于蚁穴"，一旦管理者抱有侥幸心理，对此姑息纵容，团队实践 OKR 的努力将功亏一篑。"严格就是大爱"，组织必须对这种现象予以打击，对当事人进行批评教育和警告，严格纪律要求，维护 OKR 的场域。

除了持续的纪律要求之外，组织还应当不断创造易于传播爱的环境。可以肯定的是，无论未来如何变化，人性都是亘古不变的。人们都希望被需要，而不是被利用；都需要被认可，而不是被质疑；都渴望主动创造、体现自我价值，而不是被动服从、简单地听话照做。人们天生就具有使命感，也只有在爱的场域中，人们才愿意展示真实的自我，对他人表达善意，与企业建立信任，焕发出创造力。

认可是爱最基本的体现，本书第六章关于如何保持 OKR 热情的部分，介绍了一些激励措施，有助于企业营造认可的场域。这些活动包括：

OKR 路演、OKR 演习对抗赛、OKR 达人大赛、人民公仆奖、最佳教练员奖、明师奖、谢师礼活动、最佳盟友活动、笑脸文化、雷锋奖、知音奖、OKR 通讯、客户茶话会、OKR 大使奖、OKR 助攻手、OKR 创客行动等。此外，来自高层的私人信件对员工也是一份殊荣，员工将会非常珍视这份认可和信任，从而更持久地保持动力。

除了在 OKR 的运用中对员工表达认可，组织（尤其是员工的直接上级）在日常工作和生活中对员工的关怀也尤为重要。大多数情况下，管理者对员工生活方面的关心所起到的激励作用，远远超过他们在工作技能和职业发展方面的辅导。"身教胜于言传"，在组织中，管理者行为的导向作用胜于任何价值观的宣讲。当员工感受到组织的温暖和上级的尊重，他们也会用同样的爱回馈伙伴，回报组织。人力资源部门建立"员工温情档案"（见表 8-8），可以为管理者提供基本的信息，使他们的关怀有的放矢、引起共鸣。

尊重团队亚文化，提供开放的交流平台，促进社交化的沟通，鼓励员工之间相互认可，可以营造真诚、开放、互助的场域。企业在办公区域设置一面感谢墙，让员工用彩色的即时贴，将彼此的感谢、鼓励公开表达出来。与在微信群和论坛等系统中点赞相比，这类可视化的设计对场域的影响更广泛、更持久。

表 8-8　员工温情档案

基本情况					
姓名		性别		出生日期	
民族		生肖		星座	
部门		岗位		入职时间	
婚姻状况		身高		体重	
上衣尺码		裤子尺码		鞋子尺码	
户籍地		家庭住址			
电话		现居住地			

（续）

家庭情况					
关系	姓名	居住地	职业	生日	健康状况
夫 / 妻					
父					
母					
子 / 女					
其他对自己重要的亲属					

职业发展					
最高学历		专业		毕业院校	
毕业时间		工作年限		政治面貌	
其他专业					
职业资格					
职业技能					
工作经验					
发展意愿					
学习目标					
能力提升					

爱好特长及其他	
特长	
爱好	
最大的心愿	
最得意的经历	
最拿手的事情	
最遗憾的事	
最爱的人	
对自己影响最大的人	
公司内最好的朋友	
最喜欢的图书 / 作家	
最喜欢的影视 / 电视栏目	
最喜欢的音乐 / 歌手 / 乐队	
最喜欢的服饰 / 颜色	
最喜欢的运动 / 活动	
最想去的旅游目的地	
最爱的美食	
最无法接受的事	

第五节　确定周期和流程

确定 OKR 周期

　　OKR 的运行流程建立在 OKR 的周期之上，也就是说，OKR 的运行要匹配目标（O）的周期。

　　目标的周期是指完成从目标设定、目标实施到目标完成情况评价和改进优化这一循环所需要的时间。我们可以借鉴在质量管理中得到广泛应用的 PDCA 循环来思考这一问题。PDCA 是英语单词 Plan（计划）、Do（实施）、Check（检查）和 Action（改进）的首字母缩写，它确定了由计划、实施、检查、改进四个步骤所组成的工作程序（见图 8-2），这种程序符合任何一项工作的逻辑。

图 8-2　PDCA 循环

　　对 OKR 来说，P 是指制定目标和关键结果，实现 OKR 的对齐，制订实施方案和行动计划；D 是指计划的执行以及在执行中进行跟踪和辅导；C 是指对 OKR 的中期检查和期末评分，总结 OKR 实施中的经验，分析影响目标达成的原因；A 是指 OKR 的复盘，巩固取得的成果，通过对 OKR 的优化，强化驱动因素，消除制约因素（见表 8-9）。

表 8-9　PDCA 在 OKR 中的应用

计划	制定 OKR OKR 的对齐 制订实施方案和行动计划	检查	OKR 中期检查 OKR 评分
实施	执行 OKR 计划 OKR 的跟踪 教练式辅导	改进	OKR 复盘

　　PDCA 循环为我们提供了一种更加条理化的思考方法，也使我们的工作变得更加系统化。由表 8-9 可见，OKR 的周期应当符合 PDCA 的逻辑，

OKR 完成这一循环的时间就应当是它运行的周期。

另一个显而易见的事实是，企业是多种目标的集合体，完成不同的目标所需要的时间也不尽相同，例如研发一款新产品的时间与一款爆品的市场营销导入周期不同，提高市场占有率与开设连锁门店所需的时间不同，增强客户满意度与降低员工流失率的周期也不同。

一般来说，组织整体的战略目标比部门的业务目标周期要长；研发、设计、营销等需要更多创新驱动的业务的目标，比采购、生产、销售等主要依靠资源投入实现的目标周期要长。就同一部门而言，目标与现状的差距、团队能力与目标的匹配程度、资源投入对目标的保障程度、外部环境的不确定性，都影响着目标实现的周期。

理想的情况是，组织可以根据每一个 OKR 的特点设定其周期。毕竟，作为一种目标管理的工具，要让 OKR 充分发挥其促进目标的作用，就应当使其与目标本身更匹配，而不是反过来，让目标迎合 OKR。换句话说，就是要根据目标设定周期，而不是根据周期设定目标。

然而，对于大多数组织而言，过多的目标周期会增大统筹与协调的难度，对资源的有效配置产生干扰，反而降低了管理效率。对于个体而言，他们也往往会同时承担多项目标不同的工作，不同的周期会令人困惑，影响注意力的集中。

因此，组织应当在对战略的支撑性、业务的匹配性、环境变化的适应性和对团队激励的及时性等方面进行综合考量后，确定相对稳定的管理周期，兼顾目标与管理效率的平衡。

大多数学者建议将 OKR 的运行周期设定为季度，我并不十分认同。

对于大多数初次使用 OKR 的企业来说，将季度作为周期是合适的。与以月度为周期不同，以季度为周期有助于团队设定更具挑战性的目标，同时避免过于频繁的 OKR 流程性工作增加管理成本和员工的工作负荷。

季度与半年相比，更有利于组织快速响应市场变化，及时检视自己的目标，对实施中的问题进行纠偏，及时激励团队和优化工作方法。同时，一年四次 OKR 的操作，也足以使团队适应和熟悉 OKR，满足 OKR 导入的需求。

但同时，我们也必须认识到，不存在放之四海而皆准的 OKR 周期。企业终究应当根据自己的发展战略和竞争战略，确定目标的周期；企业各业务单位和职能部门也应当依据自己的业务特性确定自己的目标周期。比如对于产品尚不成熟、商业模式还需验证的初创公司来说，许多工作都处于摸索阶段，以月度为周期已经足够有挑战性；对于市场竞争激烈、技术迭代频繁的行业来说，以两周为周期设定的目标能更敏捷地响应市场的变化，更有效地适应组织的竞争战略。

我主要有以下建议。

1. 建立如表 8-10 所示的运行框架。以部门和个人的季度 OKR 为实施主体，以公司年度战略 OKR、公司季度 OKR、部门年度 OKR 为指导依据。

表 8-10　常规的 OKR 运行周期

	公司	部门 / 团队	个人
年度	年度战略 OKR	年度 OKR	
季度	季度 OKR	季度 OKR	季度 OKR

（1）设定公司年度战略 OKR。年度战略 OKR 是公司战略在当年的具体体现，它是实现公司整体战略的必经步骤，它表明了公司决策层的意图和决心，营造了公司 OKR 的氛围，对员工心理产生了积极影响，使员工从大局出发，依据公司总体的目标思考自己工作的价值。

（2）设定部门年度 OKR。部门年度 OKR 体现了部门职能对公司战略的支撑作用，表明了部门年度工作的重点，表达了部门全体员工的决心，同时也发挥着对季度 OKR 的引领和指导作用。

（3）设定公司季度 OKR。季度 OKR 可以体现实现公司年度战略 OKR 的逻辑，表明各个阶段公司的工作重点以及公司资源投入的节奏。

（4）设定部门季度 OKR 和个人季度 OKR。这是 OKR 实操的重点，OKR 对部门和个人季度目标的促进作用将直接决定公司战略 OKR 的结果，也体现出组织运用 OKR 的成败。

2. 在导入 OKR 的初期，以季度为统一的运行周期，使其更为简单和清晰，易于团队掌握。当团队能够熟练运用 OKR 的方法思考自身业务并指导工作实践后，可以根据其业务特点确定适合其节奏的运行周期（见表 8-11）。

表 8-11　适应业务特性的 OKR 运行周期

季度	研发中心、工艺技术部、营销中心、品牌部、公关部、商务部、战略研究部、投资部、运营中心、商学院、人力资源部、信息科技部
月度	采购部、生产部、销售部、拓展部、招商部、客服部、策划部、设计部
项目周期	工程部、研发中心、投资部、制作部

3. 初创型的小微企业可以设定月度 OKR，以便更敏捷地适应市场，满足发展的需要。更频繁的 OKR 运作，也能够更快地形成 OKR 的思维和工作习惯，建立起纪律约束。

4. 项目型公司可以项目周期为 OKR 周期。对于耗时较长的大型项目，可以项目节点为 OKR 周期。

OKR 运行的流程（以 Q1 季度 OKR 为例）

作为参考，表 8-12 以第一季度为例，为读者提供了一个以季度为周期的 OKR 运行流程。企业可以根据自身业务特点和团队规模修订，除制定年度 OKR 部分外，其他部分均可在一年中循环使用。

这里的第一季度并非绝对意味着自然年中的 1、2、3 月份，而是指企业的财务年度。例如：阿里巴巴的财年是从每年的 4 月 1 日起至次年的 3

月 31 日止，那么对阿里巴巴来说，Q4 就是每年的 1 月 1 日至 3 月 31 日，而其 Q1 则为每年的 4 月 1 日至 6 月 30 日。

需要特别提示的是，在导入初期，应当在流程的每个环节预留足够的时间，以便团队深入学习和体会，并能够通过充分沟通，高质量地完成 OKR 的各项操作；要避免因为时间限制，草草了事走过场的现象。此外，企业高管在时间上的投入也是一种信号，向员工表达了对 OKR 的重视和决心。

表 8-12　OKR 运行流程

PDCA	目的	行动	时间
计划	制定公司年度战略 OKR	战略共创会	Q4
	制定部门年度 OKR	战略共创会	
	制定公司季度 OKR	管理人员共创会	
	制定部门季度 OKR	部门制定 OKR	Q4 第 13 周
		公司 OKR 共识会	
		OKR 对齐更新	
		发布部门 OKR	
	制定个人季度 OKR	个人制定 OKR	Q1 第 1 周
		部门 / 项目组 OKR 共识会	
		OKR 对齐更新	
		发布个人 OKR	
	制订实施方案和行动计划	部门 / 项目组共创会	
实施	执行 OKR 计划	团队晨会	Q1 每日
		团队 / 部门 / 项目组周例会	Q1 每周末
		公司 / 部门 / 项目组月例会	Q1 每月末
检查	OKR 中期检查	部门 / 项目 OKR 中期检查	Q1 中期节点
		个人 OKR 中期检查	
	中期计划调整、方案优化	部门 / 项目组共创会	
	OKR 期末评分	OKR 期末评分	Q1 第 11 周
		OKR 沟通反馈	
改进	OKR 复盘	部门 OKR 复盘会	Q1 第 12 周
		公司 OKR 复盘会	Q1 第 12 周
		OKR 激励活动	Q2 第 1 周

注：以每季 13 周为例。

第六节　创建工具

"工欲善其事，必先利其器"。在进入 OKR 实操之前，OKR 委员会应当基于团队的应用场景，为大家准备好相关的实操工具（见表 8-13）。这些工具可以帮助员工学习 OKR 的基本知识、掌握 OKR 的操作方法、了解协作与寻求帮助的途径、知道如何解决问题；可以为管理者辅导员工、组织会议和活动提供指引；也可支持企业及时总结经验、纠正问题、优化系统。

在导入 OKR 时，向团队展示丰富的应用工具，可以让人们更有安全感和信心，产生更强大的动力。对运用这些工具的模拟训练应该是培训的重要环节，团队运用这些工具的熟练程度，会直接影响组织推进 OKR 的效果。

OKR 的应用工具最初来自 OKR 委员会的设计，但它们不应该是一成不变的。随着 OKR 实践的深入，团队对 OKR 的认识会越来越深，经验会越来越多，他们会从第一线的实践出发，思考如何用 OKR 更好地促进自己的工作，如何让 OKR 用起来更轻松。他们会发现，也许一些小小的改进就能大大提高工作效率和协作水平。集体的智慧和热情是难能可贵的，组织可以通过共享平台和协作工具，凝聚大家的智慧，丰富和完善这些工具，让大家更加得心应手地运用 OKR。

表 8-13　OKR 工具

类别	工具	使用者	用途
学习工具	OKR 指南	全体员工	介绍 OKR 的基本理论和方法
	FAQ 常见问题解答		解答实践中的常见问题
	OKR 制定规范		OKR 思考的方法、表述的规范
	OKR 范例		结合实际，展示高质量的 OKR
	OKR 制定流程图		部门、个人制定 OKR 的程序
	OKR 评分流程		部门、个人进行 OKR 评分的程序
	OKR 平台操作指引		使用共享平台和软件的方法
操作工具	企业年度战略 OKR 表	OKR 委员会	确定企业年度战略 OKR
	企业季度 OKR 表		确定企业季度 OKR

（续）

类别	工具	使用者	用途
操作工具	部门年度 OKR 表	部门负责人	确定部门年度 OKR
	部门季度 OKR 表		确定部门季度 OKR
	个人季度 OKR 表	全体员工	确定个人季度 OKR
	OKR 协作表		明确部门之间关键结果的协同关系
	OKR 周报		确认进度、识别风险、调整策略
	OKR 月报		确认进度、识别风险、调整策略
	OKR 评分表		OKR 中期和期末评分
	部门 OKR 复盘表	部门负责人	呈现部门 OKR 复盘结果
辅导工具	OKR 检查指引	OKR 委员会、团队和部门负责人	检查 OKR 的规范性、有效性、关联性
	共创会流程		集众人智慧制定战略、OKR、方案、计划
	共识会流程		展示部门或个人的 OKR，实现对齐协同，并通过会议优化
	晨会流程		指导团队每日晨会
	周例会流程		指导部门每周例会
	月例会流程		指导部门月例会
	复盘会流程		指导部门复盘
	OKR 面谈指引		包括面谈的提纲、注意事项、相关表格
	职业发展面谈指引		针对员工个人发展面谈的提纲、注意事项
组织管理工具	公司 OKR 作战地图	OKR 委员会、部门负责人	呈现部门 OKR 在组织中的对齐协同关系
	部门 OKR 作战地图		呈现个人 OKR 在部门中的对齐协同关系
	OKR 评分一览表		针对目标分析相关人员的关键结果
	部门 OKR 评分一览表		分析部门全体人员的关键结果
	个人 OKR 评分一览表		分析个人一年中的各项关键结果
	会议决议事项督办表		将公司会议决议的重要事项纳入 OKR
个人发展工具	个人 OKR 复盘表	全体员工	提供个人复盘的思考框架
	梦想清单		呈现个人年度工作与生活规划
	年度效率手册		记录个人一年的工作结果、感悟和收获

在本书随后的章节中，将为读者提供表 8-13 中的大多数工具，管理者可以结合企业自身的情况选用并优化。

需要注意的是，OKR 的工具并非越多越好，也不需要一次性全部导入。因为，熟悉和掌握这些工具，本身就是一项需要团队付出时间和精力的工作。同时，表格的内容并非越丰富越好，有些管理者担心实际运作中出现的问题会影响 OKR 的进程，他们试图预先评估员工可能面临的所有困扰，并事先提供解决方案。这种担忧大可不必，OKR 讲求聚焦，在实操中我们只要抓住最重要的驱动要素即可，面面俱到反而会增加员工的工作负担，限制员工的创造力。

第七节　创建协作与共享平台

共享什么

OKR 倡导公开透明，要求各层级、各部门、各岗位公开 OKR 的信息，做到目标公开、进度公开、评分公开。OKR 的公开，可以提高组织的协作效率，促进管理者和员工的自律，建立坦诚和信任的企业文化。

在 OKR 公开的同时，实现 OKR 实操经验的共享，可以使员工更明确自己的优势和差距，吸取他人的经验，避免走弯路。

将企业积累的信息、技术、管理经验公开，能够为员工成长提供丰富的营养，为他们创造性地开展工作提供更多灵感。

如果能进一步公开企业的各项管理信息，会让员工感受到企业的尊重，增强他们对企业的信任，坚定他们与企业长期共同发展的信心。

基于目标管理，创建 OKR 协作平台；基于员工发展，创建资源共享平台；基于组织发展，创建管理信息平台；基于企业文化，创建沟通交流平台。表 8-14 呈现了 OKR 平台的内容和部分应用工具。

表 8-14　创建共享平台

意义	价值	内容	工具
目标管理	OKR 协作	OKR 的设定、OKR 进度跟踪、OKR 评分反馈	OKR 软件 协作编辑软件 OA 软件 Excel
	经验共享	OKR 周报、月报、复盘记录等	
员工发展	资源共享	OKR 系统工具、企业战略、公司文件、管理制度、工作总结、工作计划、实施方案、操作细则、专题报告、会议纪要、培训课件、技术资料等	OKR 软件 共享文件 私有网盘
组织发展	管理信息共享	企业经营绩效、考核制度、员工考核数据、薪酬制度、薪酬与奖金分配、福利项目及费用、培训项目及费用、行政费用等	
企业文化	沟通交流	热点话题、征求意见、投票评选、互助合作、经验分享、心得感悟	OKR 软件 BBS 微信

与谁共享

谷歌鲜明的工程师文化意味着对创新的不懈追求，创新需要精神的自由，这种自由对信息的平等提出了要求。在谷歌，为了避免对信息的误用，全体员工都被授权可以获取全部原始的未经加工的信息，大到战略和财务指标，小到文档和代码。即使是刚入职的人，也可以毫无障碍地获取源代码——这是被大多数互联网企业视为核心机密的信息。

OKR 完美匹配了谷歌的创新文化，同时也持续捍卫和强化着谷歌的精神。谷歌公开透明的文化被人们津津乐道。然而，就共享而言，并非所有的企业都能在一开始运用 OKR 的时候就达到谷歌的程度。事实上，既无必要，也无可能。

对于管理者而言，把握 OKR 的理念比单纯效仿知名企业的做法更务实、更现实。为了保证 OKR 所倡导的公开透明，我们有以下建议。

1. 上级与下级必须共享，且这种共享不受管理层级的限制。上级需要了解下级的 OKR 自不待言，下级也需要了解上级的 OKR，从而使下级思考如何将自己的工作与组织的目标高度匹配。这种共享在提升员工大局观的同时，也发挥了督促管理者充分履职的作用。对于不同业务领域的上下级，比如制造部门的员工要不要了解财务总监的 OKR，我们认为不必强求，适合企业就好。实践中，依照这条原则，公司 CEO 的 OKR 是要向全体员工开放的，我想这对大多数企业来说，无疑已经是一项长足的进步。

2. 同层级管理人员共享。OKR 对齐协同的特征，首先要求彼此了解，因此，部门负责人之间应当公开透明。管理者会自然产生一种暗暗较劲的心理，很显然，每个人都希望自己部门的工作对企业更有价值。具备一定规模的企业，管理层也分很多层级，如事业部总经理、部门总监、经理、主管等，这是比较普遍的情况，我们认为最理想的共享方式就是不分层级，让全体管理者实现共享。

3. 有明确协作关系的不同部门，应当实现部门全员共享。如销售部与营销部的全员共享，制造部与工艺部的全员共享。反过来看，企业无须强求销售部门与制造部门的全员共享，营销部门也没有必要与工艺部门实现全员共享。

4. 平台部门员工的 OKR 应开放共享。平台部门是指维护企业正常运转，为其他部门，尤其是前台一线部门提供支援和服务的部门。例如互联网企业的数据中心、银行的风控部门、保险公司的理赔部门、销售公司的客服部门，以及大多数企业的运营中心、人力资源部等。

5. 部门内全员共享，项目组内全员共享。部门和项目组的成员或是为了履行共同的职能，或是为了追求一致的目标，或是执行密切相关的任务，他们之间的协作必须依赖充分的开放和共享。而且，既然企业要实现更大范围的公开透明，那么团队内部的开放自然就是理所应当的。我们无法相信，一个在内部都无法实现透明的团队，怎能做到与外部的开放共享。

以上总结的是 OKR 的共享原则。针对提升员工技能的资源服务平台、促进组织发展的管理信息平台、提升企业文化的沟通交流平台，应当争取实现全员共享。当然，这些共享应当建立在企业信息安全的基础上。

选择 OKR 的协作工具

选择 OKR 的协作工具要满足三个方面的需求：一是 OKR 目标公开、进度公开、结果公开，以及将相关资源共享的需求；二是团队在 OKR 制定、对齐、更新、跟踪、评分等过程中协作的需求；三是团队沟通交流的社交化需求。

就 OKR 公开的需求而言，我强烈推荐企业运用"可视化看板管理"的方法。这种方法源自精益生产，如今已经广泛应用于各行各业，是一种非常简单便捷的方法。

企业可以将"公司 OKR 作战地图"张贴在办公区域的固定位置，部门将"部门 OKR 作战地图"张贴在部门办公室内。这些集体的作战地图可以是整体打印的，也可以让每个人将自己的 OKR 写在便笺上，然后贴到相应的位置上。使用便笺的好处是，强化了员工的参与感和承诺，也便于 OKR 的更新和调整。

每个员工将"个人季度 OKR"贴在自己的办公位，可以是一张便笺，也可以是一张表格。有的企业，为每个员工做了台卡，除了 OKR 的信息外，员工还写上了自己的目标宣言，添加了自己最满意的照片。

尽管在线工具非常丰富，也有很多看板管理的软件，但我依旧推荐企业运用物理看板。也许有人会因此觉得我因循守旧，认为这是一个人落后于时代的表现。但我认为，工具本身并不能带来生产力，只有正确使用才会使工具产生效能。iPad 像素再高，也无法让我们身临其境；单兵武器再先进，士兵的装备也少不了匕首和刺刀。

首先，看板直观的形象，每时每刻都在提醒着人们聚焦自己的 OKR，它有利于员工集中注意力，提升工作效率。其次，看板透明度高，只要经过，别人就会知道自己的 OKR，同样，我们也很容易了解同事的 OKR，促进了彼此了解，也便于相互之间的配合，无形之中也起到了互相督促的作用。最后，一个充满 OKR 的环境，可以营造热烈的氛围，鼓舞人们保持共同的状态。

当然，对于异地办公或外勤人员，办公室的物理看板显然是不能满足需要的。企业可以选择共享文件、云盘或 OA 系统实现共享。

OKR 对协作的需求，主要体现在 OKR 制定、状态更新和评分的环节。由于这些工作都是通过表格呈现，因此可选择的工具也很丰富，WPS 云文档、石墨文档、金山文档、腾讯文档、谷歌文档、一起写、飞书等协同编辑工具都可以满足需求。

对沟通交流的需求而言，每个企业都不缺乏诸如 BBS、微信等即时聊天工具，这里不再赘述。

表 8-15 根据不同的需求，分类列举了一些软件，供企业选择。

表 8-15　可选工具

目的	软件选择
公开	物理看板、看板软件、共享文件、云盘、OA 系统、OKR 软件
协作	WPS 云文档、石墨文档、金山文档、腾讯文档、谷歌文档、一起写、飞书、OKR 软件
沟通	BBS、企业微信、OKR 软件

关于 OKR 软件

随着 OKR 影响力的扩大，专门为 OKR 开发的软件也很多。从表 8-14 可见，如果企业希望将这些需求集成到一个软件上，专门为 OKR 开发软件是一种选择。国内的 OKR 软件主要有：明道、易目标、Worktile、Tita、Teambition、Tower、Leangoo 等。

目前主流的 OKR 软件都是由互联网企业开发的 SaaS 软件，有许多协作管理平台，帮助团队及时保持同步，轻松实现对任务的协作和对目标的跟踪。部分软件还具备数据分析的功能，支持企业对目标的统筹管理和对人力资源的分析。

尽管 OKR 软件很好地兼顾了企业追求公开、协作和沟通的需求，让企业运用 OKR 更加便捷，但无论在国外还是国内，大多数企业在刚开始运用 OKR 的时候，依然采用的是通用软件。我们建议，企业应该在完成几个周期的 OKR 后再考虑是否引入 OKR 软件。

一方面，所有的办公自动化软件都是为了提升效率，而效率提升的前提是规范的操作。线下运行顺畅是实现办公自动化的必要前提。组织应当在引入软件系统之前，将工作流程理顺，让每个人都掌握基本的技能，这样才能发挥软件的价值。忽视组织运转的基础，盲目引进软件，将适得其反，导致混乱。OKR 导入的初期，团队应该专注于学习和掌握 OKR，而不是舍本逐末，将宝贵的经历消耗在熟悉新的软件上。当团队可以运用逻辑制定并规范地描述自己的 OKR，能够通过联结实现协同时，OKR 软件才能更好地发挥作用。

另一方面，每一个软件都有其设计的逻辑，这种逻辑反映了开发者的管理思想和方法论。企业只有通过实践，将自己的管理方法固化下来，才具备辨别软件的能力，才能选择与企业实践需求高度匹配的 OKR 软件。归根结底，OKR 软件是一个加速器，而不是必需品；企业需要的是一种便捷的工具，而非功能的堆砌。

许多大型企业，如谷歌和华为，都自行开发了 OKR 的专有软件，这些专有软件一般都会与他们的项目管理等系统连接起来。同时，依然在 OKR 实践中运用 Excel、云盘等通用工具的大型组织也不在少数。比如，每月有超过 2400 万人访问的美国最大的在线求职网站 CareerBuilder，年营业额超过 30 亿欧元的欧洲领先的在线时尚平台 Zalando 等。

我们认为，如果员工可以运用自己熟悉的工具，顺利地掌握并熟练地运用 OKR，就说明现有的软件可以满足 OKR 的需要，大可不必对软件进行转换。如果现有的软件制约了 OKR 效用的体现，或者影响效率，我们可以有针对性地引入能够满足组织特定需求的 OKR 软件。

OKR 软件的价值在具有一定规模的企业中体现得更为明显。对于小型组织来说，不必过度依赖任何专业软件，可以运用简单的通用工具实现共享和协同；也不必在导入初期过多思考软件的选择问题，而应该将注意力投入到团队业务逻辑的培养和快速协同能力的提升上。管理者要知道，面对面的交流能够避免电子化带来的僵化和冷漠，有温度的沟通永远更有效。

第九章

制定目标

　　"制定目标"是目标管理的第一步，制定目标的过程本身就极具价值。运用团队共创的方式，找到能激发人们追求卓越的渴望的目标，并将个人目标与组织目标紧密结合，可以激发人们的双重动机。他们会将自己的成长与组织的进步紧密联系起来，与组织结成命运共同体，产生更强的归属感；他们也会更充分地感知到自己工作的意义和价值，更珍惜组织所赋予的使命。

第一节　识别有价值的目标

目标与关键结果的关系

目标

　　目标是人们在一定时期内的期望，比如我们耳熟能详的"先赚他一个亿""考上理想的大学""实现城市控烟"等。

　　目标是使命在特定时期内的具体化，表达的是人们期望获得的成果、实现的状态和发生的变化，比如"赚一个亿"的目标是为了实现"共创财富，造福社会"的使命，"考上理想大学"的目标是为了完成"感恩父母，回报社会"的使命，控烟的目标是为了完成"保护人民群众身体健康"的使命。

目标是一种定性描述，重点在于标明前行的方向，展示工作的意义，它不严格要求明确地界定实现的程度，也不体现具体的行为。

目标与使命、愿景不同，一方面，它有时限性，它是基于一个确定的时间阶段，因而可以有一定的预见性，而非指向遥远或完全不可知的未来；另一方面，目标是为了引导和统一人们的行动方向，会让人们联系到自己的日常工作，而不是单纯追求宏大的意义。

关键结果

关键结果是证明目标实现的依据，也可以说，是衡量目标实现程度的方法。比如实现"全市公共场所全面禁烟"的结果，就是"实现城市控烟"的有力证明。

关键结果是达成目标的方法，比如"投资 1100 亿元，建设 3 个文化旅游项目、1 个顶级国际医院和 20 个万达广场，并举办 1 场国际体育赛事"就是盈利 1 亿元的手段。

关键结果是实现目标的必要条件，比如"高考总分 630 分以上"就是考上武汉大学的必要条件。

关键结果不是对目标的解读或诠释，而是对目标的支撑，它与目标有高度的正相关关系。也就是说，关键结果完成得越好，距离目标的实现就越近。

关键结果必须定量描述，从而可以检验、衡量目标完成的情况。

目标与关键结果的关系

通过上述对目标与关键结果的内涵和外延的分析，我们可以明晰两者的关系（见表 9-1）。目标服务于组织战略，运用定性描述，标明团队行动方向，给予人们概括性的引导。关键结果服务于目标，运用量化手段衡量目标的实现程度，证明团队工作的价值。

表 9-1 目标与关键结果的关系

	目标	关键结果
意义	标明行动方向	证明工作价值
依据	使命、愿景、战略	目标
目的	概括性引导	具体化衡量
描述	定性	定量
可验证性	不一定可验证	可验证

识别有价值的目标

人们常说："方向不对，努力白费。"似乎每个人都知道选择正确目标的重要性，毕竟，谁都不希望自己的努力付诸东流。然而，在现实生活中，让人们做出理性的选择并不容易。技术专家出身的企业家常常将精力投入到产品的研发上，试图开发出最具科技含量的产品，却往往忽视了消费者的真实需求；营销副总裁一味地加大宣传投入，企图占领消费者心智，却没有意识到业务人员的流失破坏了渠道对品牌的信任。类似的例子，不胜枚举，管理者们常常会把自己"想做"的工作纳入目标，反而忽略了真正"该做"的工作，而这些"该做"的工作才是对组织最有价值的部分。

识别有价值的目标可以从三个角度入手：对组织战略的推动作用、对核心竞争力的支持作用、成本效益最大化原则（见表 9-2）。

表 9-2 思考目标的框架

组织战略	1. 对实现企业年度战略 OKR 来说，哪些工作发挥的作用最大 2. 哪些工作对提升客户价值发挥的作用最大 3. 对履行企业使命来说，哪些工作发挥的作用最大 4. 对实现企业的长期愿景来说，哪些工作的影响最大 5. 哪些工作能推动企业取得实质性的进步 6. 制约组织发展的瓶颈是什么？怎样消除
核心竞争力	1. 就企业年度战略 OKR 而言，哪些核心竞争力是最重要的 2. 就企业长期战略而言，哪些核心竞争力是最重要的 3. 构建何种核心竞争力能够使客户价值最大化

（续）

核心竞争力	4. 哪些工作对构建和强化这些核心竞争力的作用最大 5. 哪些工作能构建具有实质性差异和优势的核心竞争力 6. 是什么在削弱核心竞争力
成本效益	1. 哪些工作符合二八原则，可以使企业资源利用的效益最大化 2. 哪些工作可以让团队以相对较少的投入，取得较大的成绩 3. 哪些工作可以引发积极的连锁反应，产生更多的好的结果 4. 哪些工作是必须不计成本确保完成的 5. 哪些工作是必须加大投入持续推动的 6. 是什么在损害或威胁着企业的效益

设定目标的原则

聚焦

任何一个 OKR 的主体，所设定的目标都不应该超过三个。对于刚刚导入 OKR 的企业来说，一个主体只设定一个 OKR，效果更好。

这一点，对于某些企业家来说，是一项不小的挑战，因为他们不愿意放弃任何一项自己认为有价值的工作。但是，人们的精力和组织的资源总是有限的，短时间内做太多的工作，注定会以痛苦收场。约翰·杜尔说："成功的组织聚焦少数能够产生实质性差异的举措，并退出那些不怎么紧迫的事项。"OKR 的目的之一就是确保人们的注意力集中，目标太多，注意力必然分散，OKR 也就失去了意义。有关心理的研究也表明，三件事情是让人们保持记忆的最佳数量。

挑战性

目标要有挑战性。

组织时刻都在面临着方方面面的挑战，在这样的环境中，如果组织自身不能突破舒适区，制定有挑战性的目标，必然导致竞争力的退化。

挑战性的目标能够促进员工的成长，当人们面临自己几乎不可能完成的任务时，本能会迫使他们打破自己的思维局限，挑战自身能力的极限。人们在挑战中，也会更加团结，他们相互的支持会产生更大的力量，取得惊人的成绩。许多研究和实践证明，尽管挑战目标与保守目标相比，与实际达成的结果差距更大，但它仍然会带来更好的结果和表现。

无论对组织还是个人，不断迎接挑战，将使人们更加勇敢和坚韧，能够产生更多的创造力，从而塑造出持续创业的文化，这种文化是每一个优秀企业的共同特征。

可实现性

挑战性不是脱离实际的一厢情愿，更不是天马行空的假设。挑战性的目标是基于已经具备的资源和潜在的能力进行挑战，要"跳起来够得着"。目标要让人们看到实现的希望，这也是一切目标管理的前提。约翰·杜尔说："OKR 的设计应该是有效的。设定无法完成或无法控制的 OKR，都是在浪费时间，那只是一种管理上的形式主义。"

特别是在 OKR 导入初期，设定目标要审慎。宏伟的目标固然有吸引力，但也可能引发畏难情绪，这种情绪会传导，抑制员工的内在动机，侵蚀企业文化。同时，也要注意防止目标过高所诱发的不负责任的冒险行为和不道德行为。

第二节　目标的主体

组织目标与个人目标

一旦确定了最有价值的目标，企业就要确保将整个组织的力量聚焦于企业的 OKR 上，让所有人都把企业的目标作为最重要的事，投入最大的努力。一般来说，CEO 就是企业目标的责任人，为了确保实现目标，CEO 会将企业的大目标分解成一个个小目标，分配给各部门。这些小目标就自然成为部门的目标，部门负责人就是部门目标的负责人，他们也会采用同样的方法将目标分配给每一个员工。

我们举一个例子，某公司销售部的季度 OKR 制定了"实现销售收入翻一番"的目标，这个目标的第一责任人自然就是该部门的负责人——销售总监。那么，是不是应该将表 9-3 所示的 OKR 作为销售总监个人的 OKR 呢？显然，表中所示的各项关键结果都是由团队共同完成的，并非由销售总监独立完成，而且，销售总监也不能指望将 OKR 分配给团队成员就万事大吉。他应当作为团队的一分子，承担具体的工作，做出支撑部门季度 OKR 的独特贡献（见表 9-4）。

表 9-3　某公司销售部门的季度 OKR

O		实现销售收入翻一番
KR	KR1	拓展市场，增加 20 家新的代理销售商
	KR2	提升 50 家 B 级代理销售商的销售业绩，使其成为 A 级代理商
	KR3	招聘 30 名有行业经验的销售精英

表 9-4　某公司销售总监的季度 OKR

O		大幅提升大客户的销售业绩
KR	KR1	召开大客户恳谈会，与 50 家大客户签订销售业绩承诺书
	KR2	实施 30 场次终端拓客服务，为大客户引流 1500 人
	KR3	实现新员工人均首月销售业绩达到 50 万元

表 9-4 呈现了该销售总监的季度 OKR。众所周知，大客户的销售表现对达成部门季度 OKR 影响巨大，而对于这些大客户而言，基层员工的影响力是有限的，销售总监邀请他们面对面地洽谈，展示公司的决心和诚意，能让代理商更充分地感受到企业对他们的尊重和信赖，从而与企业同心协力，就销售目标达成一致。同样，让新员工快速适应新的工作并做出成绩，对部门整体的业绩水平、团队的稳定发展、新员工信心和能力的提升都非常重要。在这方面，销售总监无疑也是最具推动力的人，他有能力协调人力资源部、营销部、客服部等相关部门给予充分的支持，对新员工开展系统培训。他陪同新员工对代理商进行随访，会让代理商快速建立起对新员工的信任，这不仅会赋予新员工强大的信心和动力，而且也能通过

对新员工的深入了解实施有针对性的辅导，让他们快速提升自己的销售技能。

上面的两张表展示了部门负责人个人 OKR 与组织 OKR 之间的关系，显而易见，根据组织目标设置个人目标，并将个人目标与组织目标相结合，对组织绩效的促进作用更显著。这个规律已被组织行为学家的研究证实，它适用于任何组织。比如一支部队的司令员自然应当承担战斗胜败的责任，但他个人的目标并非全局的胜负，而是做出正确的判断和部署，及时调配资源。

当个人的目标与组织的目标紧密结合时，将激发出人们的双重动机，他们会将自己的成长与组织的进步紧密联系起来，与组织结成命运共同体，产生更强的归属感；他们也会更充分地感知到自己工作的意义和价值，更珍惜组织所赋予的使命。

团队负责人基于组织目标设定个人的 OKR，为团队成员树立了榜样，能够消除部分成员内心的疑惑，弥合可能存在的分歧，大大增强团队成员对组织目标的共识；上级以身作则所产生的巨大牵引力，将引领人们保持奋进的状态，全心投入，杜绝懈怠，展现出更强的责任感。

目标的层次

组织结构是依据企业的目标设计的，是为了高效地整合企业的各项资源，实现组织绩效的最大化。通俗地说，就是在人员有限的情况下，通过调整人们的协作关系和方式，提高团队整体的执行力和战斗力。组织的任何工作都要通过组织结构运行，组织的任何目标也是经由组织结构实现的，因此，组织的层次实质上也体现了目标的层次。

我们可以简单地将企业的目标划分为三个层次：公司目标、部门目标、个人目标（见表 9-5）。

表 9-5 目标的层次

	组织目标	个人目标
公司层	公司年度战略 OKR 公司季度 OKR	CEO 季度 OKR 高管季度 OKR
部门层	部门年度 OKR 部门季度 OKR	部门负责人季度 OKR
个人	N/A	员工个人季度 OKR

公司目标的主体

在表 9-2 中，我们提供了一个思考公司目标的框架，企业可以从对组织战略的推动作用、对核心竞争力的支持作用、成本效益最大化原则三个角度着手，制定公司的目标。公司的 CEO 和高管应当以公司目标为中心制定个人的目标，并将其与公司目标结合起来。

值得注意的是，公司的目标往往不可能由某个部门独立完成，它通常需要多部门的通力合作。也就是说，将由多个部门对这个目标负责。我们经常听到这样的说法："责任除以二，等于零。"许多管理者也将责任的唯一性奉为圭臬。面对多部门负责的情况，通常的做法是将这些部门的共同上级作为责任人，或者，由参与程度最高的部门负责，并授予其统筹协调的权力。

以某公司季度 OKR 为例（见表 9-6），如果坚持责任归属的唯一性，那么"大幅提升市场占有率"的目标应当由设计部、营销部和销售部的共同上级，也就是总经理负责。或者，确定由其中某个部门的领导负责，同时授予其相应的权力。

表 9-6 某公司季度 OKR

O		大幅提升市场占有率
KR	KR1	3 大类产品外观创新（设计部）
	KR2	终端转化率提升 20%（营销部）
	KR3	确保目标经销商签约率达到 60%（销售部）

这样一来，凡是需要部门协作的事情，责任都需要由总经理承担，那么所有的公司层目标的责任人都成了总经理，总经理必然陷于事务、疲于应付，无暇进行战略性思考。如果由某个部门的负责人承担总体责任，事实上，相当于委任了一位"项目经理"。这位"项目经理"手中被赋予的权力，反而让他进退两难。如果运用权力、严格要求，他会担心项目结束后与其他部门的合作是否还会顺畅；如果采取怀柔政策，影响了目标达成，他又会觉得让自己一个人承担责任不公平。

我们认为，责任是否存在与责任人的数量没有必然联系，责任除以二不应该等于零，也不能等于零。无论是民法还是刑法在我们社会生活中的实践，都充分证明了这一点。管理者之所以存在对共同责任的顾虑，是源于对责任划分不清所导致的冲突的恐惧。

对公司层目标而言，责任者理应是 CEO，但现实中，这样的目标并不在少数，全部交给 CEO 并非理性的选择。因为，CEO 的精力不足以保证能对这些目标有充分的投入，交由 CEO 只是表面上符合了组织原则，但实质上却是不负责任的。

我们建议，为公司层的每一个 OKR，分别任命一位"推动官"。这位"推动官"可以从 CEO、分管此类业务的高管或承担某项 KR 的部门负责人中选择。"推动官"并不是唯一的责任人，但是他应当在完成自己 KR 的同时，成为此项 OKR 的组织者、跟踪者、协调者。就表 9-6 的例子来说，销售部经理比较适合担任"大幅提升市场占有率"的"推动官"，因为经销商的签约率对市场占有率的影响最直接，而且，产品外观的创新与整合营销传播的推广也在促进经销商签约率的提升。从承担责任的角度来看，这里并不存在责任划分的障碍，每个部门都通过完成自己的 KR，对公司的 OKR 承担责任，这些部门的负责人就是 KR 的唯一责任人。

部门目标的主体

部门目标的来源有两个方面。

一是来自与公司目标的联结，以表9-6为例，销售部承担了公司OKR中的"KR3：确保目标经销商签约率达到60%"，他们据此设定的部门目标是"达成史上最高的经销商签约率"。

二是来自部门强化自身职能、发展专业竞争力、增加对公司贡献度的主动探索和积极创新，包括优化流程、修订制度、专业的提升、人才的储备和培育、技术创新、产品研发、工艺革新、活动策划、协作支持等。例如产品部门对供应链的优化，研发部门对新技术的应用，财务部门对提升存货周转率的努力，人力资源部门为提高人均产值研究制订方案，销售部门对销售流程和销售组织的改革等。

由于部门的职能相对专业、工作相对聚焦，部门的OKR一般应由部门负责人承担。在这种情况下，部门负责人实质上会就同一个部门的目标承担两个OKR，如表9-3和表9-4所示，销售总监既要承担销售部"实现销售收入翻一番"的季度OKR，又要负责个人"大幅提升大客户的销售业绩"的季度OKR。

有的部门业务复杂、团队规模大，在部门负责人没有足够精力顾及时，可以参照公司层OKR任命"推动官"的做法，为某一特定的OKR任命一名"推动官"。在制定技术创新、产品研发等专业性较强的OKR时，部门也可以任命内部资深的专家担任"推动官"。

第三节　制定目标的流程

"制定目标"的意义

"制定目标"是目标管理的第一步，对之后目标的实施影响重大。然而，人们往往习惯于将大部分甚至全部的精力投入到目标实施当中，对关键的制定目标不以为意。

俗话说："万丈高楼平地起"，制定目标的过程并非仅仅是确定"要盖楼"这件事而已，还包括了对工程的规划和设计。这是一个为整个工程绘制蓝图、建立标准、奠定基础的过程。缺乏系统的规划和严谨的设计，大干快上运动式的施工，后果不堪设想。

长期以来，制定目标只是少数领导的案头工作，上级只是将自己设定的目标分解成任务布置给下级执行。他们认为，"一流的执行"比"一流的计划"更重要。事实上，没有一流的计划，就不可能有一流的执行。可能有人会质疑我的这个观点，因为确实有成功的案例证明，以一流执行力实施的二流计划取得过非凡的成效。但我认为，我们应当保持理性，这种案例必定是偶然的，因为没有人会愿意将自己的努力长期投入到二流的计划之中。况且，绝大多数情况下，二流的计划不可能引发一流的执行力。犹如一张潦草的图纸，不可能实现精益生产的效能。

当然，也许决策者们并不担心他们的决策质量，毕竟他们所掌握的信息是最全面的，他们更希望的是能够快速做出决定，让团队快速执行。但是，当员工只是被动接受一项项具体的任务时，就犹如在大海中航行的水手被要求拼命地划桨，他们却不知道此行的方向，也不知道抵达彼岸的意义。很难想象，他们的力量能持续多久；如果遇到风暴，他们的内心还会不会有足够的动力。我们在为企业提供咨询服务的过程中，常常会对团队进行调研，令人惊讶的是，大多数员工并不知道企业的目标是什么。这种现象不仅仅出现在基层员工中间，在管理层中也屡见不鲜。很多管理者不知道完整的组织目标为何物，他们仅仅知道自己分管部门的目标，只能描述一些企业目标的片段。试想，如果这种现象出现在一支军队中，将会多么可怕。

约翰·杜尔说："OKR是确保将整个组织的力量都聚焦于完成对所有

人都同样重要的事项上的一套管理方法。"OKR 强调自下而上地制定目标，让员工广泛参与，这种参与首先可以保证让所有人知道集体的目标是什么，什么事情对团队是最重要的，自己做哪些事会得到肯定和鼓励。

广泛的参与会让员工感受到尊重和信任，唤醒他们天生就具备的主人翁意识，当他们发现自己可以对集体产生更大的影响力时，会自然而然焕发出热情，主动运用自己独特的创造力。这种积极创造的过程，会带给他们创业的兴奋和幸福感。

帕蒂·麦考德在《奈飞文化手册》中写道："员工需要从高层管理者的视角看事物，以便感受到自己与所有层级、所有部门都必须解决的问题有真正的联系，这样公司才能发现每个环节上的问题，并采取有效行动。"自下而上制定目标的实践，正是培养员工从全局出发思考组织目标和自身工作的过程。

通过彼此智慧的碰撞，员工对自己工作的价值将有更深刻的理解，更加明确提升绩效的方向和手段；他们会自然而然地相互依赖，为接下来的目标实施建立良好的人际关系。而这一切，都会赋予他们信心和动力，让他们追求更有意义的工作，确立更有挑战性的目标。

可以肯定，这种自下而上的努力，会很快提升员工的大局观和业务能力。他们对一线业务的理解和对市场的判断将为组织制定目标提供有力的依据，进而避免领导层感性、随机的决策。

制定目标的原则

如果说 OKR 中的 O（目标）是方向，那么 KR（关键结果）就是方法。最理想的情况莫过于团队可以自己制定 OKR，也就是既能识别方向，又能掌握工作方法。打造出一支这样的团队无异于拥有一支特种部队，这是我们的理想；但如果一开始就要求团队像特种部队一样去独立执行任务，未免过于理想化。

现实中，任何组织都不可能完全由团队独立制定目标。OKR 推崇的自下而上，本质上是为了实现上下级之间就目标进行充分沟通。这种沟通的方式和程度，应该由企业根据自己的业务特点和员工的实际能力决定。随着组织的进步和员工的成长，企业可以逐步优化制定目标的程序。

针对大多数中小企业，在 OKR 导入初期，我们提出了一些原则性的建议（见表 9-7）。

1. 上级的 OKR，下级要参与制定。比如公司层的 OKR 要由部门负责人共同制定，部门 OKR 要集中部门员工的智慧。

2. 联结上级目标的 OKR，由下级制定，上级决定。比如部门在承接公司 OKR 时所制定的部门层 OKR，由部门组织制定，但要由公司核准，以便全面统筹、确保公司 OKR 的达成；个人在承接部门 OKR 任务时，所制定的个人 OKR 应由部门负责人核准，以保证部门 OKR 的实现。

3. 基于自身成长的 OKR，下级自行制定，上级辅导。比如部门基于自身队伍建设和技术创新所做的尝试，应该给予下级充分的自主空间，尊重部门集体的智慧，上级仅仅提供辅导建议，而不武断干涉；员工为提升自己的工作技能设定的 OKR，应当由员工个人决定，部门负责人给予有针对性的辅导。

当然，还有一种情况，当下级的成长性 OKR 需要动用大量的公司资源或将对公司造成较大影响时，该 OKR 应当由上级决定，比如新产品的研发、关键流程的调整等。不过，通常这些 OKR 也会转变为公司的 OKR。

表 9-7　制定目标的原则

	联结上级的目标	自身发展的目标
公司层 OKR	N/A	管理层参与，决策层决定
部门层 OKR	部门制定，决策层核准	部门制定，上级辅导
个人 OKR	个人制定，部门负责人核准	个人制定，上级辅导

制定公司季度 OKR

公司季度 OKR 可以通过"管理人员共创会"制定并发布（其流程参见表 9-8）。

对于业务复杂、多元且管理层人数较多的企业，也可以事先按照"共创会"的方式进行分组讨论，然后再选出代表参加公司级"共创会"。

企业也可以运用问卷调查、在线投票的方式，发动更大范围的员工广泛参与，凝聚更多人的智慧和力量。

表 9-8　共创会的会议流程

会议目的	制定公司下一季度 OKR	
参会人员	CEO、OKR 委员会成员、一级部门负责人（可以扩大至二级部门负责人）	
主持人	OKR 首席指挥官或其他 OKR 委员会成员	
会议流程		
负责人	目的	关键步骤
主持人	明确会议目的	1. 陈述会议目的和议程 2. 宣布会议纪律
CEO	奠定基调	1. 回顾公司年度战略 OKR 2. 本季度公司 OKR 的完成情况 3. 对下一季度的展望
主持人或 OKR 专家	培训	季度目标的思考框架
主持人	组织目标共创	1. 组织每个人将目标写在便笺纸上，每人不超过 3 个目标（1 张便笺纸上写 1 个目标，CEO 要参与） 2. 把写好目标的便笺纸贴在白板上，将同类目标列为一列（此时，纵列的数量越多表明意见越分散，单列内便笺越多说明意见越集中） 3. 请每个人逐一陈述自己的思考（如果人数较多，以拟定的目标为顺序，就每个目标，邀请一位持相同意见的代表陈述理由，其他人可以补充，CEO 不发言） 4. 组织第一轮投票，选出 3 个目标（CEO 不参与） 5. 如参会者对投票结果有异议，组织讨论（CEO 可参与） 6. 组织第二轮投票，确定目标，并决定目标的优先级
CEO	明确意义	肯定目标的价值
主持人或 OKR 专家	培训	思考关键结果的策略和方法

（续）

会议流程		
负责人	**目的**	**关键步骤**
主持人或分管高管	组织共创 O1（目标 1）的 KRs（关键结果）	1. 组织每个人将 O1 的 KR 写在便笺纸上，每人不超过 3 个 KR（1 个 KR 写 1 张便笺纸） 2. 把写好 KR 的便笺纸贴在白板上，将同类目标列为一列 3. 请每个人逐一陈述自己的思考，或请一位持相同意见的代表陈述理由（CEO 不发言） 4. 组织第一轮投票，选出 5 个 KR（CEO 不参与） 5. 组织讨论，对 KR 进行精炼，确定 KR 数量（CEO 可参与） 6. 组织第二轮投票，形成结论
	组织共创 O2 的 KRs	参照上一步
	组织共创 O3 的 KRs	参照上一步
主持人	组织竞选 OKR 推动官	1. 完整呈现每一个 OKR，阐述其意义和价值 2. 明确参与竞选的资格 3. 候选人报名 4. 候选人做竞选演讲（抽签决定顺序） 5. 组织全体投票，确定 OKR 推动官（若出现并列第一的情况，可进行加时赛，赛后继续投票）
CEO	任命推动官	1. 任命获选的推动官 2. 无人参与竞选的 OKR 可以直接任命 OKR 的推动官（OKR 的工作属于某高管的分管范围的，可任命该高管；OKR 的工作与某部门业务强关联的，可任命该部门负责人）
OKR 推动官	确定 KR 经理	根据 OKR 的情况，可按以下任何一种方式确定： 1. 发出邀请（自身职能与 KR 高度匹配者，或该领域专家） 2. 组织竞选（多人均可胜任时） 3. 组织推荐（请参会人员推荐） 4. 直接任命（面向直线下级）
	任命 KR 经理	1. 任命 KR 经理 2. 确认 OKR 团队
主持人	呈现会议成果	依次呈现 OKR，并邀请相应的 OKR 团队展示风采
CEO	鼓舞士气	1. 部署相关工作 2. 鼓舞士气
主持人	会议结束	总结会议结论

制定部门季度 OKR

部门季度 OKR 依照以下程序制定后发布。

　　1. 通过部门 OKR 共创会，草拟部门 OKR（部门共创会可参照表 9-8 执行）；

　　2. 通过公司 OKR 共识会，进行 OKR 的对齐，并做相应的更新（共识会将在本书第十一章中介绍）；

　　3. 发布部门 OKR。

制定个人季度 OKR

　　个人季度 OKR 依照以下程序制定后发布：

　　1. 个人草拟 OKR；

　　2. 通过部门 OKR 共识会，进行 OKR 的对齐，并做相应的更新；

　　3. 发布个人 OKR。

创造性地设计目标制定的方式

　　自下而上不仅仅是 OKR 目标制定的原则，也是组织管理实践的理念。也就是说，我们可以在组织的各项经营管理工作中运用这一原则，充分发挥集体的智慧。在目标制定的流程方面，我们同样可以调动员工的积极性，创造性地设计适合企业特点的方式。下面列举的方式尽管不适合作为 OKR 制定的常规程序，但在适当的时机运用，将有意想不到的收获。

制定目标：双向会师

　　"双向会师"适用于公司 OKR 和部门 OKR 的制定。

　　以制定公司 OKR 为例，先由公司决策层和管理层同时分别集体制定若干 OKR（管理层制定 OKR 时决策层不参与），然后，决策层和管理层面对面展示 OKR，比较各自的优势和不足，达成共识。对部门 OKR 来说，程序是一样的，在员工和部门管理层分别集体制定 OKR 后，进行会师。

"双向会师"可以促进上下级之间的沟通，让大家迅速找到彼此在认知上存在的差距，有针对性地进行沟通和融合。需要注意的是，上级应当充分尊重下级的意见，不能因下级制定的 OKR 质量不高而表现出冷淡和敷衍，更不能对此不屑一顾、嗤之以鼻。上级要有开放的心态和包容的胸襟，不能将下级的据理力争看作对自己的威胁，相反，应当鼓励下级不断"挑战"上级。

制定目标：目标众筹

表 9-8 的共创会在一些企业被称为"众筹会"，与我们这里提到的"目标众筹"略有不同，虽然名称并不重要，但为了避免混淆，有必要在这里澄清一下。

"目标众筹"的方式可用于制定企业技术创新、产品研发等领域的部门 OKR，以及文化、影视、旅游、体育等行业的公司 OKR。

"目标众筹"是由一个部门或若干个人依据他们对市场的判断、对客户的理解、对技术的掌握，面向全公司发起的 OKR 项目。这些项目可以只是一种设想，也可以是已经通过实践具备一定基础的项目。发起人通过对 OKR 的"推销"，吸引和感召更多的人支持或参与该 OKR，进而获得公司 OKR 共创会的关注，赢得决策层的重视。

实施"目标众筹"一定要结合企业的业务特性划定范围，比如业务范围、专业范围、发起人资格等。在实际运作中，组织既要保护好发起人的热情，又要营造一种理性的创业氛围。不但要让大家理性地看待创业，不因挫折而气馁，更要让大家明白创新中最重要的是责任，要坚决杜绝耽误本职工作、一意孤行和出风头等现象。

制定目标："全民公投"

"全民公投"既可以用于公司层的 OKR，也可以用于部门层的 OKR。对业务多元、团队结构复杂的企业较为适用，尤其是在制定管理类 OKR 时。

"全民公投"并不是要全体员工在若干个 OKR 中做出判断和选择，它通常用于决定是否在某个特定的周期实施某个特定的 OKR。这样的 OKR 通常需要全体员工的理解、认同和支持，因此"公投"前的宣传和沟通就显得尤为重要。

任命 OKR 推动官或 KR 经理：OKR 招标

"OKR 招标"是在 OKR 制定之后，选择 OKR 推动官或 KR 经理的一种方式。公司可以通过对该 OKR 意义和价值的重视，以及对其提供的实质性支持等，激发员工的热情和动力，感召员工积极地"投标"。该方法既可以用于一个崭新的 OKR，也可以用于上一周期未完成的 OKR。

必须注意的是，公司应该对这些 OKR 的感召力有客观的判断和信心，要避免缺乏胜任的投标者或无人投标的窘境。

需要注意的问题

显而易见，只要履行某种程序制定 OKR，就一定会比直接下达指令更耗神费力，管理者很可能会失去耐心，无法控制自己焦虑、急迫的情绪。这种情况并不罕见，决策者必须清醒地认识到，运用 OKR 就是一项投资，一项回报最大的投资。要知道，不仅实现目标会产生价值，制定 OKR 的过程也在创造价值。一旦半途而废，企业前期的投入都将付诸东流，团队的努力也都前功尽弃。更重要的是，员工丧失了对组织的信任，几乎不可能重整旗鼓。

我观察到的另一种现象是，共创会还在坚持开，但几乎就是走过场。有位老板问我："为什么我一直诚心诚意地让员工发言，征求他们的意见，可他们就是不发言呢？"我的回答是："因为你讲得太多了！"另一个普遍的原因是，上级的自我意识太强，经常武断地否定下级。要想修复信任，需假以时日。对下级来说，他们不会听你怎么说，而会看你怎么做。深入

625

地反思自己，公开坦承自己的不足，邀请部分员工监督和帮助自己改变，调整自己的沟通方式和习惯，都会起到积极的作用。

第四节　拟定目标

拟定目标的格式

　　语言是信息的载体，是思维的工具。格式是内容的组织方式，它体现的不仅仅是表达的规则，更重要的是思考的逻辑。统一和规范的格式可以帮助人们建立共同的思维结构，避免在信息传递过程中因表达多样化而出现信息失真或产生歧义。OKR 是团队的共同语言，我们采用统一的结构可以培养团队的理性思维方式，一致的表达方式也可以让团队更高效地形成共同语言（见表 9-9）。

表 9-9　拟定目标的格式

目的	句式	示例
精炼描述	动词 + 名词	根除组织亚健康 提升成本利润率
表明程度	增加副词	大幅提升利润率 快速渗透目标市场
	增加形容词	打造最具爆炸性影响的产品 创建高绩效团队
	增加数量词	UV（独立访客）突破 1000 万 为客户提供 3 套智慧城市系统解决方案
界定对象	添加状语、定语、从句	为员工提供卓越的技术解决方案 提升对教师群体的显著影响力
界定范围		打造华中地区最有影响力的小吃连锁品牌 赢得人工智能创业大赛的胜利
明确周期		10 天交付火神山医院 5 月 30 日前完成产品测试
明确方法		运用新技术，提升用户界面的交互友好性 优化作业流程，提升人均产值
明确要求		以有限的投入获得优质客户的线索 在确保产量的前提下，完成设备改造

描述目标的技巧

动宾结构

如表 9-9 所示，OKR 中目标描述的基本结构是动词加名词。以动词开始的表达，更容易对人的心理产生影响，激发人的行动意识。

缺乏动词不仅无法体现行动，也弱化了行动所产生的贡献，比如"最尊贵的服务""质量上乘"。同样，缺乏名词，会模糊工作的对象，令人无所适从，比如"快速响应""精准测试"。

运用主动语态，将动词前置，更易于激发人的行动意愿，如"降低员工流失率"就比"使员工流失率降低"更好。当然，语态和动词的位置并无一定之规，首先要确保的是语句通顺、易于理解。

鼓舞人心

"只有能激发人们追求卓越的渴望的目标，才能称得上真正的目标。"沃特克在《OKR 工作法》中一语道破了 OKR 的真谛。目标要在挑战性与可实现性之间取得平衡，一个能够让人产生冲动去挑战自己的潜能，并对自己的行动能力（而非结果）有信心的目标就是最好的目标。这样的目标通常是人们从未做过的，因为没有 100% 的把握，所以会令人有些不舒服；但人们愿意为之拼搏，因为这是一件有意义的事情，而且他们有七成的把握，绝对值得一试。

鼓舞士气就是要燃起斗志，有时运用一些"简单粗暴"的词语，更接地气，更容易激发共鸣，比如挑战、搞定、拿下、干掉、颠覆、摧毁、根除、重建、再造、突破等。

定性

目标是一种定性描述，重点在于指明前行的方向，展示工作的意义，它不严格要求明确界定目标实现的程度。其目的在于，让人们将注意力聚焦在工作的价值和贡献上，而不是传统绩效考核的指标上，从而促使团队基于目标主动思考应该采取的行动以及贡献程度，并将其体现在每个目标的关键结果之中。

当然，这并不是说，目标的描述不能包含数字，更不意味着排斥财务指标。比如今年营业额是 1 亿元、明年目标是 2 亿元。而且，对员工而言，"营业额翻一番"与"营业额 2 亿元"并无实质性的区别，也不可能在心理感受上产生明显的差异。

另一种情况是，尽管更大的数字是普遍的追求，但现实中，仍有相当数量的企业会希望将数字控制在适中的水平，如表 9-9 中的"UV（独立访客）突破 1000 万"和"3 套智慧城市系统解决方案"，就是企业在当期追求的最佳状态。

匹配周期

目标的可实现性是指目标在一个特定周期内要具备达成的可能性，并非指在无限的未来能够实现的可能性，因此所撰写的目标要与 OKR 的周期相匹配。

对于持续几个周期的项目而言，可以对目标进行分解，确定当期的成果，比如将"成功实现设备升级改造"调整为"完成设备选型"。

简洁且明确

目标就是行动纲领，应尽可能简洁，让人易于理解和记忆。"在保障客户满意度的前提下，积极采取丰富多样的促销手段，增加销售收入，扩大市场份额"，这样繁复的描述限制了员工创造性的思考，也很容易使目标变得模糊不清，让员工无所适从。将其调整为"扩大市场份额"更有利于员工的努力聚焦，至于实现目标的方法，可以在关键结果中体现。

在力求简洁的同时，也要避免笼统、歧义，比如"提升客户价值"，是指客户对企业的贡献还是指客户从企业的产品和服务中得到的满足，价值是指绝对数量的增加还是对性价比的衡量，是功能性价值还是情感性价值，是当期的收益还是长期的影响，等等。相对而言，"提高客户利润贡献度"或"提高客户满意度"更清晰明了。

此外，目标就是方向，要精准地定义，避免因误解产生不必要甚至错误的行动。表 9-9 中对目标范围、周期、方法、要求的描述虽然增加了词句，但对指引人们的思考和行动来说，却是非常必要的。比如实现"提升人均产值"的目标有很多种途径，如优化人员结构、调整激励政策等，而表中的"优化作业流程，提升人均产值"就使得目标的定义更精准，人们的行动方向更明确。

明确目标的优先级

我们常常会听到这样的话："如果所有事情都同等重要，就意味着它们也同等不重要。"在 OKR 实施中，每个人都会有多个目标，其中有的是源于与公司 OKR 的联结，有的是源于与部门 OKR 的联结，有的是个人基于岗位和自身发展而设置的 OKR。在同一个周期内，面对多个目标，不可能做到同步聚焦，也不应该平均分配时间和精力，因此为目标设置优先级，首先确保最重要的目标得以实现，就显得尤为重要。

确定优先级并不困难。首先可以肯定的原则是：上级的目标高于下级的目标，集体的目标高于个人的目标。依据这项原则，我们只需要将目标的来源标注出来，然后依照公司目标、部门目标、个人目标的顺序自上而下进行排列即可。而对于同一层次的不同目标，其重要性在团队共创会中已经明确，同样将其按重要程度自上而下排列即可。如表 9-10 所示。

表 9-10 个人 OKR 制定表（例）

部门：客服部　　　　　　　　姓名：李四　　　　　　　　周期：2019 Q2

目标 O	关联	信心指数	关键结果 KRs	完成日期
O1	公司 O2 KR3	4	KR1	
			KR2	
			KR3	
			KR4	
O2	本部门 O1	3	KR1	
			KR2	
			KR3	
			KR4	
O3	营销部 O3 KR2	3	KR1	
			KR2	
			KR3	
			KR4	
O4	张三 O2	3	KR1	
			KR2	
			KR3	
			KR4	

明确目标的信心指数

对个人而言，OKR 是一项个人效率管理工具。它与考核没有任何关联，消除了员工对组织评价的顾虑，从而使其更加积极进取地制定具有挑战性的目标。在设定目标时，标注信心指数，表明了自己对个人能力、组织资源、目标挑战性的判断。信心指数向上级和协作方传递了信号，可以使他们有针对性地给予辅导和支持，也有利于对目标进度的跟踪。

信心指数可以采用 5 分制，5 分表示"信心满满，唾手可得"，1 分表示"大胆尝试，毫无把握"。在导入 OKR 的初期，针对公司目标的信心指数为 4 分较合理，针对部门发展目标和个人成长目标的信心指数为 3 分较合理。随着 OKR 实施的深入，团队会找到自我激励完成挑战目标的方法。

必须引起高度重视的是，原则上，每个人的 OKR 不要超过 3 个。聚焦无论对个人还是组织都同样重要，尤其是在 OKR 导入的初期。显而易见，在资源不变的情况下，挑战性的目标越多，人们的信心指数就越低。

目标的类型

谷歌将 OKR 分为承诺型和愿景型两种。承诺型 OKR 是指必须要实现的 OKR，是团队必须调整工作时间和资源配置确保达成的 OKR。愿景型 OKR 是指人们对创新和发展的探索，资源不一定充足，因此允许失败的 OKR。

这种分类方式，科技型创业公司可以借鉴。但对大多数传统行业的中小企业来说，我不建议采用。理由是：创新并非这类企业最核心的驱动因素，企业的业务相对比较稳定，团队中承担创新职能和具备创新能力的毕竟是少数，愿景型 OKR 可实现性差，失去了 OKR 的意义。在这种情况下，能够运用 OKR 实现全员的聚焦、提高员工的工作能力、提升团队的协作水平、激发员工的内在动机、塑造主动负责的文化就已经是非常可喜的进步了。

此外，由于人们的心理惯性，一旦区分了承诺型、愿景型，人们必然将精力投入承诺型 OKR 中，忽略愿景型 OKR。当然，我们期待通过 OKR 的实施，激发出更多人的成长动机，像谷歌的工程师们一样，不断设置更有挑战性的 OKR。当这些 OKR 能够实质性地推动企业进步时，它就会演变为企业的承诺型 OKR，调动组织的资源达成目标。

关于个人目标

个人目标包括岗位工作目标和个人成长目标。本书第七章中鼓励个人运用 OKR，目的是促进员工用 OKR 的逻辑思考工作与个人发展，并将其内化为自己的思维习惯和行为习惯。纳入表 9-10 的应为岗位工作目标，个人生活、学习方面的目标应与岗位工作目标分开管理。我听过这样一种说法：为了调动员工的积极性，在个人的 OKR 中，60% 应当是上级制定的目标，40% 应当是员工个人制定的目标。如果这里所说的个人目标是指个人学习、生活的目标，我是无法认同的。因为 OKR 毕竟是组织的一种目标管理工具，如果在其中包含与组织发展没有直接关联的内容，不仅会影响效率，增加管理成本，而且一定会造成混乱。

第十章

制定关键结果

目标能够明确方向并且鼓舞人心，而关键结果更接地气且可衡量。关键结果是实现目标的根本保证，也是OKR能否产生实效的前提。如果说目标制定更多体现的是理想，那么关键结果的制定更需要的是理性。逻辑思维和规范操作是制定关键结果的必要条件。

第一节　思考关键结果

目标能够明确方向并鼓舞人心，而关键结果则需更接地气且具有指导性。如果说目标制定更多体现的是理想，那么关键结果的制定更需要的是理性。关键结果是达成目标的方法和途径，直接决定了目标实现的程度；它也是衡量目标是否已经实现的依据，直接影响着我们对最终成果的判断。

选择了不良的关键结果，就像选错了路径、用错了方法，会将团队引入歧途，使人们徒劳无功；而错误的关键结果，将导致南辕北辙，前功尽弃。可以说，制定高质量的关键结果是实现目标的根本保证，也是让OKR发挥实效的必要前提。

然而，我深刻地感受到，制定关键结果是企业在实践 OKR 过程中最有挑战性的工作，是让管理者最困惑、最苦恼、最头痛、最不知所措的环节。令人吃惊的是，这些困扰不仅仅发生在基层员工和一般管理者的身上，对企业的高管甚至创始人来说，也非常普遍。

联结而非分解

一个普遍的原因是，管理者长期以来固化的分解思维。他们习惯于将指标层层下达，而往往忽视了影响成功的因素和达成目标的方法。以销售工作为例，管理者通常会按照市场区域或产品品类将指标分解后下达（见表 10-1），然后通过监控和奖惩来推动相关工作，至于达成销售目标的方法，只能依赖团队各显神通。

表 10-1　某销售公司的 OKR

	O	实现销售收入 1 亿元的小目标
KR	KR1	华南市场实现销售收入 4000 万元
	KR2	华东市场实现销售收入 3000 万元
	KR3	华北市场实现销售收入 3000 万元

表 10-1 看起来如此熟悉，可能大家觉得并无不妥。我们不妨再举个例子（见表 10-2），对比一下，应该不难发现这种分解思维的问题。从衡量目标是否达到的角度来看，所有 KR 的实现必然意味着目标的实现。然而，表 10-1 中的 KR 完全没有反映达成目标的方法，显然会令人忐忑不安。

表 10-2　某医生的 OKR

	O	治愈所有病人（病人 A、B、C）
KR	KR1	治愈 A 病人
	KR2	治愈 B 病人
	KR3	治愈 C 病人

分解的方法本无可厚非，但是仅仅依靠分解，远远不足以支撑目标的达成。始终紧盯目标并不能帮助我们达成目标，也不意味着自己的"目标

意识"强，因为分解的假设前提是每个 KR 都可以实现。但事实上，如何实现目标才是 KR 真正的价值所在。我们要的是目标管理，而不是指标管理。思考关键结果首先要避免简单分解的思维，要运用逻辑找到关键结果与目标之间的因果关系，用这种因果关系将目标与关键结果进行联结。目标与关键结果的有效联结将决定团队努力的价值，决定 OKR 的成败。

思考策略

思考关键结果与目标之间的因果关系，要从两个角度依次思考，一是充分条件，二是关键驱动因素。

充分条件

充分条件表明了必然性，当关键结果是实现目标的充分条件时，若关键结果达成，则目标必然达成。举例说明：如果企业的目标是"增加 1000 万元利润"，那么"增加 700 万元收入"和"减少 300 万元成本"这两个关键结果就是充分条件。一谈到利润，我们都知道要"开源节流"。但如果关键结果只有"增加 1000 万元收入"一项，就不能确保增加 1000 万元的利润，因为我们无法确定支出会不会随着收入的增加而提高。

这个例子很简单地说明了充分条件的意义。不言而喻，如果我们能够让每一个目标的关键结果都成为实现目标的充分条件，那么一切目标都可以实现。这理应是我们思考关键结果的出发点，但在实践中，绝大多数目标的充分条件却并没有这么容易清晰地显现出来。MECE 分析法可以为我们提供帮助。

MECE 是由麦肯锡顾问创造的分析方法，是"Mutually Exclusive, Collectively Exhaustive"的首字母缩写，意思是"相互独立，完全穷尽"。它有两条原则：一是完整性，指分析过程中不要漏掉任何一项要素，要保证完整；二是独立性，强调了每项要素之间要独立，不能有交叉或重叠。企业可以在团队共创会中采用鱼骨图的方法进行分析，也可以通过头脑风暴寻求答案。

关键驱动因素

找到实现目标的充分条件是一项巨大的进步，可以给团队带来信心。不过，还有另一个挑战，就是在这些充分条件中选出对目标最具有驱动力的因素。可能会有人提出疑问，为什么不直接把这些充分条件一一列为关键结果。原因在于，在实际工作中，像"开源节流增加利润"这样的案例少之又少，绝大多数目标的充分条件很多。换句话说，就是影响目标实现的因素非常复杂。比如"提高客户满意度"这个目标，其充分条件就包括产品外观、产品可靠性、制作材料、工艺水平、产品价格、交货及时性、品牌价值、服务质量、响应效率、客户体验等方面的措施。显而易见，要想罗列所有的充分条件不难，难的是全面执行。

OKR 强调聚焦，不仅限制目标的数量，同样也限制关键结果的数量。一般来说，每个目标联结 2 ～ 5 个关键结果是合理的。只有 1 个关键结果，事实上就是目标的量化表达，失去了指导行动的意义。关键结果超过 5 个，则必然导致团队不聚焦。

在所有条件中识别核心驱动要素，需要综合行业特性、业务特点、客户关系、企业战略、发展阶段、运营资源、团队能力等多方面因素进行研究，本书第三章中"宜佰家居"和"美辰医疗"的案例，可供读者参考。

联结方法

联结目标和关键结果的方法有：业务逻辑、必备支柱、重要砝码、项目节点。这些方法从不同角度体现了关键结果与目标之间的因果关系，而因果关系正是企业运行的基本逻辑。OKR 的逻辑要求每个人都能够理性、严谨地对自身业务进行系统、深刻和透彻的思考，从而逐步加深对业务的理解，掌握业务运行的规律。

业务逻辑

业务逻辑就是业务运行的客观规律，它反映了企业价值实现的流程，体现了实现目标的关键驱动因素。关键驱动因素与目标高度正相关，就是说，关键驱动因素表现得越好，目标的实现程度就越高；关键驱动因素全部实现，目标就会全面达成。运用业务逻辑设置关键结果，就是要追求目标达成的必然性，在实际操作中，就是要找到实现目标的充分条件。

举例来说，营业收入的基本逻辑是：营业收入 = 流量 × 转化率 × 客单价 × 复购率。其中任何一个因素得到提高，都会带来营业收入的提升；显然，如果所有的因素都能得到改善，营业收入翻一番的目标就会有更大的可能性。

若设定的营业收入的关键结果如表 10-3 所示，则有：流量 1.15× 转化率 1.30× 客单价 1.20× 复购率 1.12 = 2.01。如果关键结果全部实现，则营业收入翻一番的目标自然达成。

表 10-3　提高营业收入

O		实现营业收入翻一番的目标
KR	KR1	流量提升 15%
	KR2	转化率提升 30%
	KR3	客单价提升 20%
	KR4	复购率提升 12%

再如，对于"大幅提高生产率"这个目标，我们可以从全面质量管理五要素（即人、机、料、法、环）中找到实现的逻辑。人员、机器设备、原材料、工艺技术、作业环境就是提升生产率的关键驱动因素，这些要素得到全面改善，就是提高生产率的充分条件。

表 10-4　提高生产效率

O		大幅提高生产率
KR	KR1	实现操作技能考核达标率 100%
	KR2	完成生产线的全自动化改造
	KR3	主材不良率降低 30%
	KR4	优化作业流程，实现 100% 标准化
	KR5	导入 5S 现场管理法

必备支柱

必备支柱是指实现目标的必要条件，是对目标必不可少的支撑。根据业务逻辑制定的关键结果，只要有一项得以实现，就会对目标产生促进作用。而依据必备条件设置的关键结果，缺一不可，只要有一项不满足，目标就一定不会达成，如表 10-5 和表 10-6 所示。因此，必备支柱通常也是实现目标最基本和最重要的因素。

<table>
<tr><td colspan="2" align="center">表 10-5　工程项目设计</td></tr>
<tr><td colspan="2">O</td><td>完成某度假村设计</td></tr>
<tr><td rowspan="4">KR</td><td>KR1</td><td>完成概念设计</td></tr>
<tr><td>KR2</td><td>完成规划设计</td></tr>
<tr><td>KR3</td><td>完成全部单体建筑设计</td></tr>
<tr><td>KR4</td><td>完成景观设计</td></tr>
</table>

表 10-5　工程项目设计

O		完成某度假村设计
KR	KR1	完成概念设计
	KR2	完成规划设计
	KR3	完成全部单体建筑设计
	KR4	完成景观设计

表 10-6　动画片前期策划

O		完成某动画片前期策划
KR	KR1	完成 3 集剧本
	KR2	完成 2 集分镜头台本
	KR3	完成 1 集样片

重要砝码

依据重要砝码设置的关键结果既不是目标实现的充分条件，也不是必要条件。但是，重要砝码是对目标影响力最大的因素，依据二八原则，当组织将资源聚焦投入后，这些重要砝码将产生巨大的撬动作用，形成带动性的影响，如表 10-7 和表 10-8 所示。

表 10-7　手机研发

O		打造爆款智能商务手机
KR	KR1	充电效率提升 50%
	KR2	待机时间提升 100%
	KR3	存储空间增加至 1T
	KR4	实现 4 项远程操控功能

表 10-8　智能外教系统推广

O		显著提升对小学生的影响力
KR	KR1	活跃学生数量达到 100 万
	KR2	新增用户 20 万
	KR3	NPS（净推荐值）达到 50%

项目节点

项目节点是目标实施过程中的里程碑，是各个任务阶段的连接点。对于关键路径清晰、活动序列明确、实操方法标准的工作，可以运用项目节点的逻辑制定关键结果，以确保资源的有效利用，实现品质、进度、成本的平衡。

运用项目节点制定的关键结果应当是目标达成的充分必要条件，也就是说，只要关键结果全部完成，目标就可达成，同时，只有关键结果全部完成，目标才可以实现。我们也可以理解为，只要目标达成了，所有的关键结果必然已经完成。

依据项目节点制定的关键结果要根据项目的实施路径排序，一般来说，第一个关键结果的实现是执行第二个关键结果的前提，如表 10-9 和表 10-10 所示。这种方法可以运用于 IT 开发、产品研发、工程设计、建筑施工、金融投资、管理咨询、活动策划、会议组织等领域。

值得注意的是，项目节点事实上是业务逻辑的一种呈现方式，很多项目在实施过程中往往会对各个环节的进度进行调整，这些调整是为了敏捷地适应变化，保证目标的实现。

表 10-9　导入 OKR

O		成功导入 OKR
KR	KR1	11 月 30 日前，聘请专业顾问完成管理诊断和 OKR 系统设计
	KR2	12 月 31 日前，完成全员分层培训
	KR3	12 月 31 日前，完成公司年度战略 OKR 的制定
	KR4	1 月 31 日前，完成研发、营销、管理等部门的 OKR 及各岗位的 OKR 制定，并发布

表 10-10　电影摄制

O		顺利交付某电影
KR	KR1	7 月 31 日前，完成前期策划
	KR2	8 月 31 日前，完成建组和各项筹备工作
	KR3	10 月 30 日前，完成中期摄制
	KR4	11 月 30 日前，完成剪辑、特效、合成等全部后期工作

选择最具推动力的联结方法

每一种联结关键结果和目标的方法，都有与其相适应的广泛的应用场景（见表 10-11）。换个角度看，大部分目标，都可以用多种方法实现与关键结果的联结。企业可以根据实际情况，灵活地运用，实践中也不妨用多种方法尝试不同的联结，比较一下，看哪一种更有利于激发团队的热情，哪一种对执行目标更具有实质性的指导价值，哪一种对目标的促进作用最大。

相对来说，我推荐优先使用业务逻辑的方法，因为这是实现目标的充分条件，可以最大程度确保目标的达成；同时，不断地运用业务逻辑，能够让团队更快地建立起共同语言，更快地获得业务能力的提升。

表 10-11　目标与关键结果的联结方法

联结方法	特征
业务逻辑	充分条件
必备支柱	必要条件
重要砝码	关键驱动因素，非充分条件，非必要条件
项目节点	充分必要条件，活动序列明确

常见问题

思考关键结果时，常常出现一些逻辑错误，主要表现为：因果倒置、循环论证、以偏概全、自相矛盾、忽视阴暗面等。在制定过程中，应当对照这些问题进行检查。

因果倒置

目标是"果"，关键结果为"因"。如果将因果倒置，目标必然落空。在表 10-12 的例子中，UV、PV 以及在线咨询比例的提升并不会使网站的体验性变得更好，反而是网站优化可能导致这些 KR 的实现。

表 10-12　某公司营销中心的 OKR

	O	优化公司网站的浏览体验
KR	KR1	将 UV（独立访客）提升 30%
	KR2	将 PV（页面浏览量）提升 50%
	KR3	将在线咨询比例提升 10%

循环论证（或同语反复）

用不同的语言描述目标与关键结果，事实上只是相互证明，无法促成任何行动。在表 10-13 的例子中，KR1"将到店客户的购买率提高 10%"实际就是提升成交转化率，对目标没有任何推动价值。

表 10-13　某医疗美容机构运营部门的 OKR

	O	大幅提升成交转化率
KR	KR1	将到店客户的购买率提高 10%
	KR2	通过终端促销活动，提供 5% 的价格优惠
	KR3	提高流量精度，排除 20% 的无效客户

以偏概全

以偏概全往往发生在那些经验丰富的管理者和业务人员身上，他们常常对自己的经验过度自信，单纯依赖经验或一般性规律做出判断，而忽视了对实际情况的全面了解，结果遗漏了最重要的制约因素和驱动因素。在表 10-14 的例子中，所有的关键结果都会对改善交货及时率产生积极作用，表面上看起来，实现目标的条件似乎很充分。因为根据业务流程分析，原材料到位，生产进度保证了，及时交货自然没什么问题。

不过，如果我们深入分析就会发现，可能有一些问题会严重制约目标的达成，比如生产计划与客户订单的匹配性、采购订单与生产计划的同步性、外贸物流的时效性等。

表 10-14　某外贸服装企业的 OKR

	O	彻底改善交货及时率
KR	KR1	实现采购订单按时完成率 100%
	KR2	实现生产计划完成率 100%
	KR3	压缩客户订货提前期至 15 天

自相矛盾

仅仅考虑关键结果与目标的关系并不全面，还需要注意关键结果之间是否有相互促进或相互制约的关系。高质量的关键结果，一定可以形成良性互动、相互促进的关系；而自相矛盾的关键结果，将使人们无所适从。如果这些关键结果的责任归属于不同的主体，还会导致冲突，破坏团队合作。在表 10-15 中，KR1 "增加广告投入"意味着营销费用的增加，与KR2 产生冲突，将导致营销部门与财务部门的矛盾。

表 10-15　某企业战略 OKR

O		挑战千万元利润
KR	KR1	增加广告投入，提升市场占有率至 30%
	KR2	减少营销费用，提高成本利润率 10%

忽视阴暗面

阴暗面应该说是管理者的一种无心之失，其实大多数的 KR 都有可能导致不道德的行为。有的影响比较小，可能只是带来企业成本的增加，或影响服务的质量，但有的则会直接导致目标无法实现。在表 10-16 中，客户愿意重复购买、愿意为企业介绍新的客户，的确可以证明客户的满意度。然而，无法排除一些业务人员，尤其是资深的业务骨干，他们可能会通过给予客户额外的利益，要求客户重复消费，也可能利用长期合作所形成的关系对客户进行情感绑架，要求转介绍新客户。这样一来，反而降低了客户的满意度。这种情况，在很多行业都相当普遍。

实际工作中的阴暗面不可能全部消除，但类似表 10-16 的案例就必须杜绝，因为这些做法不但没有支持目标达成，反而破坏了目标。解决办法是，在 KR 中明确具体要求或方法，如"调整商品陈列结构，使客户复购率增加 20%""运用生态合伙人模式，将客户转介绍率提升至 80%"。

制定关键结果的技术手段是一方面，但更值得大家重视的是，要让员工明白，"目标意识"并不是不折不扣地执行任务、不惜一切代价地达成目标，而是要始终思考目标背后的意义和价值。例如，销售工作不仅仅是在为企业创造收益，也是在为客户解决问题；管理工作不仅仅是维护秩序，也是在保障公平、体现温情；研发工作不仅仅是为了制造产品，还是为了创造未来。

表 10-16　某公司的 OKR

O	大幅提升客户满意度
KR1	客户复购率增加 20%
KR2	客户转介绍率提升至 80%

第二节　准确描述

对关键结果的描述有两方面作用，一是检验我们对关键结果的思考是否符合实际，能不能被有效地执行、客观地衡量；二是为团队提供清晰的执行框架，有利于员工更加明确和高效地工作。

描述关键结果的原则

OKR 是目标管理的工具，关键结果是衡量目标的方法，因此，在描述关键结果时，应当遵循目标管理的 SMART 原则（见图 10-1）。SMART 原则是指具体的（Specific）、可衡量的（Measurable）、可达成的（Attainable）、有相关性的（Relevant）、有时限的（Time-bound）。

具体的

"具体的"追求的是确定性，要求明确界定关键结果的对象、实施的方向以及需达到何种程度，用具体的语言清楚地说明行动的标准。避免空洞、模棱两可的描述引起歧义。

比如"缩减会议成本 30%"，可能会令人产生疑问，这里的会议成本是指单次会议的平均成本，还是当期

图 10-1　SMART 原则

所有会议的总成本？这里的会议是指企业内部的会议，还是包括了针对客户的营销类会议？就企业内部而言，是指管理类的会议，还是涵盖了以会议形式开展的各种活动？

再如"使员工流动率达到10%"，这项关键结果会令人疑惑，是要降低至10%并使其越低越好，还是维持10%的水平并保持一定的流动率？

"具体的"就是要澄清概念，要避免使用过于专业的术语，确保团队理解一致，促进无障碍的沟通。可以肯定，具有明确清晰的行动方向，是所有高绩效团队的一致特征。很多时候，导致失败的原因并非员工不够努力或能力不足，而是瞄错了靶子。

可衡量的

关键结果是衡量目标的手段，是检查和监控我们如何达到目标的标准。如果关键结果无法衡量，目标有没有达成自然就无法判断。比如，目标"快速提升营业额"的一项关键结果是"增加每日到店客户的数量"（见表10-17），这里并没有明确每天增加多少客户对提升营业额有价值，虽然大部分人都会认为进店客户越多越好，但每个人仍然会有不同的

表 10-17　不可衡量的关键结果

O	快速提升营业额
KR1	增加每日到店客户的数量

假设和结论，从而采取不同的行动。况且，我们无法排除一种可能，当进店客户的数量达到接待能力的极限时，有可能影响服务能力，导致营业额下降。

"可衡量的"意味着有标准，员工可以通过标准，理性评估当前的状态与所追求的结果之间的差距，从而客观地选择工作方法、寻求资源和支持、把握工作推进的节奏。"可衡量的"为团队提供了跟踪关键结果的手段，能够在工作实施的过程中动态地把握品质、进度和成本，及时采取适当的措施，调整工作的方法和节奏，力保结果的达成。

运用量化的方式无疑是衡量关键结果最直接、最简单、最清晰的方法，但这并非唯一的方法。有相当多的工作，无法用量化的方式制定标准，比如产品研发、活动策划、管理创新等。这类工作的结果往往是二元选择，要么完成要么没完成，没有中间地带，因此，"是"或"否"就是衡量此类关键结果的标准。不过，"是"与"否"却无法真实反映工作的实际进展，以及对目标的客观支撑。这时就需要运用OKR的评分方法，结合业务的特性，对工作结果的品质、进度进行区分性的描述。

可达成的

OKR以其自下而上、积极反馈的特征，激励人们追求挑战。但是，与目标制定的过程一样，在制定关键结果的过程中，既要追求理想，也要务实理性。

首先，"可达成的"意味着可能性。挑战性并不要求我们具备充分条件，但是制定关键结果必须符合现实，具备执行的基本条件才有实现结果的可能性。

其次，"可达成的"象征着可行性。关键结果的强度要适宜，要让人"跳起来够得着"，而不会明显让人感到力不从心，反而导致"破罐子破摔"的放弃思想。

最后，"可达成的"蕴含着可操作性，也就是说，客观上一定有实现的方法和途径。

有相关性的

关键结果所要求的相关性，表现为与目标的相关性、与责任人的相关性、关键结果之间的相关性。关于关键结果与目标的相关性，在上一节中已经做了充分的说明。关于关键结果之间的相关性，我在上一节通过表10-15所举的反例，也进行了提示。

与责任人的相关性是指对于公司层OKR和部门层OKR，其关键结果的责任主体应该明确、可追溯，要避免参与类的词汇，如帮助、支持、参与、协助等。

在实践中，大部分组织的目标都是由多个部门或不同的个体共同承担的，为共同目标而奋斗的主体，应当依据自己的职责和专长，制定与目标相联结的关键结果，独立对此关键结果承担责任。如果关键结果仍然是由多个主体共同承担的，那么应当确定一位对这项关键结果影响力最大的人作为 KR 经理。KR 经理尽管不是关键结果的唯一责任人，但他是这项关键结果的组织者、跟踪者、协调者，是这项 KR 的核心推动者。

有时限的

关键结果是支持目标实现的方法，在时间设定上应当与目标保持一致。也就是说，年度目标需要有年度的关键结果作为支撑，季度目标需要通过季度的关键结果进行衡量。这个时限，与每个层级 OKR 特定的运行周期相关。

不过，组织的部分目标可能是长期的，比如"构建健康和谐的企业文化""提升客户满意度"等，在这种情况下，将关键结果与 OKR 最基本的运行周期相匹配，对长期目标的实现会更具推动力。比如针对上述长期目标，可在某个季度周期内设定"员工自发提供合理化建议 100 条""客户人均到店次数增加 3 次"的关键结果（见表 10-18 和表 10-19）。有理由相信，员工越是能频繁地感知到进步，就越有热情和动力。

表 10-18　匹配周期的关键结果 1

O	构建健康和谐的企业文化
KR1	员工自发提供合理化建议 100 条

表 10-19　匹配周期的关键结果 2

O	提升客户满意度
KR1	客户人均到店次数增加 3 次

依据项目节点设置的关键结果都具有明确的时限，而在运用其他联结方法时，每个关键结果的完成时间不一定就是 OKR 的周期，有可能不需要一个季度。因此，应当明确每个关键结果的完成时间，使团队可以及时把控进度，合理地处理各项关键结果的协同关系。

特别提示

描述结果而非行动

实践中，将行动作为关键结果的不在少数，这是非常普遍的问题。这个问题，是对目标达成的最大的危害，也是对人们思维的最严重的干扰。例如表 10-20 将"完成 100 个核心经销商的拜访工作"，作为目标"增强经销商与公司的黏性"的关键结果。

表 10-20　以行动为关键结果

O	增强经销商与公司的黏性
KR1	完成 100 个核心经销商的拜访工作

毋庸讳言，拜访 100 个经销商是需要付出大量努力的，拜访也许会促进彼此之间的了解，拉近距离、增进感情：但拜访的行动并不能决定经销商与公司的黏性，因为同样会有竞争对手拜访这些经销商。况且，如果拜访中就某些问题产生了分歧，或者无法肯定地回应经销商的需求，很可能还会损害彼此的关系。

KR 强调的是结果，是事物发展的最终状态，是人们采取行动后产生的后果。它反映的是对目标的贡献程度。如表 10-21 所示，如果经销商与公司签订了《年度销售目标责任状》，就意味着经销商对公司有信心，已经增强了经销商与公司的黏性。进一步来看，通过签订协议展开合作，双方的黏性还会继续增强。显然，是签订的 100 份协议增强了经销商与公司的黏性，与采取什么样的行动没有直接关联。

表 10-21　以结果为关键结果

O	增强经销商与公司的黏性
KR1	与 100 个核心经销商签订《年度销售目标责任状》

必须强调，要描述结果而非行动。只有结果可以证明目标是否实现，只有结果才能让员工始终聚焦于贡献，而不是按部就班、机械地行动。

聚焦关键事项，避免罗列清单

我经常发现，人们在制定 OKR 时，将岗位职责的描述作为关键结果，也有人把即将采取的行动转化为结果一项项地罗列出来。在前文关于关键结果的思考策略中，我已经介绍了充分条件与关键驱动因素。既然被称作"关键结果"，自然不是指所有的驱动因素。要杜绝把 OKR 的设计变成职责陈述或列举工作清单的做法，要避免面面俱到、完美主义的倾向，这些都不符合 OKR 的思想，有损于精力的聚焦，无助于目标的达成。

如果能严谨地依照思考策略识别出关键驱动因素，那么与每个目标联结的关键结果极少会超过 5 个。不妨参照一下自己的 KPI，有可能这些指标就是最关键的驱动因素。

关键结果的类型

关键结果按照行动的目的和方向可分为三类：正向度量型、负向度量型、范围型。正向度量型的关键结果刺激增长，负向度量型的关键结果控制风险，范围型的关键结果保持状态。

正向度量型与负向度量型的作用力是相反的，有时相同的工作目的可以用这两种不同类型的关键结果表达，比如"减少沟通协调的任务比例，提高工作效率"，也可以表述为"提高自主执行的任务比例，提高工作效率"。可以看出，后者对人们的心理影响更为积极，也就是说，正向度量型更有利于激发动力。

用于保持状态的范围型关键结果常常被忽视。人们希望变得越来越好、发展越来越快的愿望是天经地义的，不过，并非任何指标都要无限制地去追求。从表 10-22 中可以明显发现，范围型的关键结果对企业的健康水平至关重要，与许多财务指标一样，对企业的稳健经营和长远发展意义深远，值得持续关注并付出努力。

表 10-22　关键结果的类型

	正向度量型（刺激增长）	负向度量型（控制风险）	范围型（保持状态）
数量	完成销售收入 1.5 亿元	确保游戏的良性 BUG 在 3 个以内	保持合伙人 50～70 人的规模
比率	提升利润率至 20%	控制客户流失率小于 7%	控制员工流动率 10%～15%
里程碑	11 月完成系统测试	确保 10 天赛期内无人员安全事故	二季度实现 OKR 平均分为 0.7

可以从数量、比率和里程碑的角度入手，衡量关键结果。

数量和比率的结果都需要计算，而计算必须具备两个条件：科学的公式、准确完整的数据。因此，企业应当在这方面做好相应的准备。不过，用一手数据说明问题是最好的选择，这也是我推荐大家优先使用数量衡量的原因。

另外，尽管所有的比率都可以转换为数字，但绝不应该有这种倾向。原因很简单，"离婚人数"和"离婚率"的意义不同，"利润"与"利润率"的价值也不一样。数量和比率反映的是不同的问题，对企业的经营管理有着不同的意义。

对于里程碑来说，可以用时间衡量，也可以从结果的品质方面进行描述，前提是要做到明确和具体，确保所有人对标准有一致的理解和判断。

关于权重

经常有管理者会问，关键结果要不要设置权重。提出这样的问题，多半是为了评分而未雨绸缪，显然是考核思维的惯性所致。可以肯定地说，如果为了考核而设置权重，则完全没有必要。我们必须再次强调：OKR与考核没有关联。

换个角度想想，既然目标有优先级，那么关键结果是不是也要有所区分呢？我认为，这种思考是有意义的。虽然目标的每一项关键结果都是核心要素，但它们不一定都具有同等的价值，区分它们的重要程度，可以帮助员工深入理解业务逻辑，合理分配资源和精力。

权重的应用范围

权重仅仅适用于依据"业务逻辑"和"重要砝码"与目标联结的关键结果。因为，依据"必备支柱"和"项目节点"联结的关键结果都是目标达成的必要条件，只要有一项未完成，目标就不会实现，权重也就失去了意义。

另外要注意的是，分配权重的出发点是关键结果对目标的支撑作用，而不是对资源的占用程度，或者需要团队努力的程度。在实践中，会出现这样的问题：一项对目标起到重大推动作用的关键结果并不需要团队付出超常的努力，而另一项关键结果尽管作用不及前者，却仍然需要员工勇敢挑战。这种情况下，将后者权重提高是错误的，不排除也是考核思维在作祟。要牢记，权重的意义在于明确重要性而不是投入程度。

权重的表达

我们习惯于用百分比标示权重，这当然是可行的。

在这里，我推荐一种新的方法。标示重要程度只用两个数字："1"和"2"。"2"代表关键结果对目标具有至关重要的影响力，必须拼命力保；"1"代表关键结果非常重要（见表 10-23）。

表 10-23　标示关键结果的重要程度

2	关键结果对目标具有至关重要的影响力，必须拼命力保
1	关键结果非常重要

这种方法的逻辑在于，毕竟所有的关键结果都是关键驱动要素，都很重要。我们的目的是快速识别最重要的部分，指导我们做出有针对性的行动计划，如果运用百分比可能会让人无谓地纠结于比例的分配（见表 10-24 和表 10-25）。

表 10-24　用百分比设置权重

O		打造引爆目标市场的产品外观
KR	KR1	完成 20 项新中式风格的设计（权重 50%）
	KR2	开发 20 种差异化的流行色板材（权重 30%）
	KR3	设计可独家定制的 20 种五金装饰配件（权重 20%）

表 10-25　用数字标示优先级

O		打造引爆目标市场的产品外观
KR	KR1	完成 20 项新中式风格的设计（优先级 =2）
	KR2	开发 20 种差异化的流行色板材（优先级 =1）
	KR3	设计可独家定制的 20 种五金装饰配件（优先级 =1）

标注信心指数

不仅目标要标注信心指数，关键结果也需要标注信心指数。因为，首先，关键结果本身就是一个目标；其次，上级的关键结果往往也会转化为下级的目标。

与目标一样，为关键结果标注信心指数，一方面可以表明自己对个人能力、组织资源和关键结果挑战性的判断，向上级和协作方传递信号，使他们有针对性地给予辅导和支持，也有利于在执行过程中对关键结果的跟踪。

另一方面，可以通过比对目标与关键结果的信心指数，判断所制定的 OKR 是否合理。一般来说，目标的信心指数应当与关键结果的平均水平相当，尤其是"业务逻辑"和"重要砝码"类的关键结果。如果目标的信心指数低，而关键结果信心指数高，则说明关键结果并不是充分条件或者关键驱动因素。相反，如果目标的信心指数高，而关键结果信心指数低，则说明关键结果可能偏离了目标，或者在制定 OKR 的过程中存在逻辑错误。

第三节　制定关键结果的流程

史蒂夫·乔布斯说："不要雇用聪明人，然后告诉他们去做什么；而是要让他们告诉我们，应该做什么。"就部门和个人自身发展的目标来说，应该相信他们有对自己负责的能力，由他们自己决定目标和相应的关键结果。

就联结上级的目标来说，下级的目标一定是基于公司战略自上而下设定的。但是，这些目标如何实现，也就是与这些目标相对应的关键结果，应当由员工自己制定。正如德鲁克所言："专业化员工需要严格的绩效标准和高层次的目标……，但如何开展自己的工作应该始终由他自己负责和决定。"

制定关键结果的流程

制定公司季度 OKR 的关键结果

制定公司季度 OKR 的流程，可参考第九章表 9-8。这个流程比较适用于业务单一聚焦、管理团队人数有限的组织，对于业务复杂、团队庞大的企业，并不适用。对大型组织而言，通过集体共创的方式确定目标已属不易，继续通过共创研究关键结果既不现实也无必要，当人们对彼此的业务缺乏足够的了解时，共创难免会沦为徒具形式的过场。

在公司共创会上被任命的"推动官"，可以将与目标相关的人员召集起来，通过共创会的方式制定关键结果，流程如表 10-26 所示。参会的人员可能来自"推动官"自身所在的部门，也可能来自其他部门。

表 10-26　制定关键结果的共创会流程 1

会议目的	制定关键结果	
参会人员	OKR 推动官、OKR 委员会成员、与目标关联的部门负责人或骨干成员	
会议流程		
负责人	目的	关键步骤
主持人	明确会议目的	1. 陈述会议目的和议程 2. 宣布会议纪律
OKR 推动官	奠定基调	1. 清晰地阐述目标 2. 介绍目标制定的背景和意义 3. 对目标实施的展望
OKR 专家	培训	思考关键结果的策略和方法（适用于导入初期）
主持人	组织共创 O1（目标 1）的 KRs（关键结果）	1. 组织每个人将 O1 的 KR 写在便笺纸上，每人不超过 3 个 KR（1 个 KR 写 1 张便笺纸） 2. 把写好 KR 的便笺纸贴在白板上，将同类目标列为一列 3. 请每个人逐一陈述自己的思考，或请一位持相同意见的代表陈述理由 4. 组织第一轮投票，选出 5 个 KR 5. 组织讨论，对 KR 进行精炼，确定 KR 数量 6. 组织第二轮投票，形成结论
	组织共创 O2 的 KRs	参照上一步
	组织共创 O3 的 KRs	参照上一步
OKR 推动官	确定 KR 经理	根据 OKR 的情况，可按以下任何一种方式确定： 1. 发出邀请（自身职能与 KR 高度匹配者，或该领域专家） 2. 组织竞选（多人均可胜任时） 3. 组织推荐（请参会人员推荐） 4. 直接任命（面向直线下级）
	任命 KR 经理	1. 任命 KR 经理 2. 确认 OKR 团队
	工作部署	1. 组织研究行动方案 2. 鼓舞士气
主持人	会议结束	总结会议结论

制定部门季度 OKR 的关键结果

表 10-26 的流程不仅适用于公司季度 KR 的制定，也同样适用于部

门 KR 的制定。与表 9-8 公司 OKR 共创会的不同之处在于，季度 KR 制定之后需要通过公司层面的共识会或通过共享协作平台进行对齐和更新。

值得一提的是，共创会最大的意义并非单纯为了集合团队的智慧制定能够被广泛认同和普遍接受的 OKR，而在于通过鼓励员工参与，培养他们的全局观念，提升对业务的理解，增进团队沟通，强化责任意识。因此，共创会对于部门人员较多、分工较细，或者新员工较多、基层员工业务能力有限的团队，同样具有非凡的意义。

不过，对于这类团队，表 10-26 中的流程有可能让共创会陷入僵局，我经常看到团队中的部分成员面对目标时手足无措的表情，也常常被贴在白板上的 KR 弄得啼笑皆非。我建议可以采用表 10-27 所示的共创会的流程。

表 10-27 体现了为一个目标制定关键结果的流程，若有多个目标，可依次循环。与表 10-26 不同的是，OKR 推动官在会前已经就 OKR 的充分条件和关键驱动因素做了分析，草拟了至少两套 KR 方案。这种方法明确了讨论的导向，让人们的思维更集中，避免了漫无边际的思索，能促进人们更加深入地思考，从而更高效地集思广益。此外，对于业务能力较弱的团队，这种方式本身就是一次真实生动、信而有征的培训，经过共创会，员工会立即认识到自己的差距，进而积极采取促使自己快速成长的行动。

无论哪一种共创会，一开始大家都会不习惯，可能觉得既耗时又费力，但是请相信，团队共创所带来的回报将远远超出你的想象。经过少数几次的实践，共创会也将变得越来越高效，人们也将越来越热衷于这种活动。

表 10-27　制定关键结果的共创会流程 2

会议目的	制定关键结果	
参会人员	部门负责人、OKR 推动官、部门全体成员（人数多时可以是各团队的代表）、OKR 委员会成员（非必要，在导入初期可以邀请）	

会议流程		
负责人	**目的**	**关键步骤**
主持人	明确会议目的	1. 陈述会议目的和议程 2. 宣布会议纪律
部门负责人	奠定基调	1. 清晰地阐述目标 2. 介绍目标制定的背景和意义 3. 对目标实施的展望
OKR 推动官	展示方案	1. 分析目标的充分条件 2. 提出关键驱动因素 3. 展示至少 2 套 KR 方案（无须说明理由，无须明确指标）
主持人	组织共创 KR 的衡量项	1. 征询其他方案或创新的建议 2. 组织投票，选出自己倾向的 KR 方案 3. 请每个人逐一陈述自己的思考，或请一位持相同意见的代表陈述理由 4. 再次征询方案和建议 5. 组织第二轮投票，确定衡量项（若有新方案或倾向改变）
OKR 推动官	确定 KR 经理	根据 OKR 的情况，可按以下任何一种方式确定： 1. 发出邀请（自身职能与 KR 高度匹配者，或该领域专家） 2. 组织竞选（多人均可胜任时） 3. 组织推荐（请参会人员推荐） 4. 直接任命（面向直线下级）
主持人	组织共创 KR 的衡量标准	1. 请相关部门呈现当前数据和历史数据（市场竞争数据） 2. 征询意见或组织投票（全员参与） 3. 请 KR 经理确定衡量标准
OKR 推动官	工作部署	1. 确认 OKR 团队 2. 组织研究行动方案 3. 鼓舞士气
主持人	会议结束	总结会议结论

完成 OKR 表格

经过共创，团队和个人初步明确了目标和相应的关键结果，并通过表格呈现出来（见表 10-28 ～表 10-30）。接下来，就是广泛地征求意见，谋求共识，建立彼此的协作关系。

表 10-28　公司 OKR 制定表

周期：

目标	推动官	信心指数	关键结果 KR	权重	完成时间	KR 经理	信心指数
O1			KR1				
			KR2				
			KR3				
			KR4				
O2			KR1				
			KR2				
			KR3				
			KR4				
O3			KR1				
			KR2				
			KR3				
			KR4				

表 10-29　部门 OKR 制定表

周期：　　　　　　　　　　　　　部门：　　　　　　　　　负责人：

目标	关联	推动官	信心指数	关键结果 KR	权重	完成时间	KR 经理	信心指数
O1				KR1				
				KR2				
				KR3				
				KR4				
O2				KR1				
				KR2				
				KR3				
				KR4				
O3				KR1				
				KR2				
				KR3				
				KR4				

表 10-30　个人 OKR 制定表

周期：　　　　　　　　　　　　　　部门：　　　　　　　　　　　　姓名：

目标	关联	信心指数	关键结果 KR	权重	完成时间	信心指数
O1			KR1			
O1			KR2			
			KR3			
			KR4			
O2			KR1			
			KR2			
			KR3			
			KR4			
O3			KR1			
			KR2			
			KR3			
			KR4			

第十一章

OKR 的对齐

OKR 要求纵向对齐和横向对齐。对齐的本质是沟通，而不是行政程序。通过对齐，将团队的注意力聚焦在对所有人都同样重要的目标上面，促使大家把资源和精力投入到最高的战略目标上，让 OKR 发挥出应有的威力。

OKR 对齐的目的

OKR 要求上下级设定的 OKR 纵向对齐，要求有协同关系的部门、岗位设定的 OKR 横向对齐。对齐的本质是沟通，而不是行政程序。通过对齐，将团队的注意力聚焦在对所有人都同样重要的目标上面，促使大家把资源和精力投入到最高的战略目标上，让 OKR 发挥出应有的威力。

纵向对齐

纵向对齐，确保企业的战略目标被全面承接，使组织的资源和团队的努力价值最大化，避免了员工不得要领、劳而无功。在实践中，企业目标制定后，各部门依照自己的理解制订工作计划，这些计划往往都是依据部门的职能展开的，实施过程中大家的注意力也始终集中在部门的目标上。这样，难免会形成企业目标的空白点，使一些对企业目标具有重要驱动力的因素被忽视。尽管团队付出了努力，然而企业的目标却无法全面达成。

自上而下的对齐，要求员工思考岗位职责与组织目标的关联性，思考如何发挥自身工作的影响力，如何展现自身的价值，如何将自身的发展与组织的进步联系在一起。当员工能够在工作中明确地感受到自己的付出在推动着企业的发展时，他们对自身工作的意义将有更积极的认知，会因此受到鼓舞，产生更大的动力。

自下而上的对齐，呈现出目标实现路径的全景，也展现了每一个员工对组织目标的理解，让管理者全面掌握情况，看到工作部署中存在的欠缺，进而快速地调整部署、敏捷地完善计划。自下而上能够使管理者了解员工的思想意识、业务能力以及发展潜力，分析员工与组织目标和工作任务的匹配程度，从而通过有针对性地辅导，支持每一个员工达成目标。

横向对齐

如今，组织内部缺乏协同已经成为战略推进过程中最大的障碍。企业内部无法形成合力，甚至产生彼此消耗和对抗的现象，这无疑是令管理者最痛心的。许多企业在面对缺乏协同的问题时，往往强调在执行过程中的协调，希望通过强悍的领导、利益的重新分配、员工的思想教育来解决。无论是"堵"还是"疏"，这些方法都会带来不小的副作用，因为它们忽略了对源头的控制。

一直以来，专业化的分工和标准化、流程化的作业，都是企业提高效率的法宝。因此，各专业部门会不断强化自身专业的价值，以期赢得企业的信任和肯定。人们近乎固执地维护着自己工作的专业性，担心因为专业度受损而影响自身价值的体现。人们将注意力一味地集中在内部，客观上忽视了他人工作的意义和价值，更不愿承认彼此的依赖关系。虽然每个部门、每个人都关注自己的目标是否完成，但是就像拔河时每个人向不同的方向用力一样，尽管都使出了浑身的劲，却依然会被无情地击败。

　　横向对齐的目的在于，从目标制定开始，就让所有人基于企业总体的目标思考自身专业的价值；通过展示自己可以为其他部门提供的支持，证明将对总体目标发挥的作用，杜绝本位主义。通过对齐，了解彼此心中最重要的事项，看到每个人工作的意义和价值，明确彼此之间的影响力，形成契约，统一行动的方向和步调。

　　横向对齐也有利于双向的学习和彼此的鞭策。OKR 是组织共同的语言，对齐得越快，员工掌握这套共同语言就越快，结果呈现也就越快。

对齐的依据

　　OKR 的对齐并非个体之间依照组织结构进行的机械性连接，而是围绕目标达成的逻辑，通过 OKR 联结的层次，对目标、关键结果、项目、任务采取的协同措施，从而有效地整合资源，满足各项关键驱动因素的要求。也就是说，不仅目标要协同，关键结果也要协同，关键结果之下的项目和工作任务也要协同。目标的对齐程度影响着人们在执行工作任务时的协同程度，而执行任务时的协同水平又决定了目标对齐的有效性。

OKR 的联结层次

　　OKR 对齐的依据是目标达成的逻辑，我们在制定完 OKR 后，应当通过 OKR 作战地图呈现 OKR 的联结层次，使实现 OKR 的逻辑一目了然。

　　OKR 的联结层次：O（目标）——KR（关键结果）——P（项目）——T（工作任务），如图 11-1 所示。表 11-1 说明了它们之间的逻辑关系。

目标 ▶ 关键结果 ▶ 项目 ▶ 工作任务

图 11-1　OKR 的联结层次

表 11-1　OKR 的联结层次

O（Objective）目标	方向	P（Project）项目	要素
KR（Key Result）关键结果	路径	T（Task）工作任务	行动

纵向对齐

一般来说，公司 OKR 中的关键结果会成为部门的目标，部门的关键结果会成为团队或个人的目标。需要注意的是，尽管这种联结关系往往通过组织结构呈现出来，但其实质是业务逻辑的体现。通过宜佰家居的 OKR 作战地图（见图 11-2 和图 11-3），我们可以看到各项目标、关键结果、项目与任务之间的联结关系。

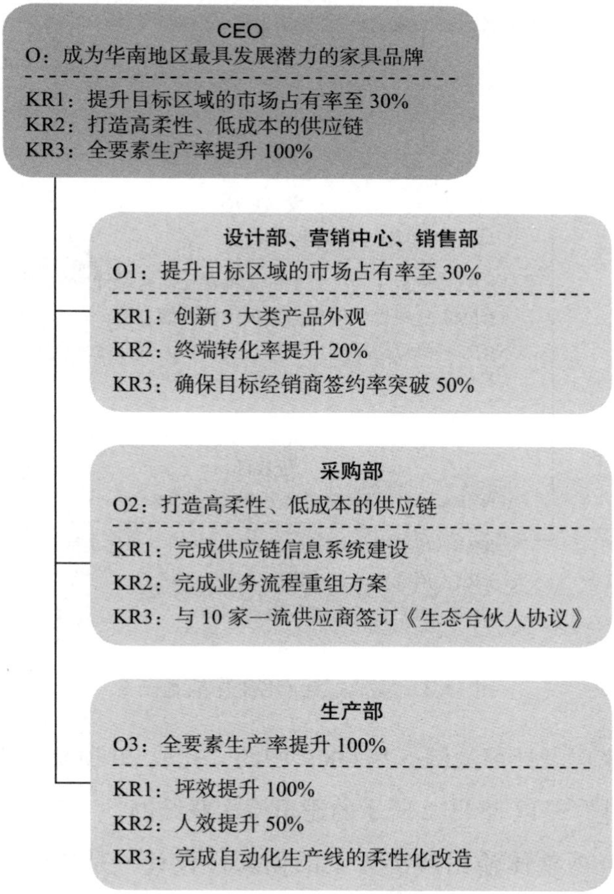

图 11-2　宜佰家居 OKR 作战地图 1

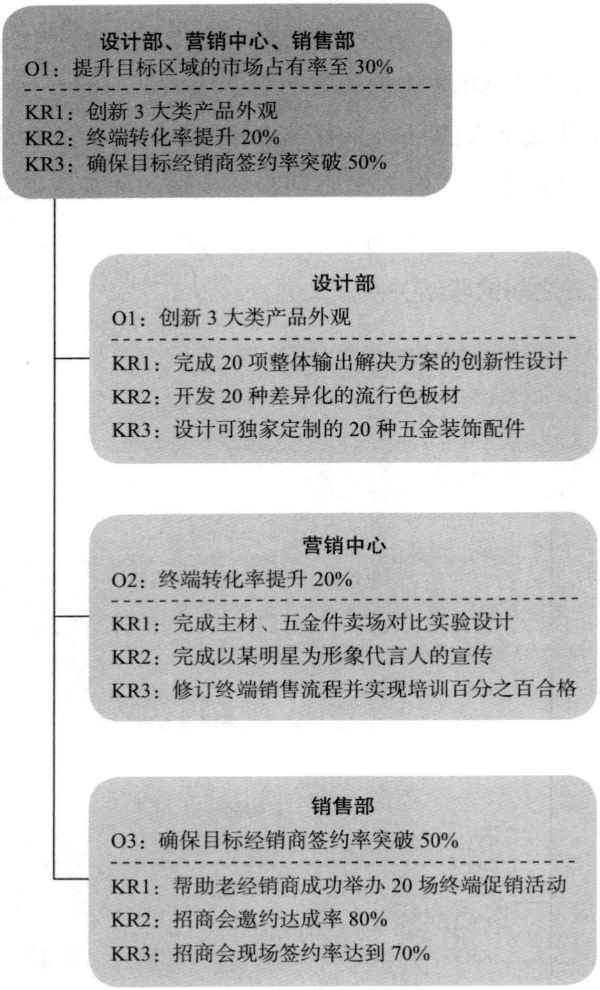

图 11-3 宜佰家居 OKR 作战地图 2

以宜佰家居设计部为例，其 OKR 中的"完成 20 项整体输出解决方案的创新性设计"是以表 11-2 所示的逻辑层次联结的。

"完成 20 项整体输出解决方案的创新性设计"是"创新 3 大类产品外观"的任务，"创新 3 大类产品外观"是支撑"提升目标区域的市场占有率至30%"的三个项目之一，而"提升目标区域的市场占有率至30%"是企业战略目标"成为华南地区最具发展潜力的家具品牌"的关键结果。

表 11-2　宜佰家居设计部 OKR 的纵向对齐

O（目标）	方向	成为华南地区最具发展潜力的家具品牌
KR（关键结果）	路径	提升目标区域的市场占有率至 30%
P（项目）	要素	创新 3 大类产品外观
T（工作任务）	行动	完成 20 项整体输出解决方案的创新性设计

并非所有的 OKR 都要通过目标、关键结果、项目和任务四个层次的联结实现对齐，有些 OKR 在确定关键结果后直接与任务进行了联结，如表 11-3 中采购部负责的"与 10 家一流供应商签订《生态合伙人协议》"就是一项具体的工作任务。

表 11-3　宜佰家居采购部 OKR 的纵向对齐

O（目标）	方向	成为华南地区最具发展潜力的家具品牌
KR（关键结果）	路径	打造高柔性、低成本的供应链
T（工作任务）	行动	与 10 家一流供应商签订《生态合伙人协议》

OKR 对齐中最重要的是严格遵循目标实现的逻辑，以确保每一层次的目标都不被忽视，每一个目标实现的路径都不会中断。只要遵循了这项原则，在对齐中并不一定要逐级地纵向对齐。实践中，跨越组织层级进行的对齐，不仅有利于提高目标实施的效率，还会大大提升员工的积极性和工作自豪感。某动画公司 OKR 中的人物造型设计的纵向对齐就采用了这种方式（见表 11-4）。

表 11-4　某动画电影 OKR 的跨级对齐

公司战略 OKR	制作中国电影动画的巅峰之作《××》
原创策划中心 OKR	
美术设计部 OKR	
设计师 OKR	设计深入人心的 ×× 造型

该动画公司意识到，当前市场上票房成功的动画电影同质化现象非常

严重，具体表现在故事脉络、人物性格、人物关系、人物经历等方面。从商业意义上说，这些同质化已经验证了消费者的偏好，如果在这些方面进行突破可能存在风险。因此，该动画公司将人物造型设计作为影片最大的亮点，纳入公司战略OKR。组建项目组时，该公司通过内部招标的方式选定了一名设计师承担人物造型设计的工作。该设计师的OKR直接与公司的OKR对齐，跨过了他所在的美术设计部及上级部门——原创策划中心。

横向对齐

需要说明的是，OKR联结的层次说明的是目标实现的逻辑，并非一定要求相关主体将协作事项纳入自己的OKR。以宜佰家居销售部所承担的OKR"确保目标经销商签约率突破50%"为例（见表11-5），销售部基于自己的OKR向人力资源部提出了对齐的要求，而对人力资源部来说，招聘和培训均属于日常工作，无论是从工作的强度还是难度来看，都不具有挑战性，因此无须纳入自身的OKR。

表 11-5　宜佰家居销售部 OKR 的横向对齐

销售部 OKR	营销部	会务部	人力资源部
确保目标经销商签约率突破50%	1.完成年度整合营销传播方案（OKR）2.完善年度经销政策（任务）	成功策划和实施春季、秋季订货会（OKR）	1.招聘5名行业经验丰富的销售主管（任务）2.新员工培训合格率100%（任务）

再以宜佰家居设计部所承担的OKR"打造引爆目标市场的产品外观"为例，KR1"完成20项整体输出解决方案的创新性设计"需要营销中心事前的市场调研报告作为依据，KR2和KR3均需要采购部事后实施。尽管设计部关键结果的实现，并没有需要采购部协作的事项，但其设计成果却必须经采购部验证和转化。因此，"打造引爆目标市场的产品外观"有赖于以下横向的对齐方可实现（见表11-6）。

表 11-6　宜佰家居设计部季度 OKR 的横向对齐

O		打造引爆目标市场的产品外观	
KR	KR1	（风格）完成 20 项整体输出解决方案的创新性设计	营销中心 OKR：完成市场调研报告
	KR2	（主材）开发 20 种差异化的流行色板材	采购部 OKR：买断 20 种流行色板材独家经销权
	KR3	（配件）设计可独家定制的 20 种五金装饰配件	采购部 OKR：独家定制 20 种五金装饰配件

对齐的程序

OKR 的对齐可以采用共识会的方式或者通过企业的共享协作平台实现。

OKR 共识会

OKR 共识会按组织层级可以分为公司 OKR 共识会和部门 OKR 共识会。表 11-7 提供了公司共识会的流程，用于部门 OKR 的对齐。用于个人 OKR 对齐的部门 OKR 共识会可以参照执行。表 11-8 为会上需要用的 OKR 协作表。

表 11-7　公司共识会流程

会议目的	部门 OKR 的对齐和更新	
参会人员	CEO、部门负责人、OKR 推动官、KR 经理、OKR 委员会成员	
主持人	OKR 委员会成员	

会议流程		
负责人	目的	关键步骤
主持人	明确会议目的	1. 陈述会议目的和议程 2. 宣布会议纪律
OKR 专家	培训（导入初期）	1. 对齐的意义和目的 2. 对齐的方法 3. 对齐的注意事项
主持人	组织展示	请各部门负责人和 OKR 推动官逐一展示自己的 OKR，并说明协作要求（重点是目标的价值和制定关键结果的逻辑）
	组织讨论	1. 以部门 OKR 为序，依次请参会人员发表意见和建议 2. 根据各部门会前提交的《OKR 协作表》，组织相关部门回复 3. 请 OKR 委员会成员和 CEO 进行点评，并对存有异议的协作事项做出评判

（续）

会议流程		
负责人	**目的**	**关键步骤**
OKR 委员会成员	确认对齐	1. 上级目标是否全部得到承接 2. 协作是否合理，没有空白，没有交叉 3. 进度是否匹配 4. 资源配置是否合理
OKR 首席指挥官	工作部署	1. 确认关键的对齐事项 2. 明确对齐的要求和完成时间（有条件可现场完成） 3. 鼓舞士气
主持人	会议结束	总结会议结论

表 11-8　OKR 协作表

周期：　　　　　　　　　部门：　　　　　　　　　负责人：

目标	关键结果	协作部门	协作要求	完成时间

通过平台对齐

与制定 OKR 的过程一样，面对面的沟通具有非常大的积极意义。但是，在异地办公、团队规模较大等不具备条件召开共识会的情况下，可以通过企业的共享协作平台发布初步拟定的 OKR，并提出协作要求。此时，应当遵循以下原则。

1. 必须有明确的时间要求。对齐的回复时间应当在发布 OKR 后 3 个工作日之内，对于规模小的团队，可以缩短为 1 个工作日。对时间不加限制会延缓 OKR 的进程，消耗员工的热情，有时还会引起不必要的猜疑。

有些企业的 OKR 系统支持即时的协作要求，对于团队之间的快速协同帮助很大，但这种协同应该仅限于日常工作的彼此支持，而不应对

OKR 产生影响。毕竟，OKR 是组织最重要的目标，通常是很多部门和很多人的工作焦点，应当进行严谨的思考和审慎的部署。

2. 系统应当设置相应的流程和权限。与公司战略 OKR 相关的部门 OKR，其彼此之间的协同关系应当通过 OKR 委员会的认可，存有争议的协作要求应交由 OKR 委员会裁定。总之，OKR 委员会对各部门 OKR 的对齐负责，部门负责人对部门内各岗位 OKR 的对齐负责，项目负责人对各项目团队 OKR 的对齐负责。

对齐的技巧

1. 要保持对组织使命和战略的聚焦。多问问自己：对齐能否促进组织战略的达成？能发挥多大程度的促进作用？不能过度专注于本部门的工作，不能单纯从促进本部门绩效的角度思考。

2. 抓住关键结果的业务逻辑。纵向对齐时，下级可以将上级的关键结果作为目标，但要注意，不应该是简单的复制，而应该充分理解上级的 OKR。OKR 不是目标分解，更不是指标下达，而是通过科学有效的支持性任务层层落实，这是所有目标管理方法的核心。

3. 把握实质性的依赖关系。横向对齐必须使组织整体的效益最大化，而不应将自身的责任交由他人分担，或者为自己逃避责任寻找借口。

4. 以部门为单位进行对齐，避免信息混乱。由多个部门承担的 OKR，可以由该 OKR 推动官所在的部门提出协作要求，以免多头对接引起混乱和矛盾。

5. 要注意避免歧义。与描述目标和关键结果一样，陈述协作要求既要简单，也要明确，要保证协作双方对协作事项的品质、进度、成本、资源、责任等方面的理解一致。最简单的办法，就是请对方重复。就像飞行员与塔台对话那样，双方都要先通过重复对方的话确认其意图，再表达自己的意见。

6.检视被遗忘的人。如果某个部门或岗位，没有与上级对齐的 OKR，也没有需要与他人协作的事项，组织应当予以重视，重新评估该部门和岗位的价值，同时反思组织设计中可能存在的问题。

避免过度对齐

约翰·杜尔在《这就是 OKR》中提示："适度的层级和关联往往可以使组织运营更加协同一致，但当所有的目标都沿着组织层次过度关联时，这一过程就有可能退化成一个机械的、纯粹由数字粉饰的活动。"

组织协同本质上解决的是效率问题。忽视了这个目的，组织可能会走进一个为了协作而协作的怪圈，人们会被裹挟进一张庞大的网，被迫消耗大量时间和精力去应付来自上下左右的要求。过度的协同，会形成恶性循环，削弱人们的责任，使协作的基础荡然无存。

制定 OKR 强调聚焦，在协作方面也毫无二致。当你发现面对少数目标，却需要大量协同时，意味着应该停下来检视组织结构和工作流程的设计问题。否则，随着组织规模的不断扩大，目标越来越多，目标的挑战性越来越强，组织必将因随之而来的过度协同而崩溃。

业务逻辑和依赖关系表明的都是 OKR 对组织目标的影响力。如果某项 OKR 对组织目标没有足够的影响力，就不应该进行 OKR 对齐的操作，而应该仅仅纳入日常业务流程的协作范畴。

OKR 的更新调整

OKR 应当在对齐后更新并正式发布，使所有人了解即将采取的行动。OKR 的调整应当被视为终止原定的 OKR，重新制定新的 OKR 的行为。因此，调整后的 OKR 同样需要对齐。

一方面，作为企业战略实施的重要支柱，OKR 是对所有人都最重要的事项，是全体员工工作的焦点，因此 OKR 应当具备稳定性。我见过一些中小企业的老板，他们常常根据一些片面的信息，"果断"地调整目标，打乱了原有的计划和部署，使团队无所适从，令员工苦不堪言。更可怕的是，频繁调整让员工失去了对组织的信任，面对上级下达的任何目标都会"留一手"，随时准备迎接新的指令。要知道，任何目标的实现都有其规律，不可能一蹴而就，尤其基于核心驱动因素设置的有挑战性的目标更是如此。保持 OKR 的稳定性是目标达成规律的必然要求，也是对团队努力最基本的尊重。制定 OKR 时的严谨思考、执行 OKR 时的严格自律，才是真正负责任的表现。

另一方面，OKR 追求敏捷性，以快速整合资源，响应外部环境的变化，抓住转瞬即逝的市场机会。在大多数情况下，组织的资源都是无法完全满足其战略需要的。如果一味追求决策的稳定性，维护组织的权威，很可能丧失宝贵的市场机遇，使团队的努力付诸东流。如何在稳定性与敏捷性之间取得平衡，并无一定之规，关键在于决策者对价值的判断、对业务规律的把握。以下，我提供一些基本的原则。

1. 目标应尽可能与 OKR 运行的基本周期相匹配。尽管 OKR 承载着企业的使命，是战略的表达，但在制定时，应使其与基本的运行周期相匹配，以利于有效的评估和敏捷的调整。"快速提高市场占有率"对于以新技术驱动为主要特征的新兴市场来说，完全可以作为季度 OKR；但对大部分传统行业来说，就不适宜作为季度 OKR，相对来说，"大幅提升产品铺货率"显得更为实际。

2. 果断删除失去意义和价值的目标。当市场出现黑天鹅事件使目标失去意义，或者市场发生巨大的变化使企业边际效益递减，或者客观上团队已经失去了完成目标的可能性时，企业应当果断删除这些已经失去意义、价值贬损、不切实际的目标。

3. 目标不变，环境和资源发生变化时，应当调整关键结果。关键结果是实现目标的方法，它的制定基于对环境和条件的客观评估，因此，当环境和资源发生变化时，关键结果应当随之做出调整。

4. 目标可以延续到下一季，关键结果不能延续。对于部分需要进行年度评价的长期目标，如市场占有率、客户价值等，如果没有将其转化为季度目标，则其自然可以延续为下一季的 OKR，但与其相匹配的关键结果应当依据业务逻辑和下一季的客观情况重新制定。比如本季度为"提升市场占有率"的目标制定了"提高终端转化率 20%""目标经销商签约率突破 50%"的关键结果，那么下一季度，应当根据市场的变化重新思考继续提升市场占有率的途径，也许是"提升产品附加值"，也许是继续"提升终端转化率"。就转化率而言，其数值同样要依据实际情况重新评估。

5. 调整后保持对齐。OKR 的调整，事实上就是删除和重新制定，无论是目标调整，还是关键结果变化，都应当进行对齐，让所有人及时了解变化和进展，使团队保持同步。尤其是通过团队共创会形成的 OKR，不仅要让所有人了解调整的内容，还应当说明调整的原因；具备条件时，再次征求大家的意见，可以更审慎地做出调整，也能更广泛地赢得支持。调整后的对齐，不仅包括横向与纵向的对齐，也包括年度 OKR 调整与季度 OKR 调整的对齐、目标调整与关键结果调整的对齐。

6. OKR 调整后应当进行反思。OKR 既然能够促进组织目标的达成，也应该能够促进组织管理水平的提升。经过 OKR 的调整，管理者应当反思影响 OKR 顺利运行的因素，识别出那些可控的部分，将完善措施融入下一个 OKR 制定过程之中。

第十二章

OKR 的跟踪与辅导

对"事"追踪，为"人"赋能，是确保目标实现的关键。

目标跟踪可以确认进展、识别风险，促使人们始终聚焦目标、理性思考、优化策略、保持状态。开展辅导可以激发个体的潜能，使员工勇敢地面对障碍，发现前进中存在的问题，自主思考解决问题的方法，寻求提升绩效水平的途径，驱动积极的行为表现。

第一节　OKR 的跟踪

为什么跟踪

现实生活中，几乎没有任何一项目标可以在完全没有跟踪的情况下实现，即便有这样的事例，我相信也是偶然。想想我们在家里熬粥，我们总是会时不时地回到炉边看看火候和米汤的状态；有时不经意忘了检查，可能粥就被熬成了干饭，或者溢出来扑灭了炉火。通过观察孩子们做手工的过程，我们也会发现，那些快速完成作品的，通常不是记忆力超群而又心灵手巧的孩子，而是懂得时常拿出图纸对照，逐步完成的孩子。对于复杂的工作、需要多人共同完成的任务，或者环境与条件不断变化的工作，跟踪就更加重要了。

尽管这些事实如此明显，但在企业运营中却常常无法引起人们足够的重视。相对于计划制订、绩效考核，目标的跟踪往往是被忽略的，至少不是同等重要的一环；相当多企业的目标管理实际上只有期初的目标制定和期末的目标考核，缺乏必要的跟踪。事实上，这种对跟踪的忽视正是目标无法达成最普遍的原因。

表面上看起来，这可能是由于人们对计划本身的合理性充满信心，而且坚信计划将被顺利地实施，至少他们认为丝毫不必顾虑自己解决问题的能力。不过，这种推测显然是站不住脚的。一个未被事实验证的计划，客观上只是一种愿望，其合理性也仅仅在于假设的逻辑；况且，恐怕没有人能确保自己有十足的能力解决一切可能遇到的困难，百分之百地达成目标。那么，是什么造成了客观上的忽视呢？

一个常见的原因是，人们不愿意在跟踪这件事上"浪费"时间。一些人认为，事情的发展已然如此，无论优劣快慢，最紧要的是抓紧时间推进计划，而不应该停下脚步回头看，打乱工作的节奏；况且，纠结于过去不但对未来没有意义，还可能打击人们的积极性。

另一个普遍而重要的原因是人们往往不愿意提及的。无论是管理者还是计划执行者，面对目标跟踪时都会认为是"检查"，是一种被动的、生硬的、依赖于威权的、意图否定他人的行政手段。计划执行者认为检查是上级不信任自己的表现，因为检查往往伴随着对自己工作的干涉，对自己职权的限制。更严重的是，检查常常带来批评、处罚等不良的反馈，好像就是为了证明下级的无能和上级的英明。管理者则顾虑检查会打击员工的积极性，为后续的工作制造障碍，以至于为团队管理埋下隐患，无异于自讨苦吃。也不乏一些管理者担心在检查之后，员工会将所有的责任推给自己，而不再主动设法解决问题。

让目标管理的跟踪环节缺失的，或者使跟踪流于形式的，通常就是人们内心的抗拒，这种抗拒源于对目标跟踪的错误理解。因此，让所有人正确地理解目标跟踪的意义和目的，是有效跟踪目标的前提。

目标跟踪是为了促使人们始终聚焦目标、理性思考，以确认进展、识别风险、优化策略、维持状态所采取的积极行动。它就像我们扬帆远航时需要定时运用卫星导航以校正航向，确认航速以测算航程，检查油量以确认资源，检修设备以维持正常运转一样。毫无疑问，无论是一个人出海，还是一群人远航，这些工作都同样至关重要。

要让员工理解，目标跟踪不是甲方对乙方的监控手段，而是让人们保持沟通交流的方法。事实上，人们对共同的目标、亟待完成的任务、面临的风险和挑战等事项沟通得越全面、越深入，那些监督和控制的手段就越没有意义。通过沟通，我们可以获得多方面的反馈，知道我们既往的工作对他人所产生的影响、对实现目标所发挥的作用，让我们明确改进和完善的方向；提示我们看到自己可能忽视的问题，及时采取有针对性的措施。团队彼此提供的反馈，让每个人都能更快速、更便捷地寻求改进绩效的方法；定期的沟通，也使在目标制定时对齐的阵形保持稳定。

对管理者而言，达成目标就是责任。凡是对目标达成有利的工作，就是有价值的工作，对目标的跟踪当然不能例外。管理者有责任在工作中给予员工充分的关注，帮助下级发现障碍、识别风险，并为他们提供解决问题的思路。可以肯定的是，没有人愿意在低迷、茫然、消极、被动的状态下工作，人们都希望在这些灰暗的时刻得到帮助，而不是等到任务截止时再对他们评头论足。当然，目标管理对人性的积极假设不一定在任何场景中都能得到印证，我们无法排除其过于乐观的可能，因此，管理者理应付出努力，保障组织基本的纪律要求和 OKR 所追求的协作、负责的文化。

跟踪什么

有了正确的认知，还要有正确的方法。目标跟踪究竟应该跟踪什么？大家众说纷纭，莫衷一是。

有人说，要跟踪的是目标的达成情况，而不是实现目标的方法。理由是，管理者应当充分授权，而怎么开展工作应该由员工自己决定，这也符合OKR自下而上的理念。有人说，应该跟踪的是方法，忽视方法的跟踪就是形式主义；对员工没有任何帮助的跟踪，对目标达成完全没有意义。还有人认为，应该跟踪员工的工作表现，OKR既然已经确定，实施的路径和方法也已经明确，关键就在于如何让员工保持应有的状态，不折不扣地执行计划。

上述说法各有各的道理，不过一个明显的共性问题是，他们的出发点似乎都是为了监控，监控目标的达成情况，监控他人。我认为，目标跟踪的主体首先应该是承担目标并执行相关工作任务的人，其次是目标的交付对象；也就是说，首先是自己和本部门对正在实现的目标进行跟踪，其次才是成果验收者的跟踪，而主体对目标的跟踪更应该是我们讨论的重点。关于跟踪的内容，我相信跟踪过程中，目标的达成情况、目标达成的方法、人的能力和状态，都同样重要，缺一不可，需要根据实际情况有重点地关注。

良好的跟踪一定是围绕目标达成情况的，应当包括以下内容。

1.对目标的检视和反思。目标是组织的期望和假设，在实际执行的过程中，我们会发现一些在目标设定时未曾察觉的因素，从而对目标的客观性和合理性做出判断。比如一家美容会所制定了增加客户数量的目标，通过拓客和促销，新客户数量快速增加，但随之而来的是服务质量的下滑和客户体验感的下降，反而导致了很多具有消费能力的老客户流失。

2.确认目标的达成情况。根据不同目标的衡量标准，我们需要有节奏地衡量目标达成的品质、进度和成本，对目标达成形成客观的预期。

3. 评估关键驱动因素。驱动目标达成的关键因素，通常就是我们制定的关键结果，是团队努力的焦点。关键驱动因素如果不具备，目标就不会实现；如果原先设定的关键结果失去了驱动目标达成的作用，就应当果断调整。

4. 识别风险和障碍。通过回顾可以看出，哪些工作进展顺利、运行良好，哪些工作遇到了阻碍；我们采取了哪些正确的行动，而在哪些方面表现欠佳；有哪些客观因素在驱动着目标达成，哪些在制约着发展。

5. 调整策略，优化方法。根据上述分析，研究清除障碍的方法，找到应对问题的策略、优化团队工作的方法。

良好的目标跟踪不能仅仅关注目标达成情况，还应当关注影响目标达成最核心的要素——人。可以断言，缺乏对目标达成主体的关注和支持，必然使目标跟踪流于形式。这里与围绕目标的跟踪一样，首先是对自己的关注，其次是对他人的关心。具体包括以下内容。

1. 信心指数。信心指数是一种感性的判断，可以很直观地反映出人们的状态、对自己的认识和对目标的把握程度。通过信心指数，可以驱使人们追根溯源，找到影响信心的原因，发现哪些因素需要保持和强化，哪些因素需要消除或克服。

2. 能力发展。一件具有挑战性的工作，会让人很快发现自己的优势和不足，发现哪些方面亟待提升，哪些方面可以快速提升，哪些方面需要日积月累，从而找到自己学习和锻炼的目标。

3. 职业期望。一般来说，短期的工作经历并不足以对人们的职业期望产生重大影响，不过，在高速发展的科技行业，在新型的创业团队中，人们对自己的认识和期望也随着创造力的不断迸发而提高。一个人只有将自己的发展与公司的目标结合起来，才会有最大的动力。

定期跟踪

目标跟踪的原则是：定期跟踪重要任务，不定期抽查常规工作。OKR 是组织中最重要的事，必须定期跟踪。实践经验表明，凡是没有定期跟踪的，最后都将不了了之。

OKR 的跟踪体现在 OKR 的执行过程中，根据人们习惯的工作节奏，我建议采用周例会和月例会的方式进行；当然，你也可以根据目标的达成情况设置合适的中期跟踪节奏。对于按项目节点设置的 OKR，应当按节点安排跟踪计划。此外，晨会、夕会的方式也正在被越来越多的企业采用。与其说晨夕会是跟踪的方式，不如说是辅导的方法。为了连贯，我在这里一并介绍，毕竟跟踪和辅导是分不开的。表 12-1 列举了常见的 OKR 跟踪的会议类型。

表 12-1　OKR 跟踪的会议类型

	时间	时长	适用范围	重点
晨会	每天上班后	≤ 15 分钟	小团队	明确当天的重点工作
夕会	每天下班前	≤ 15 分钟	小团队	关注当天未完成的重点工作
周例会	每周一或周五	30 ～ 60 分钟	团队、部门	确认进展、识别风险、优化策略、保持状态
月例会	月初或月末	2 ～ 4 小时	部门、公司	

晨夕会

晨会和夕会被很多企业采用，形式多样。根据 OKR 的特点，晨夕会适合于在同一个办公空间工作的小型团队。晨会也被称为"每日要事日站会"（daily standup），意在让团队成员每天聚焦最重要的工作，避免时间和精力被日常琐事或突发事件分散。

晨会流程：

1. 每个人列举当天最重要的 3 件事（三只青蛙）；

2. 确认协作事项；

3. 互相鼓励。

运用看板管理的团队，可以将白板划分为三个区域，右边绿色区域代表"已完成"，左边红色区域代表"有风险"，中间白色区域为"办理中"。大家可以用便利贴将自己的 3 件事贴在白色区域中。如果发现当天有例外事件或其他障碍有可能影响某项任务完成，就将其移至红色区域，以提示其可能对他人和团队目标产生影响。当然，对于重要的团队目标和协作事项，执行者应当做的不仅仅是把便利贴挪个位置，还要第一时间知会相关人员。

夕会流程：

1. 每个人陈述当天最重要的 3 件事的完成情况；

2. 对未完成的工作提供建议；

3. 互相鼓励。

我并不鼓励大家组织夕会，会议过多难免沦为形式，降低对核心工作的关注度。较好的方式是团队的负责人及时发现"有风险"的预警，并给予当事人辅导和支持。

周例会

周例会建议安排在每周一的早晨，仅仅针对组织的 OKR 进行研究，不涉及个人发展的 OKR（见表 12-2 和表 12-3）。如果某一周既有团队的周例会，又有部门的周例会，我建议将团队周例会安排在早上，部门周例会安排在下午。总之，遵循两个原则：一是团队先开，部门后开；二是不要占用早晨太多的宝贵时间。

表 12-2　部门周例会流程

会议目的	部门 OKR 的跟踪	
参会人员	部门负责人、OKR 推动官、KR 经理、部门全体成员	
会议流程		
负责人	目的	关键步骤
主持人	明确会议目的	1. 陈述会议目的和议程 2. 宣布会议纪律

（续）

会议流程		
负责人	**目的**	**关键步骤**
OKR 推动官（依次）	报告	1. 回顾 OKR 对公司的价值和意义 2. 当前 OKR 进展概述、信心指数 3. 请 KR 经理依次报告 KR 进展、信心指数 4. 上周重点突破（结果和做法，而非表现） 5. 遗憾和障碍（结果和做法，而非表现） 6. 本周重点及核心措施
主持人	组织讨论	请参会人员发表意见和建议（相同意见不重复发言）
部门负责人	点评	提供具体建议，承诺支持事项
OKR 推动官	确认	1. 与 KR 经理确认本周重点 2. 鼓舞士气
主持人	主持会议	依部门 OKR 的顺序，请相关的推动官循环上述流程
	会议结束	总结会议结论

表 12-3 个人 OKR 周报表

周期：　　　　　　　　　　　部门：　　　　　　　　　　姓名：

目标	关键结果 KR	状态	本周计划举措	初始信心	当前信心
O1	KR1				
	KR2				
	KR3				
	KR4				
O2	KR1				
	KR2				
	KR3				
	KR4				
O3	KR1				
	KR2				
	KR3				
	KR4				
进步					
风险障碍					
策略					
期望支持					

注：状态指正常、滞后、暂缓、待更新。

月例会

部门的月例会建议安排在本月末，公司月例会随后安排在下月初。公司月例会仅仅针对公司级 OKR 进行研究，不涉及部门自身发展的 OKR（见表 12-4 和表 12-5）。月例会安排在下午，有利于进行深入细致的研究。

表 12-4　公司月例会流程

会议目的	公司 OKR 的跟踪
参会人员	CEO、部门负责人、OKR 推动官、KR 经理、OKR 委员会成员
主持人	OKR 委员会成员

会议流程		
负责人	**目的**	**关键步骤**
主持人	明确会议目的	1. 陈述会议目的和议程 2. 宣布会议纪律
OKR 专家	培训（导入初期）	1. 月例会的意义和目的 2. 研讨的方法和注意事项
主持人	主持会议	依公司 OKR 的顺序，请相关的推动官依次报告
OKR 推动官（依次）	报告	1. 回顾 OKR 对公司的价值和意义 2. 当前 OKR 进展概述、信心指数 3. 请 KR 经理依次报告 KR 进展、信心指数 4. 上月重点突破（结果和做法，而非表现） 5. 遗憾和障碍（结果和做法，而非表现） 6. 本月重点及核心措施
主持人	组织讨论	1. 请参会人员发表意见和建议（相同意见不重复发言） 2. 请参会人员提出对齐需求
OKR 委员会成员	点评	提供具体建议
CEO	点评	提供具体建议，承诺支持事项
OKR 推动官	确认	1. 与 KR 经理确认本月重点 2. 鼓舞士气
主持人	主持会议	依公司 OKR 的顺序，请相关的推动官循环上述流程
OKR 委员会成员	总结	1. 总结公司各项 OKR 的经验和不足 2. 对业务逻辑、思考策略、工作方法提出建议 3. 总结 OKR 系统运行的经验和不足，并提出改进要求
CEO	总结	1. 部署工作，明确要求 2. 肯定成绩，鼓舞士气
主持人	会议结束	总结会议结论

表 12-5　部门 OKR 月报表

周期：　　　　　　　　　　　　　　部门：　　　　　　　　　　　　　负责人：

目标	初始信心	当前信心	关键结果 KR	状态	下月计划举措	初始信心	当前信心
O1			KR1				
			KR2				
			KR3				
			KR4				
O2			KR1				
			KR2				
			KR3				
			KR4				
O3			KR1				
			KR2				
			KR3				
			KR4				
进步							
风险障碍							
策略							
期望支持							

注：状态指正常、滞后、暂缓、待更新。

目标跟踪常见的问题

在进行目标跟踪时，常常出现一些错误的做法，使人们偏离了目标跟踪的目的，对目标跟踪产生误解和偏见，导致其逐步沦为形式。

把目标跟踪变成员工考评

当上下级在一起回顾工作时，上级往往会试图在员工的执行层面挖掘问题，进而把目标跟踪演变为对员工的考评，这是人们抵触目标跟踪最普遍的原因。

目标跟踪当然既要分析客观的因素，也要识别主观的因素。对于伙伴不当的做法必须给予坦诚的批评和建议，坦诚是对团队负责、对目标负责的表现。帕蒂·麦考德在《奈飞文化手册》中谈道："不给严格的反馈，会给管理者带来不必要的压力，他们不得不掩盖事实并欺骗员工，进而导致员工丧失做出改进的机会。"

需要注意的是，批评和意见应该聚焦于正在讨论的事项，关注同伴具体的做法，而不是对他的能力、态度、合作精神提出质疑，更不能将话题延伸到其他事项上，试图总结既往的事例，得出对人的定性评价，给人贴上标签。

同时，批评必须伴随着具体的建议，不仅要让同伴知道自己哪里做得不够好，还要让他清楚地知道应该通过何种具体的行动获得改进。

要始终牢记，改进才是目标跟踪所追求的成果。要杜绝对个人的评价，避免目标跟踪变为检查和检讨的会议。

纠结过去，缺乏建设性

在确认目标进度之后，要通过回顾工作任务的执行过程总结成功的经验，将有价值的、先进的做法固化下来，保持下去；要通过反思，发现制约目标达成的因素、干扰团队聚焦的事项、影响团队状态的原因；最重要的是，要通过总结和反思，强化团队对目标坚定的共识，研究清除障碍、排除风险的策略和方法，并在此基础上制订下一阶段的行动计划。

我常常看到一些团队，他们的会议大多数时间都在围绕过去的表现进行，要么是大肆渲染自己的功劳，要么互相吹捧彼此的表现，要么评论客观因素，要么彼此横加指责，把时间都浪费在了一些不重要的事情上，反而在研究对策时一筹莫展、如坐针毡。归根结底，他们重视的还是个人，而非组织的目标。

目标跟踪的会议必须聚焦于发现问题、分析问题、解决问题的主线，必须聚焦于如何帮助每一个团队成员达成目标，必须产生务实、具体、明确的行动方案。会议在总结反思部分所占的时间不应超过三分之一，要将更多的时间用来研究对策、制订方案、进行对齐。

要牢记，目标跟踪不只是得出方向性的结论，更重要的是推动工作。

缺乏双向沟通，变成工作汇报

目标跟踪的主体应当是承接目标的团队，而不是团队负责人或OKR推动官。目标跟踪的会议是大家集思广益、坦诚交流的过程。坦诚应该是双向的，不仅仅体现在上级对下级的反馈中，也需要体现在下级对上级以及平级之间相互平等的沟通中。由于长期的习惯，这样的会议在有些企业往往演变成下级汇报、上级点评和指示的活动，一言堂的倾向非常明显。有些领导，事无巨细都要发表意见，对员工具体操作的细枝末节也抓住不放，客观上已经损害了组织的授权体系。这样一来，下级自然会感到被束缚、被侵犯，员工失去了参与的热情，变成了等待操作指令的机器，而上级成了唯一的思想来源，承担了所有的责任。

必须意识到，OKR的自下而上并非只是在OKR的制定阶段，OKR所倡导的平等、尊重、协作的文化应当无处不在。目标跟踪的意义不亚于目标制定，经过实战历练的团队更有发言权，其意见也更有建设性。要鼓励双向沟通，让员工提出问题和批评，组织讨论和辩论，鼓励不同的意见。当所有人都始终聚焦于对公司的贡献，充分调动自己的智慧时，挑战性的目标将不再是压力，而是大家共同的追求。

虎头蛇尾，有始无终

目标跟踪是目标管理的必要组成部分，通过团队跟踪形成的计划应当被视为OKR的一部分，应当投入足够的精力去实施。有的企业跟踪会议一结束，员工就回归原点、按部就班，忽视新的策略和新的方法，让目标跟踪的效果化为乌有。

要将每一个周期的目标跟踪环环相扣，上一周跟踪形成的计划要在下一周检查，避免主观方面同样的错误；要将按月和按节点的跟踪与每周的跟踪贯通，使月例会跟踪研究的策略体现在接下来每一周的工作中，层层落实，稳步推进。

跟踪方式单调，形式主义

目标跟踪是为了促进沟通，但人们的沟通不能仅仅依赖会议和表格。同时，例会是组织规定的定期跟踪方式，但对于重大、复杂、形势变化频繁、需要敏捷响应的目标来说，仅仅依赖定期跟踪可能会陷入措手不及的困境。此外，对外勤团队来说，单纯利用一个月几次面对面的会议也不足以全面深入地彼此了解。

因此，组织应当不拘一格，有创造性地发展跟踪目标的工作方式。比如对重点 KR 的负责人一对一的沟通、在重要阶段高频次的跟踪、对关键岗位的走动式管理、对企业重点项目的跨级报告、研究重要对策时采取的头脑风暴，等等。

总之，利用 OKR 自下而上的特征激发团队的热情，根据业务规律把握跟踪节奏，是使 OKR 目标跟踪卓有成效的必要条件。

第二节　OKR 的辅导

跟踪与辅导

OKR 的跟踪应当结合对个体的辅导进行，跟踪与辅导是相互促进、相辅相成的关系。辅导能够促进跟踪之后目标落实的结果，跟踪可以检验辅导后个人提升的成效。需要说明的是，这里所说的辅导是指一对一的私下沟通，不包括通过会议、培训、活动等方式开展的集体辅导；同时，尽管双向辅导具有非凡的意义，但在这里我们单指上级给下级提供的帮助，毕竟这是实践中最主要的辅导方式。

跟踪与辅导的差异如表 12-6 所示。跟踪聚焦的是"事"，目的是推动组织目标的达成，通过定期的团队共创，分析团队在执行过程中的进步与不足，从而固化经验、调整策略、完善方案、更新 OKR。辅导聚焦的是"人"，通过上级对下级一对一的沟通，帮助下级勇敢和理性地面对问题，使其能够自主思考解决问题的方法，制订相应的工作实施方案和个人提升计划，进而实现绩效的改进。

表 12-6　跟踪与辅导

	跟踪	辅导
焦点	聚焦"事"	聚焦"人"
目的	目标达成	绩效改进
成果	OKR 更新、发展策略、实施方案	工作计划、工作方法、个人成长计划
主体	团队	一对一
方式	共创	上级对下级
依据	OKR、组织资源、团队执行过程	OKR、个人能力、工作表现、发展规划
时间	以定期为主	定期与不定期相结合

也许有人不解，为什么要将跟踪与辅导分开，是不是多此一举。我相信，不需要过多的思考，我们就能够发现这样安排的价值。首先，如果在目标跟踪的过程中加入对个人的辅导，就难以完全避免对个人的评价，引起人们对目标跟踪的排斥。其次，如果在对个体辅导的过程中跟踪目标，极有可能使员工曲解辅导的意义，将辅导理解为一种交易，进而否定彼此的关系，感觉到被利用了。再次，跟踪是团队协作的工作方式，如果采用集体辅导的方式，表面上看效率更高且有助于统一，实际上集体辅导的效果远远无法与一对一的辅导相比，因为，没有任何两个人是完全一样的，团队中每个人的情况都不尽相同，辅导必须因人而异，因材施教。

辅导的价值

如果说跟踪是团队基于共同目标的沟通，那么辅导就是上下级之间针对个体潜能所做的沟通。辅导与培训不同，它不是为了传播知识、传授技能；辅导与思想教育不同，它不是为了宣传价值观、统一思想。辅导，我们可以理解为辅佐和引导，其目的在于激发个体的潜能。潜能的释放源于个体自我实现的强烈动机、对目标的不懈追求、对自身和环境的客观认识、对问题全面和正确的判断，源于其理性的思维方式、科学的工作方法。辅导正是要赋予员工这些能力，使员工能够勇敢地面对阻碍，发现前进中存在的问题，自主思考解决问题的方法，寻求提升绩效水平的途径，产生积极的行为表现。

在辅导中，员工会理解自己的日常工作与组织目标的关系，知道自己应当如何表现，明确自我提升的方向，获得绩效改进的方法。通过辅导，员工会感受到组织对他的尊重、信任和需要，客观定义彼此之间的关系，并且增加自信心，获得更高的工作满意度。

在辅导中，管理者可以掌握员工的真实需求，了解员工的价值观念、思维方式和工作能力，从而让自己的工作有的放矢，对组织目标的达成更有掌控力，消除无谓的困扰和焦虑。通过辅导，团队的凝聚力和归属感将持续增强，员工的创造性也会被逐步激发出来，进而实现总体人力资本的增值。

辅导的方法

对员工的辅导分为基于目标落实的辅导和针对个人职业发展的辅导，其中，针对目标落实的辅导根据执行的流程分为目标设定辅导、目标跟踪辅导和目标回顾辅导。表 12-7 从目的、成果、时间、周期和主要内容等方面对这几类辅导进行了介绍。表 12-8 ～表 12-11 分别为上述几类辅导的面谈指引。这些表格可以用于对管理人员的培训，也可以供他们在辅导时使用。

表 12-7　辅导的类型

	目标设定辅导	目标跟踪辅导	目标回顾辅导	职业发展辅导
目的	激发挑战愿望	推动目标达成	理性反思与总结	明确方向和措施
成果	个人 OKR 制定表	个人 OKR 更新	OKR 个人复盘	个人职业发展计划
时间	期初	期间	期末	年中、年末
周期	季	周、月、项目节点	季	半年、年
主要内容	明确意义 把握方向 制定目标 研究措施 达成共识	确认进展 识别风险 优化策略 保持状态	确认结果 认可贡献 总结经验 梳理问题 明确目标 改进方法	认可进步 明确方向 找到差距 识别障碍 提供方法 制订计划

表 12-8　目标设定的面谈指引

目的	帮助下级积极思考工作的价值和意义，激发挑战愿望，制定挑战性目标		
适用范围	各部门负责人、团队主管、OKR 推动官、KR 经理		
面谈时间	每季度第一周	建议时长	60 ～ 90 分钟
成果	个人 OKR 制定表		

面谈指引			
面谈前应准备的材料	1. 公司 OKR 作战地图 2. 部门上一季度 OKR 复盘表 3. 部门本季度 OKR 制定表 4. 下级上一季度 OKR 复盘表 5. 下级本季度 OKR 制定表		
面谈前应思考的内容	1. 公司 OKR 的意义 2. 部门 OKR 对公司 OKR 的支撑作用 3. 部门 OKR 的实施路径 4. 对下级的期待 5. 对下级 OKR 制定和实施的建议 6. 下级可能存在的困扰及解决思路 7. 自己可以提供的支持和帮助		
面谈提纲 （供参考，无须面面俱到）	1. 你是如何理解部门本季度 OKR 的 2. 你觉得我们会遇到哪些障碍，你有哪些建设性的意见 3. 你将为部门的 OKR 发挥怎样的影响力 4. 你是如何规划自己本季度 OKR 的 5. 其中哪些与部门 OKR 关联，对于这种关联你是如何思考的 6. 对个人发展的 OKR，你是如何思考的 7. 你将采取哪些具体行动，对结果有多大信心 8. 你的顾虑在哪里		

（续）

面谈指引	
面谈提纲 （供参考，无须面 面俱到）	9. 我可以给你哪些帮助 10. 挑战性目标将为我们带来的影响 11. 如果我们可以一起挑战更高的目标，你认为该是怎样的 12. 对于关键结果你是如何思考的，有没有更好的路径和方法
应当避免的情形	1. 讲话多，倾听少 2. 随意打断他人发言或在倾听时分心 3. 带着结论评判或引导 4. 忽视共同的愿望，纠结彼此的责任 5. 缺乏认可 6. 争辩 7. 硬性指令 8. 只关心目标，忽视达成的方法 9. 只关心客观结果，忽视人的心理感受 10. 只关心面谈结论，忽视面谈过程

表 12-9　目标跟踪的面谈指引

目的	帮助下级解决问题，推动目标达成		
适用范围	各部门负责人、团队主管、OKR 推动官、KR 经理		
面谈时间	每周、半月、月、项目节点	建议时长	30～90 分钟（可根据周期调整）
成果	个人 OKR 更新		

面谈指引	
面谈前应准备的 材料	1. 部门本季度 OKR 制定表 2. 下级本季度 OKR 制定表 3. 下级 OKR 周报表、月报表
面谈前应思考的 内容	1. 部门 OKR 阶段性成果 2. 部门 OKR 运行中的障碍 3. 部门 OKR 实施的优化策略 4. 对下级的期待 5. 下级 OKR 的阶段性成果 6. 下级 OKR 遇到的障碍和问题 7. 解决问题的思路和具体措施 8. 自己可以提供的支持和帮助
面谈提纲 （供参考，无须面 面俱到）	1. 你对部门 OKR 的阶段性成果是否满意 2. 你觉得我们采取哪些措施可以扩大部门 OKR 的阶段性成果 3. 你对自己 OKR 的阶段性成果是否满意 4. 哪些因素影响了你的 OKR 5. 你觉得采取哪些措施，可以扩大你自己的 OKR 的阶段性成果 6. 哪些人的经验值得借鉴

（续）

	面谈指引
面谈提纲 （供参考，无须面 面俱到）	7. 你将采取哪些具体的行动 8. 你的顾虑在哪里 9. 我可以给你哪些帮助 10. 我哪些方面做得不够，影响了你的 OKR 11. 你的 OKR 还是最佳选择吗，是否需要调整 12. 如果我们调整了策略，你的信心如何 13. 如果我们可以一起挑战更高的目标，你认为该是怎样的 14. 有没有更好的路径和方法来实现目标
应当避免的情形	1. 讲话多，倾听少 2. 随意打断他人发言或在倾听时分心 3. 带着结论评判或引导 4. 忽视共同的愿望，纠结彼此的责任 5. 缺乏认可 6. 争辩 7. 硬性指令 8. 只关心目标，忽视达成的方法 9. 只关心客观结果，忽视人的心理感受 10. 只关心面谈结论，忽视面谈过程

表 12-10　目标回顾的面谈指引

目的	帮助下级理性反思与总结，促进个人发展		
适用范围	各部门负责人、团队主管、OKR 推动官、KR 经理		
面谈时间	每季末	建议时长	60 ～ 90 分钟
成果	个人 OKR 复盘		

	面谈指引
面谈前应准备的 材料	1. 下级本季度 OKR 制定表 2. 下级本季度 OKR 评分表 3. 本季度下级 OKR 每月的月报表
面谈前应思考的 内容	1. 部门 OKR 的成果 2. 部门 OKR 实施的经验和教训 3. 下级 OKR 的成果 4. 应当认可的进步和贡献 5. 下级 OKR 遇到的障碍和问题 6. 下级为克服困难所做的努力和取得的成效 7. 自己为下级提供的实质性帮助及其成效 8. 留下的遗憾，以及导致遗憾的主观原因、客观原因 9. 建议下级改进的方向和方法 10. 自己可以提供的支持和帮助

（续）

面谈指引	
面谈提纲 （供参考，无须面 面俱到）	1. 你对部门 OKR 的成果是否满意 2. 你觉得我们采取哪些措施可以扩大部门 OKR 的成果 3. 你觉得自己本季度的 OKR 是否合理，是否有挑战性 4. 你对自己 OKR 的成果是否满意 5. 哪些因素影响了你的 OKR 6. 你采取了哪些措施，效果如何 7. 还有哪些做法，可能会进一步扩大你自己的 OKR 的成果 8. 有哪些他人的经验值得借鉴 9. 你最大的遗憾是什么 10. 这些遗憾，我们可以避免吗 11. 我们可以总结出哪些规律 12. 你希望在哪些方面加强，你会为此做哪些努力 13. 我可以给你哪些帮助
应当避免的情形	1. 讲话多，倾听少 2. 随意打断他人发言或在倾听时分心 3. 带着结论评判或引导 4. 忽视共同的愿望，纠结彼此的责任 5. 缺乏认可 6. 争辩 7. 硬性指令 8. 只关心目标，忽视达成的方法 9. 只关心客观结果，忽视人的心理感受 10. 只关心面谈结论，忽视面谈过程

表 12-11　个人职业发展的面谈指引

目的	帮助下级明确发展方向和措施，制订职业发展计划
适用范围	各级管理者
面谈周期 和时间	针对员工和基层管理者：一年两次（年中、年末），每次 60 分钟 针对中高层管理者：一年一次（年末），90 分钟
成果	个人职业发展计划
面谈指引	
面谈前应准备的 材料	1. 下级本周期内的 OKR 制定表和评分表 2. 下级的基本材料（个人信息、专业技能、职业资格、工作经历、培训经历、绩效记录、奖惩记录等） 3. 下级曾制订的职业发展计划
面谈前应思考的 内容	1. 下级的行为表现与企业价值观的契合程度 2. 下级是否满足当前岗位的要求 3. 下级的优势和特长

（续）

面谈指引	
面谈前应思考的内容	4. 应当认可的进步 5. 制约下级成长的主观因素有哪些 6. 下级的成长意愿（方向和强度） 7. 哪些客观因素影响了下级的发挥和进步 8. 自己在下级的成长中所发挥的作用 9. 建议下级成长的方向和方法 10. 自己可以提供的支持和帮助
面谈提纲 （供参考，无须面面俱到）	1. 你对自己当前的状态是否满意 2. 令人遗憾的方面有哪些 3. 你觉得自己的优势是否得到了充分发挥 4. 你希望发挥怎样的影响力 5. 什么样的环境和条件能够让你更好地施展 6. 你自己有哪些方面做得不够，影响了发挥 7. 你有哪些办法消除这些影响 8. 你是否充分了解组织对人才的期待和要求 9. 你期待怎样的工作或机会 10. 你将为此做哪些准备 11. 你将立刻开展的行动有哪些 12. 我和公司可以给你哪些帮助
应当避免的情形	1. 讲话多，倾听少 2. 随意打断他人发言或在倾听时分心 3. 带着结论评判或引导 4. 缺乏认可 5. 缺乏坦诚且有建设性的意见 6. 给人贴标签，做出定性评价 7. 硬性指令 8. 忽视面谈过程，忽视人的心理感受

追求高质量的辅导

德鲁克强调："管理者和下属之间的一对一定期会谈对工作的改进具有很大的价值。"安迪·格鲁夫说："90分钟的谈话可以影响下属两周的工作效率。"毋庸置疑，高效的管理者都具备高超的辅导技术，这种能力是他们与平庸的管理者之间最显著的差别。事实上，越是高层的管理者，在辅导下级方面投入的时间和精力也越多。

每一个管理者都领导着多位下属，希望通过每月一次甚至每季一次的辅导，持续地保持员工的热情，无疑是一个挑战。客观上，管理者的工作千头万绪，也不可能频繁地对每一个员工进行辅导。因此，把握辅导的规律、掌握辅导的技巧并提升每一次辅导的质量，就显得尤为重要。

建立信任关系

建立信任关系是一切沟通的前提，在辅导中体现得尤为明显。上下级之间的关系如果不融洽，上级的辅导必然会被下级抵触。这种抵触通常不会显露出来，它反映的是员工内心对管理者缺乏认同。事实上，相当多的员工之所以离职，并非出于薪酬、发展空间等公司方面的原因，而是因为他们要每天面对一个自己觉得讨厌的主管。

"公生明，廉生威"是管理者基本的职业素养。公平地对待每一个人、公平地处理组织与个人之间的关系、勇于承担责任、乐于分享、无私帮助，是建立信任的前提。在员工承担新的职责、执行挑战性的任务、独自承担繁重工作、表现失常、状态下滑时，管理者及时的鼓励和支持，会令人倍感温暖。除此之外，管理者对员工生活方面的关心、对员工个人发展的帮助，也会逐步赢得员工发自内心的认同。

常言道："身教胜于言传。"对下级的辅导不能完全依赖正式的沟通，管理者在日常工作中所展示的一言一行就是最好的辅导。

让员工感知到自己的进步

让员工能够感知到自己的进步，是最有效的激励。辅导的目的就是为了改进，而改进就意味着不足。面对不足，人们常常会丧失信念、失去信心。辅导首先要让员工能够感知到自己的进步，通过具体明确的肯定，表达对员工的认可，为员工帮助树立信心。尤其是当他得知自己的进步被大家了解和认可时，他们的信念会更加坚定。

管理者要善于欣赏每个人身上不同的闪光点，发挥他们各自的才华和潜力，客观地提供建议，让员工相信自己可以不断取得进步。此外，每个人都希望自己有影响力，希望自己对集体和他人有价值，管理者明确地表达出团队对他的需求，诚恳地告诉员工大家需要他，可以激发员工的责任感和使命感，使其迸发出前进的欲望和动力。

注重启发

杰克·韦尔奇在向员工发表演说时谈道："真正的沟通是一种态度、一种环境，……它需要更多的倾听而不是侃侃而谈。它是一种持续的互动过程，目的在于创造共识。"

我们说辅导就是辅佐和引导，就像导师辅导学生撰写论文一样。辅导与授课不同，它不是要讲，而是要听，通过倾听了解对方的认知和思维；辅导不是宣讲，不是直接给出结论，更不能下达指令，而应该通过发问，启发对方积极主动的思考。

当管理者的辅导技术逐步成熟，或者面对知识型员工进行辅导时，可以将一对一的辅导交给下级主导，由下级决定应该如何利用宝贵的沟通时间，决定应该就哪些问题做深入的探讨。可以肯定，下级对自己找到的方法必然更理解其逻辑内涵，也必然有更强的信心和行动力。这一点，完全符合 OKR 自下而上的特征。

善用批评

部分管理者对批评常常持有一种复杂的态度，一方面他们担心批评会打击员工的积极性，破坏和谐的氛围；另一方面又顾虑放弃批评会放任员工不当的作为。其实，批评是管理不可或缺的元素，也是辅导中有益的营养。对于下级的不作为和不当作为，必须要严厉地制止；对于无端的消极和懈怠，必须要批评；对于违背职业道德的行为，必须要无情地抨击。要知道，原则是所有组织的立身之本，丧失原则的辅导，无异于溺爱，无异于对组织的伤害。

批评要讲究方法。一方面，在企业价值观和职业道德等原则问题上，要一视同仁，无论是封疆大吏，还是皇亲国戚，始终都要严格要求。另一方面，对工作方法、工作表现等方面出现的问题，要善于给出令人欢迎的批评。批评要针对具体的行为，不能泛泛而谈，更不可以扯出以往的案例，意图给人贴标签，做出否定的评价。批评是为了让同伴变得更好，而不是变得更糟，因此，所有的批评都必须有建设性，让同伴理解他们应当如何改变。

保持理想状态

大多数员工都很期待与上级深入地单独沟通，他们希望知道上级对自己的看法，渴望得到上级的重视，期待获得适合自己的、独特而有针对性的建议。然而，我们常常发现，这种在一年中屈指可数的、对员工无比重要的时刻，却常常被上级的各种琐事破坏了。有时是因为电话，有时是因为办公室外等待的访客，有时是内部流程需要领导签字，总之，在员工看来，对他们最重要的事，还比不上领导的琐事。暂且不论因辅导的进程被打断而造成的影响，单从员工的心理感受而言，辅导的效果都会大打折扣。

重视辅导，是上级应该为辅导做的第一件事，其意义不亚于辅导本身。在辅导前，上级应当安排好自己的日程，尽可能保证辅导不被打扰；并且要充分考虑员工的工作计划，避免在他们忙着赶进度的时候做辅导；此外，要提前通知员工关于辅导的安排，表达对单独沟通的期待。辅导开始前，也要请对方谅解可能突发的干扰。这些安排，会令员工感受到被尊重、被重视，会更积极地准备、更主动地沟通。

第十三章

OKR 的评分与复盘

评分和复盘是一个 OKR 周期最后的动作，但绝非最不重要的。尽管这些工作无关员工的利益分配，但它在很大程度上影响着人们未来的发展。通过个人客观的反思、彼此坦诚的反馈、团队深入的分析，每个人都能够将经历转化为能力，获得成长。

评分和复盘意味着一个 OKR 周期的结束，同时也预示着下一个 OKR 周期的开始。

第一节　OKR 评分

评分的目的

无论是管理者还是执行者，一提到评分，人们都不免会有几分紧张。原因在于，以往的评分都是为了对个人进行绩效评价，而评价的结果将用于薪酬分配和级别调整。OKR 的评分与绩效评价毫无关联，评分环节的工作也并非围绕人们的贡献或员工的表现进行。

OKR 是自我管理的工具，是促进员工绩效改进的方法，同样，OKR 评分也是这种方法不可或缺的组成部分。OKR 评分的目的不是评价员工进而论功行赏，而是反思工作中的经验教训，促进自我的提升和进步。评分环节不是一味地回顾过往，而是通过总结来学习，这是一个创造和建设的过程，是为未来的发展夯实基础的过程。

评分的流程

图 13-1 展示了一个 OKR 周期结束时的评分流程，包括 OKR 责任人的自评、OKR 协作方的评价、责任人上级的评价、责任人自我的反思以及对协作方和上级的反馈。（表 13-1 ～表 13-10 提供了相应的评分规则和示例，表 13-11 ～表 13-14 分别为个人与部门的自评表和反馈表模板。）

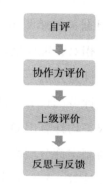

图 13-1　OKR 评分流程

自评

自评是 OKR 责任人对 OKR 的总结，包括通过打分的方法对工作成果进行的客观衡量，以及用文字对自身工作进行的主观评价。个人 OKR 的自评由本人完成，组织 OKR 的自评由 OKR 推动官、KR 经理或团队负责人完成。

OKR 的评分与复盘都是在 OKR 周期结束时实施的。事实上，在 OKR 中期跟踪时采用的周例会、月例会、项目节点例会等方式与复盘并无本质的差别，它们都是为了总结和反思，进而为下一阶段的工作提供指导依据。

不过，对于进度和成果的评估，OKR 在中期跟踪和期末评估时采取了不同的方法。在 OKR 中期跟踪时，责任人无须依赖准确的数据衡量阶段性成果，只需要主观判断 OKR 执行的状态，表 12-3 和表 12-5 将进度分为四种状态，分别是：正常、滞后、暂缓、待更新。这样做的原因是，由于是在中期进行衡量，因此分值必然不高，不能客观反映 OKR 实际进程与计划之间的关系；同时，有些 OKR 数据的收集和统计耗时费力，会对执行者造成不必要的干扰。

与中期跟踪对状态的主观判断不同，在 OKR 周期结束时，执行者应当根据关键结果的类型，采集和统计相关数据，对 KR 和 O 分别给出评分，相对客观地呈现工作的成效。

评分方法

评分的计算方法是先依据客观数据和结果对 KR 进行评分，然后通过加权平均计算出 O 的得分。其中，对 KR 的评分有两种方式。一是根据期望值制定评分规则，按结果满足期望值的程度得出相应的分值。二是运用数据计算，将实际结果与 KR 的比值作为分数；对二元选择的 KR，按照"1"或"0"进行评分。

按期望值评分

关于 KR 的评分规则，保罗·R.尼文和本·拉莫尔特在其所著的《OKR：源于英特尔和谷歌的目标管理利器》一书中介绍了谷歌的做法（见表 13-1）。

表 13-1　KR 的评分规则 1

评分	定义
1.0	结果远超预期，几乎不可能达成
0.7	这是我们希望能达成的程度，虽然很难，但是可以达成
0.3	我们知道肯定能达成的程度，只需要很少帮助或不需要帮助就可以达成
0	没有任何进展

目前，大多数企业都采用了与谷歌相同的 1 分制，之所以这样，是为了使评分简化，避免人们在评分上耗费不必要的精力。可以试想一下，如果我们采用传统绩效评价的百分制，并将其按每 10 分一档进行区分，我们在 KR 制定和评分中将耗费多少精力；更重要的是，过多的划分标准会

使团队的判断标准模糊，导致人们认识上的差异，进而影响行动步调的统一。

当然，如果你的团队更喜欢百分制的感觉也没有问题，但切记：不能划分超过四个区间。必须始终强调的是，OKR 评分不是为了精确计算每个人的贡献，而是为了在反思中学习。

有些企业担心运用谷歌的评分方法无法推动 OKR 的实施，我认为这种顾虑是现实的。对为数众多的中小企业来说，在人员和资源匮乏的情况下完成既定的目标已经是来之不易，能够尝试一些挑战性的目标，需要更多的勇气、智慧和努力。评分标准过高，难免影响员工的信心，削弱员工的积极性。在这种情况下，企业完全可以自定义评分的标准，如表 13-2 所示。但应切记：必须要给员工留出足够的挑战空间。

表 13-2　KR 的评分规则 2

评分	定义	评分	定义
1.0	完成挑战目标	0.3	大部分完成，略有遗憾
0.7	全面完成基本目标	0	无法接受的结果

一般来说，0.7 是一个比较理想的分值，反映了员工在积极地突破舒适区，追求挑战性目标，并为此付出了努力。如果分值达到 1.0，说明员工还比较保守，或者没有强烈的进取动机。如果分值过低，则要么是因为目标定得过高、不切实际，要么是因为员工没有付出足够的努力。此外，企业的绩效文化也会对 OKR 的分值产生影响。对正在实施绩效考核的企业来说，在 OKR 导入的最初几个周期，员工的目标通常都会制定得比较保守，这说明他们对 OKR 与考核的关联性还心存疑虑。一旦打消了他们的顾虑，他们便会积极尝试更有意义和挑战性的目标，尤其是当他们看到那些因设定了较高目标而获得更多关注与支持的人取得了前所未有的进步时。

表 13-3 是使用表 13-2 中的规则按期望值进行评分的示例。

表 13-3　按期望值评分（例 1）

OKR		OKR 描述	结果	评分
O		打造高柔性、低成本的供应链		0.3
KR	KR1	完成供应链信息系统建设	大部分完成（具备挑战性，达到基本预期）	0.7
	KR2	完成业务流程重组方案	完成业务流程重组架构设计（严重影响目标达成，无法接受）	0
	KR3	与 10 家一流供应商签订《生态合伙人协议》	签订 8 家《生态合伙人协议》（大部分完成，体现正常水平）	0.3

在表 13-3 中，目标得分为：（0.7+0.3+0）÷3 ≈ 0.3。通过目标与关键结果的得分，我们可以知道，目标总体上只是体现了团队的正常状态，并未实现突破，而且主要原因是 KR2 的滞后。

通过数据计算评分

表 13-4 和表 13-5 是通过数据计算评分的示例。

表 13-4　通过数据计算评分（例 1）

OKR		OKR 描述	结果	权重	评分
O		打造引爆目标市场的产品外观			0.7
KR	KR1	完成 20 项整体输出解决方案的创新性设计	完成 16 项	50%	0.8
	KR2	开发 20 种差异化的流行色板材	完成 12 项	30%	0.6
	KR3	设计可独家定制的 20 种五金装饰配件	完成 10 项	20%	0.5

表 13-5　通过数据计算评分（例 2）

OKR		OKR 描述	结果	权重	评分
O		打造引爆目标市场的产品外观			0.7
KR	KR1	完成 20 项整体输出解决方案的创新性设计	完成 16 项	2	0.8
	KR2	开发 20 种差异化的流行色板材	完成 12 项	1	0.6
	KR3	设计可独家定制的 20 种五金装饰配件	完成 10 项	1	0.5

表 13-4 与表 13-5 使用了两种不同的权重表达方式。

表 13-4 中，目标得分为：0.8×50%+0.6×30%+0.5×20%=0.68 ≈ 0.7。

表 13-5 中，目标得分为：（0.8×2+0.6×1+0.5×1）÷4=0.675 ≈ 0.7。

通过目标与关键结果的得分，我们可以得知团队为挑战性的目标付出了超常的努力，达到了基本的目标要求。

二元选择类 KR 的评分

对以"完成"或"未完成"来衡量的二元选择类的 KR 来说，应当根据其对目标的影响程度选择评分的方式。

比如表 13-6 的例子就适合采用按期望值评分的方法，以客观反映各项 KR 对目标的贡献；很显然，这些成果已经对生产率的提高发挥了积极的推动作用。如果采用通过数据计算评分的方式，那么这些 KR 都将计为"0"分，既不符合客观事实，也打击了员工的主观能动性。

然而，对表 13-7 的例子来说，就不适合采用按期望值评分的方法。因为，对于招商会的筹备而言，只有"完成"或者"未完成"，没有中间地带；任何一项工作的不足，都会导致整体目标无法达成。所以，尽管团队付出了大量的努力，但关键结果没达成，目标也就失去了意义。

表 13-6　按期望值评分（例 2）

OKR		OKR 描述	结果	评分
O		大幅提高生产率		0.43
KR	KR1	完成生产线的全自动化改造	完成设备安装。待调试，配套设施未完成（具备挑战性，达到基本预期）	0.7
	KR2	完成作业流程优化	完成 80% 岗位和工序的优化（大部分完成，体现正常水平）	0.3
	KR3	导入 5S 现场管理法	总部全部完成，两家分厂进行中（大部分完成，体现正常水平）	0.3

表 13-7　通过数据计算评分（例 3）

OKR		OKR 描述	结果	评分
O		9 月 6 日前，完成招商会筹备		0
KR	KR1	完成全体会务人员的培训	完成 90% 会务人员的培训	0
	KR2	完成内外场布展，设备到位	完成内外场布展，灯光调试中	0
	KR3	完成 20 种会议材料的印制	完成	1

必备支柱类 KR 的评分

严格来说，必备支柱类 KR 是目标的必要条件，一旦任何一项 KR 没有达成，就意味着目标无法实现。不过，在实操中，根据目标的意义以及

KR 对目标的影响程度选择评分的方式，将更有价值。

比如表 13-8 中依据招标要求设定的策划目标，一旦任何一项 KR 没有完成，企业就失去了投标的资格，目标也就失去了意义。这是该 OKR 选择通过数据计算评分的原因。

而在表 13-9 的例子中，企业并没有严苛的进度要求，虽然有两项 KR 没有在预定的时间内完成，但并不影响后续的工作，因此，按期望值评分能更好地体现工作的进展和团队的成绩。

表 13-8　通过数据计算评分（例 4）

OKR		OKR 描述	结果	评分
O		完成某动画片前期策划		0
KR	KR1	完成 3 集剧本	完成 2 集	0
	KR2	完成 2 集分镜头台本	完成	1
	KR3	完成 1 集样片	完成	1

表 13-9　按期望值评分（例 3）

OKR		OKR 描述	结果	评分
O		完成某度假村设计		0.7
KR	KR1	完成概念设计	完成	1
	KR2	完成规划设计	完成	1
	KR3	完成全部单体建筑设计	完成 85% 单体建筑设计	0.7
	KR4	完成景观设计	未完成	0

项目节点类 KR 的评分

由于项目节点类 KR 重点关注的是进度，对进度而言，只有"达到"和"未达到"两种状态，因此，适合采用通过数据计算评分的方法。不过，最终 O 的得分往往取决于最后一项 KR 的完成情况，如表 13-10 所示。

表 13-10　通过数据计算评分（例 5）

OKR		OKR 描述	结果	评分
O		顺利交付某电影		1
KR	KR1	7 月 31 日前完成前期策划	8 月 10 日完成	0

（续）

OKR		OKR 描述	结果	评分
KR	KR2	8 月 31 日前完成建组和各项筹备工作	9 月 10 日完成	0
	KR3	10 月 30 日前完成中期摄制	11 月 10 日完成	0
	KR4	11 月 30 日前完成剪辑、特效、合成等全部后期工作	完成	1

主观自评

执行者完成 OKR 评分后，应当通过回顾，简要地对每一项 OKR 进行评价。

评价的内容应包括以下几项。

1. OKR 的成果。简要陈述对最终成果是否满意，成果对企业的战略、组织和他人的目标有怎样的影响，以及 OKR 是否有挑战性等。这种主观的感受和判断与 OKR 的得分没有必然联系，因为任何一个目标都可能受到环境变化的影响。比如一个以拓客数量为标准的 OKR，也许会因一个偶然合作的渠道伙伴使 OKR 的得分很高，甚至突破了设定的目标，但这并不能说明团队足够进取，也无法证明这批客户将对企业产生多大的价值。相反，可能客户数量不多，导致 OKR 得分偏低，但这些数量不多的客户是众多竞争对手争夺的对象，对企业的竞争战略有重大影响，团队也为此付出了巨大的代价，那么显然，这个结果就是令人满意的。

2. OKR 的设定。反思 OKR 制定是否与企业的战略相匹配，OKR 的标准是否符合实际、是否有挑战性，是否在制定时充分考虑了各种因素的变化，KR 对目标的支撑作用是否充分，以及还有哪些重要的事项被忽略了，等等。

3. OKR 的实施。回顾实施过程中的策略和方法，看是否符合 OKR 的要求，是否及时应对了变化，是否有效解决了问题，有哪些障碍没有清除（原因何在），有哪些途径可以突破，以及哪些经验可以固化和发扬，哪些能力应该强化，哪些方法可以改进，等等。

协作方评价

　　协作方包括执行者通过 OKR 提供协作的对象，或者是交付成果的对象，也包括与自己承担共同 OKR 的伙伴。这里的协作方仅限于 OKR 的协作对象，不包括基于自身职能或业务流程提供支持和服务的对象。由于自己的表现和成果将对协作方的业绩发挥重要影响，那么协作方的反馈就尤为重要。我们也可以从组织内部市场化的视角来看，将协作方的评价作为客户的反馈。

　　协作方评价的目的是从客户视角来衡量结果，提供可资借鉴的建议，因此，评价应紧密围绕 OKR，避免对人的评价。

　　评价的内容应包括以下方面。

　　1. OKR 的成果。对该项 OKR 的成果是否满意，成果对企业的战略有怎样的影响，是否有挑战性等。

　　2. OKR 的协作。被评价者的 OKR 对协作方的 OKR 有何种程度的支持作用，是否满足了协作要求，是否给协作方造成了困扰，协作的方法有哪些可取之处，有哪些需要调整和完善，协作的节奏是否匹配，以及协作方自己的配合度等。

　　3. OKR 的实施。执行者在 OKR 实施中所使用的策略和方法，是否符合 OKR 的要求，是否及时应对了变化，是否有效解决了问题，有哪些障碍没有清除（原因何在），有哪些途径可以突破，以及哪些经验可以固化和发扬，哪些能力应该强化，哪些方法可以改进，等等。

上级评价

　　上级将综合执行者的自评和协作方的评价，给出意见。上级的评价同样应当围绕特定的 OKR 进行，避免对执行者个人的评价。当然，对员工积极的表现和取得的进步客观地表达认可，以及对员工不当的做法坦诚地给予批评指正，是非常必要的；但这些点评意见都应当结合具体的 OKR，而不是针对员工日常表现的泛泛之谈。

上级评价的内容与自评相同，从 OKR 的设定、实施到 OKR 的成果，逐一评价。

值得注意的是，上级可以对自评的分值提出调整意见。这种情况，往往出现在按期望值评分的 OKR 上。毕竟我们无法排除上下级在目标期望方面的差异，所掌握信息的多少、思维方式的不同、环境的变化等都有可能造成这种差异。不过，必须强调的是，上级对评分的调整并不是必要的。绝不能通过调整来否定员工的能力，更不能通过调整来否定员工的努力，而要通过这种方式的沟通，让员工通过 OKR 的反思进行学习，同时与员工形成共识。

反思与反馈

协作方与上级从不同视角进行评价，给予执行者多维反馈，这些反馈都是围绕具体的 OKR 提出的，如何让这些反馈对后续的工作有价值，并真正发挥出促进个人成长的作用，是需要执行者认真梳理、反思和消化的。OKR 评分不是为了评估，而是为了沟通。OKR 的评分环节与 OKR 制定、对齐和跟踪一样，也将积极的沟通作为基本要求。良好的沟通必须是双向的，执行者对评价的回应，也将促进彼此的了解和认同。

反思的内容包括：

1. OKR 制定、对齐、实施中可以固化和完善的经验。

2. OKR 制定、对齐、实施中应当调整和改进的方法。

在此过程中用到的自评与反馈表参见表 13-11 至表 13-14。

表 13-11　个人 OKR 自评表

周期：　　　　　　　　　　　　　　　　部门：　　　　　　　　　　　　　　　姓名：

OKR	结果	评分	自评
O1			
KR1			
KR2			
KR3			
KR4			
O2			
KR1			
KR2			
KR3			
KR4			
O3			
KR1			
KR2			
KR3			
KR4			

表 13-12　个人 OKR 反馈表

周期：　　　　　　　　　　　　　　　　部门：　　　　　　　　　　　　　　　姓名：

OKR	评分	协作方评价	上级评价
O1			
KR1			
KR2			
KR3			
KR4			
O2			
KR1			
KR2			
KR3			
KR4			
O3			
KR1			
KR2			
KR3			
KR4			
个人反思			

表 13-13　部门 OKR 自评表

周期：　　　　　　　　　　　　　部门：　　　　　　　　　　　　负责人：

OKR	结果	评分	自评
O1			
KR1			
KR2			
KR3			
KR4			
O2			
KR1			
KR2			
KR3			
KR4			
O3			
KR1			
KR2			
KR3			
KR4			

表 13-14　部门 OKR 反馈表

周期：　　　　　　　　　　　　　部门：　　　　　　　　　　　　负责人：

OKR	评分	协作方评价	上级评价
O1			
KR1			
KR2			
KR3			
KR4			
O2			
KR1			
KR2			
KR3			
KR4			
O3			
KR1			
KR2			

（续）

OKR	评分	协作方评价	上级评价
KR3			
KR4			
部门反思			

评分结果的应用

关于评分结果应用的问题，给很多企业的管理者造成了困扰。大家普遍关心的是 OKR 的评分结果是否应当与绩效考核挂钩。回答是非常坚决的：不应该！关于这一点，我们在第六章已经做了充分的讨论。无论是将 OKR 与长期激励挂钩，还是作为部分绩效考核的输入，或是对 OKR 的评分进行排名，都违背了 OKR 激发人的内在动机的基本原则。毫无疑问，以任何方式将 OKR 与绩效考核关联起来，都将使 OKR 万劫不复，都将是组织变革和文化提升的灾难。

必须牢记，OKR 不是分配薪酬的依据，也不是评定员工的方法。OKR 是帮助员工提升绩效的工具，是帮助组织实现目标的方法。OKR 并不提供绩效考核的输入，通过运用 OKR 所实现的成果才应该是考核输入的数据。比如挑战性目标的得分一般会低于保守的目标，但挑战性目标所产生的成绩也往往高于保守的目标；显然，组织应当根据贡献给予员工回报，而不是依照 OKR 的分数进行分配。否则，人人都会因为对分数的追求而选择保守的目标，忽视对组织的贡献和自我的成长。

现在，可能有人会问，这样一来，OKR 评分又有什么价值呢？通过上述评分的流程，我想大家不难看出，OKR 评分并非为了得到一个分数而实施的行政流程，而是团队共同反思、相互促进的沟通过程。这才是 OKR 评分的真正价值，这也是目标管理的真谛。在实践中，有些企业为了消除分值对人们心理的影响，采用了更直观的方法，比如以红色、黄色、绿色组成的彩色进度条，或者运用雄鹰、猎豹、羚羊形象地表示所取得的成果。

员工在一年中大多会经历四个 OKR 周期。通过一次次的评分和反思、沟通和反馈，员工会感知到自己进步的速度和程度，会清楚自己对组织和他人的影响力，进而明确自己的成长目标，不断弥补自己的不足，改良工作的方法，提升自我的表现，促进个人的发展。

尽管 OKR 的分值与员工评价无关，但通过评分及双向沟通的过程，管理者可以发现限制员工发挥的主观因素，据此实施有针对性的辅导。管理者可以通过 OKR 的制定找到那些具有强烈成长意愿的员工，通过 OKR 对齐发现那些有大局观和协作意识的员工，通过 OKR 的实施识别业务逻辑清晰、工作方法得当，并具有创新精神的后备力量。这种对团队全面、客观的认识，将为组织的人才梯队建设、员工的培养和发展提供宝贵的依据。

第二节 OKR 复盘

何谓复盘

复盘是一个围棋术语，是指在棋局结束后，棋手通过重演棋局，分析招法优劣，探究胜负规律的活动。在复盘中，棋手会通过复演，回顾在当时的情境下，自己的状态、意图和思维路径，分析自己所采取的策略的有效性，研究通过其他方法取胜的可能性；并通过对重大转折点的深入研究，找到影响胜负的关键因素，进而总结出取得胜利的客观规律。通过复盘，棋手会将实战中的各种局面和应对策略，深深地印在自己的脑海里。当类似的情形再次出现时，棋手就能敏锐地做出判断，积极有效地应对。

有人说"经历就是财富"，其实，这句话只说对了一半，因为拥有同样经历的人并没有获得同样的进步。我认为，将经历转化为能力，才是获得进步的关键。复盘正是帮助我们将经历转化为能力的工具，今天，复盘已成为一种标准化、结构化的学习方法，被各行各业的学习型组织广泛应用。

通过与总结进行对比，我们可以更准确地把握复盘。复盘本质上是通过反思进行学习的工具，目的是为未来的工作提供更有效的方法，避免犯同样的错误。而总结的本质是一项管理工具，其目的在于回顾过去工作中的成绩和不足，很多时候是为了给评价提供依据。复盘通常由团队依据固定的程序实施，复盘时，不仅要归纳经验，更要深究问题；不仅要回溯过往，还要预设未来；不仅要忠于事实剖析当时的举措，还要假设其他策略可能导致的各种情形。相比较而言，总结通常是个人依据事实对自身经历的归纳，由于存在着对评价的影响，往往侧重于成绩；而且，总结不要求特定的逻辑顺序，也不讲求对未来的规划。复盘与总结的区别如表 13-15 所示。

表 13-15　复盘与总结的区别

	复盘	总结
本质	学习工具	管理工具
目的	指导未来的工作	回顾过去的得失
对象	重点是"事"	重点是"人"
依据	忠于事实、积极假设	限于事实
程序	有固定的结构和程序	不要求固定的结构
焦点	重点关注不足	往往侧重成绩
方向	要求对未来进行探索	不要求对未来进行规划
主体	通常由团队实现	通常由个人完成
内容	把握重点	面面俱到

复盘的方法

联想集团创始人柳传志非常重视复盘，他在《我的复盘方法论》一文中写道："在这些年的管理工作和自我成长中，'复盘'是最令我受益的工具之一。在奔忙行走的日日夜夜，从不回头观望自己和同行人的职场人，有可能连前方道路是否正确这最基本的方向感都会丧失。"今天，复盘已经成为联想的一种文化，而联想也已成为复盘最有影响力的代言人。

下面介绍的是源自联想的复盘方法，我将结合 OKR 进行说明。你可以在初期参照此方法进行复盘。当团队适应了复盘的文化，掌握了复盘的基本方法时，相信每一个组织都可以根据自己的实际情况，发展出适合自己的复盘方法。

复盘的 4 个步骤

复盘包括回顾目标、评估结果、分析原因、总结经验 4 个步骤（见图 13-2）。

1. 回顾目标。澄清 O 与 KR 制定的背景、意图、期望值。

2. 评估结果。检视 OKR 的评分，衡量 KR 与期望值的差距，找出实施中有哪些亮点和不足。

3. 分析原因。刨根问底，从主观和客观两方面入手，分析关键成功因素和制约因素。

图 13-2　复盘的四个步骤

4. 总结经验。归纳成败的客观规律，制定策略和行动计划，包括实施哪些新的举措、终止哪些行动、固化哪些方法等。

复盘的 8 个环节

上述 4 个步骤，在具体实施中可以分解为 8 个环节。

1. 回顾目标。回顾 O 与 KR 制定的背景和意图、目标对组织战略的意义和价值，澄清团队对 O 和 KR 的期望值，以及 KR 的制定逻辑。

2. 结果对比。检视 OKR 的评分，衡量 KR 与最初的期望值的差距。思考在哪些环节出现了问题，有哪些障碍没有及时有效地清除，关键驱动因素有没有得到充分保障。找出实施中的亮点和不足。

3. 叙述过程。OKR 推动官和 KR 经理分别陈述实施的经过，介绍关键节点和关键事件，并分享自己当时的意图、思维逻辑、采取的措施及相应的效果，让大家都能了解 OKR 执行的全貌，并明确讨论的聚焦点。

4. 自我剖析。OKR 推动官和 KR 经理展示《OKR 评分表》和《OKR 反馈表》，毫无保留地将自己的反思呈现给大家。自我剖析主要是对主观可控因素进行分析，反思自己在哪些方面做得得当，哪些方面留下了遗憾，自己从中发现了哪些客观规律，吸取了哪些教训。自我剖析越坦诚，获得的回馈就越诚恳、越充分。

5. 众人设问。参与复盘的人员基于对过程的把握，结合 OKR 执行者的分析，从不同视角对关键节点和关键事件提出疑问和假设，集体探讨采取不同策略的可能性。

6. 总结规律。通过分析现象与本质、手段与目的的关系，总结 OKR 实施的客观规律。所谓"客观"，一定是针对客观的环境和条件，而不是基于人所做出的总结。所谓"规律"，一定要探究必然性，而不是偶然因素的影响。对规律的总结要慎重，要不厌其烦、追根究底，多问为什么；要鼓励不同的意见，甚至组织辩论。

7. 案例佐证。请团队列举贴近业务实际的案例，对刚刚总结出来的规律进行验证。列举的案例越多，说明规律越可靠。通过多个不同情境的案例，也可以证明规律的适用范围。

8. 复盘归档。梳理复盘的结论，将总结出来的规律固化为制度、流程、方案、课件，并用其指导下一个周期 OKR 的制定与实施。

OKR 的复盘

OKR 的复盘涵盖两个方面，一是针对每一项 OKR 的复盘，包括公司层 OKR 复盘、部门层 OKR 复盘；二是 OKR 委员会针对 OKR 系统推广的复盘。表 13-16 和表 13-17 分别展示了公司层 OKR 复盘会和 OKR 委员会复盘会的流程和内容。

表 13-16　公司层 OKR 复盘会流程

会议目的	公司层 OKR 复盘	
参会人员	CEO、部门负责人、OKR 推动官、KR 经理、OKR 委员会成员	
主持人	OKR 委员会成员	
会议流程		
负责人	目的	关键步骤
主持人	明确会议目的	1. 陈述会议目的和议程 2. 宣布会议纪律
OKR 专家	培训	1. 复盘的意义和目的 2. 复盘的方法 3. 复盘的注意事项
OKR 推动官	回顾目标	1. 回顾 O 与 KR 制定的背景和意图 2. 明确目标对组织战略的意义和价值 3. 澄清团队对 O 和 KR 的期望值 4. 阐述 KR 的制定逻辑
KR 经理	结果对比	1. 展示 OKR 的评分 2. 确认 KR 与当初期望值的差距 3. 阐述实施中的亮点和不足
KR 经理	叙述过程	1. 回顾关键节点和关键事件 2. 分享自己当时的意图、思维逻辑、采取的措施及其效果
OKR 推动官	叙述过程	1. 回顾关键节点和关键事件 2. 分享自己当时的意图、思维逻辑、采取的措施及其效果
KR 经理	自我剖析	1. 展示《OKR 评分表》和《OKR 反馈表》 2. 分享自己的反思（关键成功因素、制约因素、客观规律、值得固化的经验、需要改进的方法）
OKR 推动官	自我剖析	1. 展示《OKR 评分表》和《OKR 反馈表》 2. 分享自己的反思（关键成功因素、制约因素、客观规律、值得固化的经验、需要改进的方法）
主持人	组织设问	1. 对关键节点和关键事件提出疑问和假设 2. 探讨采取不同策略的可能性 3. 组织辩论
主持人	总结规律	归纳观点
主持人	案例佐证	组织参会人员列举案例，验证规律的适用性
主持人	确定结论	组织投票，初步确定结论
OKR 委员会成员 CEO	点评	给出点评意见

（续）

会议流程		
负责人	目的	关键步骤
OKR 专家	复盘归档	1. 梳理复盘的结论 2. 部署固化规律的相关工作 3. 对下一周期 OKR 的制定与实施提供指导意见
CEO	工作部署	1. 部署相关工作 2. 鼓舞士气
主持人	会议结束	总结会议结论

表 13-17　OKR 委员会复盘会流程

会议目的	OKR 系统运行复盘
参会人员	CEO、OKR 委员会成员、公司层 OKR 推动官、部门负责人
主持人	OKR 委员会成员

会议流程		
负责人	目的	关键步骤
主持人	明确会议目的	1. 陈述会议目的和议程 2. 宣布会议纪律
OKR 专家	培训	1. 复盘的意义和目的 2. 复盘的方法 3. 复盘的注意事项
OKR 首席指挥官	回顾目标	1. 回顾导入 OKR 系统的背景和意图 2. 明确 OKR 对组织战略的意义和价值 3. 澄清公司对 OKR 的期望值 4. 阐述 OKR 的系统设计
	结果对比	1. 报告 OKR 系统运行的现状 2. 确认实施效果与期望值的差距 3. 阐述实施中的亮点和不足
	叙述过程	1. 回顾关键节点和关键事件 2. 呈现优秀案例与平庸案例 3. 报告重大问题和事故 4. 介绍公司采取的措施及其效果
	剖析	1. 关键成功因素、制约因素 2. 客观规律 3. 值得固化的经验、需要改进的方法
主持人 OKR 推动官 部门负责人	组织设问	1. 回应 OKR 首席指挥官的结论 2. 对关键节点和关键事件提出疑问和假设 3. 探讨采取不同策略的可能性

（续）

会议流程		
负责人	目的	关键步骤
主持人 OKR 推动官 部门负责人	总结规律	归纳观点
	案例佐证	组织参会人员列举案例，验证规律的适用性
	确定结论	组织投票，初步确定结论
OKR 首席指挥官 CEO	点评	给出点评意见
OKR 专家	复盘归档	1. 梳理复盘的结论 2. 部署固化规律的相关工作 3. 对下一周期 OKR 系统的推广提供指导意见
OKR 首席指挥官	工作部署	1. 部署相关工作 2. 鼓舞士气
主持人	会议结束	总结会议结论

将复盘融入文化

帕蒂·麦考德在《奈飞文化手册》中写道："向人们反复灌输一套核心行为，然后给予他们足够的空间来践行这些行为，或者确切地说，要求他们来践行这些行为，可以让团队变得异常富有活力和积极主动。这样的团队是让你获得成功的最好的驱动因素。"我想，复盘就属于这种需要不断强化的核心行为。通过复盘，员工对组织战略的理解、对业务规律的掌握，以及团队真诚协作的氛围都会大大增强，这也正是 OKR 所追求的文化。在实践复盘时，管理者需要注意以下方面。

聚焦 OKR 和业务规律，避免对人的评价

复盘的焦点是工作中的问题，一旦话题的焦点转移到人的身上，就难免沦为一场充满抱怨、指责和推诿的辩论。同时要注意，无论是过度关注绩效还是对错误的容忍度低，都会诱发人们的自我保护心理，进而掩盖对自己不利的信息，不能客观反映事实，更不会真实表达想法。

集思广益

要创造开放、平等的文化，杜绝一言堂，领导可以最后发言；要鼓励

大家坦诚而真实地表达想法，要鼓励员工说出不同的意见，尤其是要赞赏和保护对少数意见的坚持，鼓励针对工作的负责任的辩论。我们坚信，和志同道合的伙伴一起解决问题，为迎接挑战而做出重大贡献，就是对大家最好的激励。

避免走过场

由于复盘有相对固定的流程，而且对问题刨根问底需要大量的时间做保证，管理者难免会因为时间过长或身心疲惫而加快进度。一旦讨论不充分，就很难得出可靠的结论。走过场的复盘完全没有意义。要让大家相信，复盘所创造的价值将远远超过任何日常工作，为复盘所付出的时间将为团队带来成倍的回报。在复盘中，要保护执着的死磕精神，避免浅尝辄止、浮于表面；要强化实事求是，杜绝好高骛远或相互迎合。要求每个人在发表任何意见时，其出发点都是为客户和公司利益着想，而不是试图证明自己正确。

要相信：困难成就伟大的团队，深挖问题的本质成就伟大的团队。不断地复盘，探索和完善适合自己的复盘方法，将复盘融入文化，将帮助团队取得巨大的成功，而成功就是人们最渴望的奖励。

第三节　开有结果的会议

最重要的事

一本关于 OKR 的书，大可不必探讨关于会议的事情。不过，多年来，我目睹了太多的企业在会议上的混乱、低效和形式主义。OKR 倡导员工的广泛参与，从 OKR 的制定、对齐，到 OKR 的跟踪、评分和复盘，都有赖于大量的集体沟通，而这种沟通最直接、最频繁的方式无疑是会议。如果会议效率不高，我们就无法对 OKR 的顺利实施保持信心。

我经常在一些企业的会议室里看到这样的情景：会议主题不明，人们无所适从；研讨逻辑不清，杂乱无章；会场秩序涣散，人们自由散漫；无休止地争论，相互指责推诿；领导高谈阔论，员工情绪低迷；离题千里，风马牛不相及；徒具形式，草草收场……我们无法想象，如果这样的情景出现在一支军队司令部的战前会议上，这支军队在战场上将有怎样的表现。然而，令人诧异的是，这些情况在相当多的企业中是常态，人们已经见怪不怪，尽管没有人愿意接受这一切。

对组织而言，作为制定决策、凝聚共识、研究对策、部署工作的正式沟通方式，会议无疑是最重要、最有价值的工作。可以说，会议的质量就是组织管理水平和企业文化最明显、最直接的反映。会议的成效直接决定了执行的成效，不难想象，如果人们谈工作都谈不出成效，怎么可能做出成效；如果人们谈都谈不到一起，又怎能指望在行动中做到协同。在组织中，越是高层，在会议上花的时间就越多；会议成效不高，就意味着管理者成效不高；如果管理者没有成效，团队又如何取得高效呢？如果计算一下企业在会议上付出的成本，一定会令很多人感到惊讶。若是我们能够使会议变得卓有成效，不仅会降低成本，还会给人们节省很多的时间，去做更多有价值的工作。

尽管人们对会议感到迷茫和困惑，甚至抱有迫不得已、无可奈何、内心排斥等种种负面情绪，但毋庸置疑，会议仍然是一个组织最重要且无可替代的工作方式。因此，思考如何高效地开会，开有结果的会，是每一个组织必修的基本功。

组织会议的原则

1. 必要性原则。首先问自己，会议要解决什么问题，取得什么成果。如果可以通过协作平台、邮件、电话等形式解决，则不必开会。

2. 分层分类优先的原则。当会议时间或参会人员有冲突时，应当确定会议安排的优先顺序，即小会服从大会，局部服从整体，部门服从上级，临时会议服从例会。当然，因处置突发事件而召集的紧急会议除外。

3.精简原则。在强调必要性的基础上，降低会议成本，比如可开可不开的就不开，可小范围研究的就不大范围召集，可长可短则严控会议时间，对参会者相同、内容相似、时间接近的合并召开。特别需要强调的是，对于决策和研讨性的会议，一定要对人数进行控制。人数过多，将弱化每个人的责任，每个人所贡献的智慧就少。亚马逊有一个著名的原则："两个比萨"，即可以用两个比萨"喂饱"所有的参会人员。

4.聚焦原则。会议要根据目的分类，因为只有聚焦才能高效。一般来说，会议可以分为以集体研究为目的的决策性会议、以安排工作为目的的部署性会议、以统一认识为目的的宣导性会议、以征集意见为目的的研讨性会议（见表13-18）。一次会议应当只解决一类问题，不能面面俱到。如果会议内容过多，团队将无所适从；如果会议结论过多，员工吸收都有困难，更难以执行。

表 13-18　会议的类型

会议类型	举例
决策性会议	总裁办公会、OKR 共创会
部署性会议	OKR 共识会、周例会、月例会
宣导性会议	OKR 导入培训会、员工大会
研讨性会议	OKR 复盘会、部门协调会、头脑风暴

开有准备的会议

我们不是为了开会而开会，开会的目的是解决问题，是合力解决每个人无法独自解决的问题。高效的会议并不是在会议开场的时候才开始。会前的精心组织和准备，将为大家集体解决问题发挥重要作用，应当被视为会议的一部分。就准备而言，参会人员的思想准备与会议组织者的会务准备同等重要。

思想准备

1.明确目标。会前，参会人员应当清晰地理解会议的目的，知道会议要取得哪些成果，知道自己为什么参会。如果发现会议主题与自己的关联性不强，可以与会议组织部门核实参会的必要性。

2. 明确责任。要知道自己在会议中应当扮演的角色和会议需要自己发挥的作用，根据会议要求和会前材料，事先思考相关议题，准备好发言材料。要知道，思考是每个人应当在会前完成的事，会议是为了验证彼此的思考，激发共同的智慧。在会场上的仓促思考不仅质量差，而且效率低。

3. 对效率的共识。一方面自己准备的内容应当简洁明了，另一方面要严格遵循会议的组织和安排。

会务准备

1. 会议通知。会议组织部门应当在会议安排确定后，及时通知参会单位或参会人员。应尽可能提前通知，尤其是例行的会议，以便参会人员安排工作，及时准备。

会议通知的内容应当包括：会议主题与目标、开始时间和结束时间、地点、主持人、参会人员、议项、参会要求（如需准备的材料等）。需要参会人员做专题发言的，应明确告知。会议通知应以书面或邮件的形式发出，紧急会议不受此限。公司各类例会若不取消、不改期，可以不另行通知。

通知发出后要确认参会人员，并在会议开始前一天再次提醒。对于承诺参会但因突发事件无法参加的，应当按会议的要求决定是否需要委托代理人出席。

对决策和研讨类的会议，建议安排在下午。多数人在早上都有很多重要的工作要处理，如果安排在下午，大家会更愿意参加讨论。

2. 会议材料。会议组织部门应在会前准备好会议材料，如会议要求、议程、议案、报告材料、实施方案、用于研究的数据等。不涉及保密的，应在会前发给参会单位或人员。

3. 会议场域。会议组织部门应明确会务要求，做好清洁卫生、会场布置、器材设备调试等会务准备工作。特别值得一提的是，对会议场域的营造，比如与人数相匹配的空间、与会议类型和人员相匹配的桌椅陈设、会标和文化类的布置等。场域对人们的心理有强烈而持续的影响，根据会议类型营造不同的场域，将使人们快速进入状态，承担自己相应的责任。

高效的会议

会议分工

高效会议的核心在于每个人都能够聚焦于会议目标做出自己独特的贡献，会议组织对此作用巨大。一般来说，会议组织中至少应该包括三个角色：主持人、时间官、记录人，对于研讨性会议，有时还可以设专家小组或观察员。当然，对于人数规模较小的会议，这些角色可以集中在一个人身上，关键是确保相应的职能得到充分发挥。

1. 主持人。主持人的责任并非履行流程，而是促成结果。因此，主持人应当由对会议背景和意图能够全面领会、对会议主题有深入了解、对相关业务熟悉的人担任。但要注意，为了最大限度地调动参会人员的积极性，会议主持人不宜由 CEO 或最终表态的领导担任。

主持人的职责是确保会议围绕主题展开，把握会议节奏，维护会议秩序，激发集体智慧，进而促成会议成果。

2. 时间官。时间官的职责是为每一个发言人计时，辅助主持人控制节奏，维护场域。

3. 记录人。记录人要忠实记录会议中的重要观点、争议点、会议的结论及待办事项。一般来说，记录人也是会议纪要的执笔者。记录人应当由对相关背景和业务熟悉的人担任，而不应由初级文书担任。

4. 专家小组。对于未曾探索的全新领域或对专业技术要求较高的工作，专家小组可以从专业角度为参会人员提供支持，让大家形成正确的思维，掌握科学的方法。在 OKR 导入初期的各类会议中，我建议设专家小组。

5. 观察员。在研讨性会议中，可以设观察员。观察员从不同的视角为大家提供帮助，提醒大家注意那些容易被忽视的因素，提供不同的思路。观察员通常由经验丰富的业务骨干担任。

确保围绕主题展开

1. 会议开始后，主持人应首先就会议的议题、议程、待解决的问题、会议的目标、讨论规则等进行简要的说明，让参会人员意识到大家是一个整体，每个人都将对会议的成效产生影响，让大家明白自己在会议中的角色和职责。

2. 会议进行中，主持人应根据会议的实际情况，对议程进行适时、必要的控制，并有权限定发言时间、阻止与议题无关的发言。对于确有价值但不属于会议主题的事项，可以列在白板上，会后另行组织研究。

控制会议时间

1. 要想确保会议时间，首先就要要求所有人准时参会。在许多企业，开会迟到已经是家常便饭，对这种陋习，应当采取一些惩戒手段，比如现场乐捐、安排到专为迟到者准备的醒目位置就座、现场检讨、取消参会资格等。

2. 检查参会人员会前是否做了相应的准备，是否对议题进行了充分的思考。人们往往习惯于开会时临场发挥，一旦发现这样的情况，要坚决批评，逐渐让大家养成良好的习惯，对会议、对团队负责。

3. 发言要言简意赅，要限制发言的时间和 PPT 的页数。对相同的意见，可以表示支持或进行补充，但无须全面复述。

4. 对部分议题精简、时间紧迫的会议，可以用站会的方式进行，或者用没有靠背的凳子代替座椅，人们不太舒服时会希望加快节奏。与之相反，对于头脑风暴之类的活动来说，由于并不严格要求高效地得出结论，而是期望有更多的灵感和智慧碰撞，因此，应该创造一个舒适的环境。

5. 对时间较长的会议，如 OKR 共创会、OKR 复盘会等，应最长每 90 分钟安排一次休息。休息也是为了更好地保证效率。

6. 履行承诺，按时结束会议。即使没有实现预定的会议目标，也应当总结阶段性成果，按时结束会议。重视承诺，是 OKR 的文化，也是组织的基本原则。一次不完美的会议也会提醒我们，如何精心准备可以提高会议的效率。当然，关乎突发事件、重大事项，必须及时形成决议的会议，如果客观上必须延长时间，这时要取得参会人员的谅解，并加快进度。

维护会议秩序

1. 会议开始时，主持人应当宣布会议纪律。

2. 与会期间应避免电话干扰。原则上不允许接听电话，如确有紧急要务，必须在征得主持人许可后，方可离开会场，并在规定时间内返回。

3. 参会人员在记录时应当使用纸质笔记本记录，避免使用笔记本电脑。杜绝用笔记本电脑处理与会议无关的事项。

4. 宣导性会议、部署性会议一般不组织讨论。

5. 可以借助"发言球"来维护秩序。"发言球"可以是一个乒乓球或网球，只有接到"发言球"的人才可以发言；对发言有疑问的，可以举手示意，经主持人允许后再发表意见。

6. 发言时，要求先陈述结论，后提供证明，避免冗长的铺垫。

激发集体智慧

1. 激发集体智慧，可以参考美国的《罗伯特议事规则》，最重要的是，企业应当根据自身实际情况，发展出适合团队、适合企业文化的原则。

2. 主持人应引导参会人员发言。不宜只让部分参会人员发言。主持人要关注会议中的沉默者，鼓励其发表意见；对于发言欲望特别强烈的人，要在每一位参会人员的第一轮发言结束后，再给予第二次发言机会。

3. 要关注参会人员安全感，尤其是下级的安全感，避免对人的攻击。

4. 倡导彼此尊重，不打断他人发言，不吹毛求疵。

5. 要营造开放的文化，鼓励辩论，但所有的反对意见都必须有建设性。

促成会议成果

1. 主持人应引导会议做出决议。

2. 对需要集体做出决议的事项应加以归纳和复述，适时提交参会人员表明意见；对未议决事项也要归纳，并就后续安排统一意见。

开有结果的会

1. 会后应尽快将会议纪要和议定事项发给参会人员，常规会议的应该在 24 小时内完成。

2. 可以通过《会议议定事项督办表》的形式，让大家明确自己的职责，以及组织的要求（见表 13-19）。

3. 会后可以征集参会人员对会议组织的建议，不断提高会议的成效。

表 13-19　会议议定事项督办表

会议主题			主办部门	
会议时间			主持人	
会议议定事项				
工作目标	工作要求	完成时间	责任人	协作人

会议是组织最重要的工作方式，一切会议都要解决实际问题，一切会议都应当促进积极的行动。培养团队的会议组织能力，就是在培养干部的管理能力。一个高绩效的团队，必然具备良好的会议组织能力。

第十四章

常见问题与实施建议

本章总结了 OKR 实践中的常见问题，并对 OKR 的导入和实施给予了中肯的专业意见。

第一节　OKR 实践中的常见问题

表 14-1 总结了 OKR 实践中的常见问题，这些问题都可以在本书中找到相应的解答。

表 14-1　OKR 实践中的常见问题

类别	常见问题	章节
战略	缺乏有感召力且明确的使命和愿景	8-1[①]
	战略不清晰	
	战略不是依据核心驱动因素制定的	
OKR 的组织	缺乏最高层领导的深度参与	8-2
	缺乏专门的组织	6-4
	缺乏专家支持	
	由人力资源部或某职能部门负责	
	任用新人负责	
OKR 规划设计	忽视对 OKR 的学习	5-3
	将 OKR 与年度考核挂钩	6-1
	将 OKR 评分与考核部分关联	

（续）

类别	常见问题	章节
OKR 规划设计	把 OKR 当作绩效考核的替代品	6-1
	教条式地照搬他人经验	6-4
	设计缺乏系统性	
	狭义地定义"知识型员工"	
	周期过短或过长	8-5
	没有完善的管理工具	8-6
	盲目引入专业软件	8-7
OKR 导入	激进地进行全员导入	5-2
	只在少数部门导入	
	缺乏必要的沟通	5-3
	取得初步成效后放松	
	没有传递紧迫感	
	运用物质激励	6-3
	激励只针对个人	
	培训不足，仓促导入	6-4
	抱着尝试的心态，轻易放弃	
	仅导入业务部门，运营管理部门和关键支持部门没有同步	8-3
	高管没有运用，只导入了中层和基层	
	应用于简单操作的岗位	
	没有公开透明	8-7
OKR 制定	目标与战略关联性不强	9-1
	目标意义不明显，无法鼓舞人心	
	目标过多	
	目标设定过高，没有实现的可能性	
	目标过于保守，没有挑战性	
	部门负责人没有设定个人 OKR	9-2
	制定过程没有体现自下而上的原则	9-3
	将个人生活目标与工作目标统一管理	9-4
	目标没有设置优先级	
	关键结果超过 5 个	10-1
	关键结果与目标缺乏逻辑性	
	过度使用项目节点的方式制定关键结果	
	关键结果不符合 SMART 原则	10-2
	关键结果没有明确的责任归属	
	关键结果没有标注信心指数	
	描述行为，而非结果	

（续）

类别	常见问题	章节
OKR 对齐	上级 OKR 没有全部得到承接	11
	单纯通过分解，忽视逻辑	
	对齐没有时间要求	
	过度对齐，弱化责任	
	没有果断删除失去意义的目标	
	僵化地执行 OKR，没有根据环境变化及时更新	
	OKR 调整后没有及时对齐	
	没有重点，在日常事务中对齐	
OKR 跟踪	没有定期跟踪	12-1
	缺乏灵活的跟踪手段，形式主义	
	一味注重结果，忽视过程	
	虎头蛇尾，有始无终	
	关注人的过错和责任，而非工作的方法	
	只关注组织的绩效，忽视员工的成长	
	成为汇报，而不是双向沟通	
OKR 辅导	纠结过去，缺乏建设性	12-2
	缺乏信任关系	
	让员工感到挫败，看不到希望	
	不注重启发，简单教育，或以培训替代	
	担心员工有情绪，缺乏坦诚的批评	
	在自己有情绪的情况下辅导员工	
OKR 评分	评分复杂	13-1
	过度纠结于分数	
	与利益捆绑	
	只有评分，没有反馈	
	只有单向的反馈	
	对评分进行分级或排名	
OKR 复盘	沦为考评会议	13-2
	一言堂，没有集体参与	
	机械地走流程、走过场	
	会议低效	13-3
	会议没有结果	
	会议无法促进行动	

① "8-1"指第八章第一节，其他数字同此例。

第二节　实施 OKR 的专业建议

行文至此，我已经为你呈现了 OKR 的全貌，从 OKR 的理念、基本理论、OKR 的导入实施，直至 OKR 实操的各个环节，完整、系统、深入地阐述了 OKR 的价值观和方法论。我相信，你已经能够客观地认识和把握 OKR，并对运用 OKR 的要点和难点有了自己的判断，这无疑是让人备受鼓舞的。

然而，"知道"与"做到"还相距甚远。无论是学习一种新的方法，还是掌握一种新的技能，或是运用一种新的工具，都有其客观规律可循，这个规律就是我们常说的"熟能生巧"。无疑，要想运用自如，我们必须付出时间和努力。而如何善用我们的时间，不辜负团队的努力，是每一个管理者都应当不断反思的。

OKR 是一种方法，我们学习、掌握和运用 OKR，同样需要方法。在开启你的 OKR 旅程之前，我觉得有必要进一步提供一些建议，以帮助你做好充分的思想准备。

坚定信心

在为中小企业服务的过程中，我发现一个特别的现象。OKR 在有的企业导入很容易，员工很快就可以掌握，但进一步提升却很难；而在另一些企业中，导入颇费周折，但提升很快，OKR 对企业的促进也很大。每个企业的情况千差万别，我们尚无法从中总结出一个普遍的规律。如果一定要总结的话，我想，应该就是所谓的"企业基因"吧。

我们学习游泳一定会呛水，练习滑冰一定会摔倒。激励我们坚持的是乐趣和成就感，打击我们信心的是枯燥和危险性。一个人学习新技能尚且如此，一家企业运用新方法自不待言。

几乎可以肯定，你不可能只通过一个周期就把 OKR 用好，也许需要几个周期才能找到感觉，找到适合自己的节奏和方法。不过，同样可以肯定的是，在任何一个阶段，你都会感到自己在进步，这将成为鼓舞团队不断进取的动力。许多企业已经用结果证明了 OKR 的巨大威力，要相信你和你的团队也一定可以做到。

经营企业总会遇到各种各样的困难和挫折，运用 OKR 只是其中之一。即便是失败，也有它的积极意义。它让我们更好地了解自己，找到精进的方向。坚定信心并保持希望，比任何技术手段都更有价值。

深入学习和持续沟通是树立信心的良方。学习让我们有底气自信，很多时候人们的恐惧和焦虑是由于对客观规律缺乏了解。持续沟通，可以激发我们创造性解决问题的能力，也可以让我们彼此鼓励和鞭策。这也是为什么我们去健身房总喜欢叫上同伴的原因。

力求简便

组织变革或多或少都会遇到来自内部的阻力，这些阻力多半都是由于人们的不习惯、不适应造成的。当新的方法没有带来足够的效用，依然令人不适的时候，人们会质疑他们努力的价值。当遇到巨大障碍甚至蒙受损失时，懈怠可能会演变成抵触甚至对抗。

采取简便的方法是稳步推进 OKR 的有效策略。简便是指在保持 OKR 基本特征的情况下，在形式上进行简化。比如 OKR 组织的扁平化，减少流程中不必要的环节，减少报表的种类或表格中的条目，用非正式的沟通代替正式的会议，降低会议的频率，更加聚焦的少数目标以及初期只在管理层导入等方法。必须引起高度重视的是，简便一定要建立在 OKR 不被异化的前提下，也就是说，必须保证体现 OKR 的特征。比如，不能为了简便而在制定时忽视员工自下而上的参与，也不能为了简便就取消 OKR

的跟踪和辅导等。

本书提供了很多方案、流程和实用的表格，大家可以根据企业的情况选用，也可以做必要的增删调整。书中介绍的各种工作和活动，不必在刚开始导入的时候就全部实施，应当循序渐进。

我们不妨将 OKR 的动作进行分解，一步步地掌握，逐步添加新的内容。就像我们在学习滑冰时，先练习冰上行走，再学习如何蹬冰滑行一样。

不断创新

约翰·杜尔说："OKR 不是万能的，它不能代替正确的判断、强有力的领导和创造性的企业文化。"与任何一种管理体系的实施一样，OKR 在不同企业的运用中也没有完全一致的模式。这是管理科学与自然科学的区别，也是管理工作复杂性的体现。

本书所介绍的方法，来自我们近年来为中小企业提供 OKR 咨询服务的成功经验和失败教训，是大家共同探索的结果。这些方法把握了 OKR 的逻辑内核，充分体现了 OKR 的各项特征，可以让你避免走弯路。但是，每个企业的基因不同，当你开始导入 OKR 时，它就是你的，只有你才能决定它能在多大程度上发挥作用，用多长时间达到预期的效果。

因此，在适应中不断调整，进行创造性的思考和尝试，你一定会找到适合企业基因的方法。在这个过程中，你不仅会更全面地掌握 OKR，还会更深入地了解企业的基因。当你发现联结 OKR 和企业基因的方法时，你将会有意想不到的收获。正如我们在学习游泳时都要熟悉水性（事实上，我们不是要熟悉水，而是要通过水来了解自己的身体）一样，当我们能够让自己的身体与水融为一体时，我们就可以在水中自在地遨游。

借助专业力量

企业在实施管理变革时，最担心的莫过于一朝失败被打回原形，最不愿面对的是对自己失去信任的员工，最不愿经历的是变革过程中左右为难的挣扎，这是众多企业家吸取惨痛教训后的共识。

OKR 很简单，但我们不能将其简单化。对于大型企业来说，他们有健全的组织和充足的管理人才储备，具备自己研究、开发、规划 OKR 的能力。但对大多数中小企业来说，通常都不具备这样的条件。组织中兼具管理理论基础和管理经验的人非常有限，他们往往又承担着大量繁杂的事务性工作，基本无法承担这项艰巨的任务。

通过集体学习 OKR 课程、阅读 OKR 书籍，也许可以顺利地实现 OKR 的导入。但是，在 OKR 实施过程中，如何提前发现问题，有预见性地提出解决方案，及时清除障碍，让 OKR 对企业发展快速产生实质性的推动作用，而不是沦为一种徒有其表的管理形式，对于大多数中小企业来说，都是一项需要耗神费力去摸索的挑战。

因此，借助专业的力量，帮助自己做好规划，并在实施中时时辅导、处处把关，将对企业运用 OKR 产生巨大的促进作用。如果企业中有专业人员，当然求之不得；如果没有，不妨请外部的专业顾问通过在企业的实践，为企业手把手地培养内部的专业人员。

专业顾问能够为你的 OKR 之旅保驾护航。首先，他们拥有扎实的理论功底，受过良好的专业训练，能够快速判断事物的本质，并运用科学的方法提供解决方案。其次，他们有丰富的实践经验，对各行业、各种规模的企业，以及企业的各个发展阶段有全面的了解，能够借鉴其他企业的成功经验丰富自己 OKR 的实践，也能够避免我们重蹈他人的覆辙。再次，专业顾问在组织变革中始终是一个中立者，他们不会陷入对具体业务或对某个人的困扰之中，更不会因个人利益而采用不恰当的设计和举措，他们会始终站在公司的立场上进行全局性的长远思考。最后，专业人员的出现将让员工明确感受到企业的决心，同时，由于专业力量的加强，员工自然也会对 OKR 充满信心，进而更加主动积极地参与。

毫无疑问，如果我们在游泳或滑冰时请了教练，我们不仅学得更快、更轻松，我们的技术也会更全面，姿态会更优美，速度会更快。

结　　语

　　和大家一样，我一直在思考究竟什么才是企业不可或缺的核心竞争力。有人说是企业的决策力，有人说是创造用户价值的能力，也有人认为是拥有一支铁一样的团队。对于核心竞争力，相信每个人都会有不同的理解。我认为，无论要构建什么样的能力，其潜在的力量源泉一定都是我们自己的思维方式和工作方法。

　　正如约翰·杜尔所说："我见证了无数人利用目标和关键结果，使自身的思维变得更加训练有素，沟通变得更加清晰，行动变得更富有目的性。"我很庆幸自己能与OKR结缘，并有机会把自己的思考和经验分享给大家。我相信，OKR一定可以助力企业构建核心能力，也一定能推动企业腾飞。

　　我期待更多的中国企业运用OKR达成目标、获得成功，让我们共同推动社会的创新和发展。

OKR 首席指挥官工具箱

1. 职责文件夹

表 A-1　OKR 的组织

内容 / 图名 / 表名	章节 / 图号 / 表号
企业 OKR 的组织结构	图 8-1
OKR 组织人员配置	表 8-2
OKR 首席指挥官职责	第八章第二节
OKR 首席指挥官任职资格	
OKR 专家职责	
OKR 专家任职资格	
OKR 委员职责	
OKR 委员任职资格	
OKR 大使的任务	
OKR 大使的来源	

2. 培训文件夹

表 A-2　OKR 的概念

表名	表号	表名	表号
OKR 的进步	表 1-1	OKR 与 KPI 的差异	表 2-3
O 与 KR 的关系	表 2-1	KPI 的协同与 OKR 的协同	表 3-4

表 A-3　OKR 的规划

内容 / 表名	章节 / 表号
使命愿景思考框架	第八章第一节
竞争战略思考框架	
PDCA 在 OKR 中的应用	表 8-9

表 A-4　OKR 的制定

表名	表号
思考目标的框架	表 9-2
目标的层次	表 9-5
制定目标的原则	表 9-7

表 A-5　OKR 的拟定

表名	表号
拟定目标的格式	表 9-9
目标与关键结果的关系	表 9-1
关键结果的类型	表 10-22
标示关键结果的重要程度	表 10-23
目标与关键结果的联结方法	表 10-11
OKR 联结的层次	表 11-1

表 A-6　OKR 的跟踪与辅导

表名	表号
内在动机与外在动机的区别	表 3-5
传统管理者与教练式管理者的区别	表 7-1
"传帮带"等辅导方式与教练式管理的区别	表 7-2
跟踪与辅导	表 12-6
目标设定的面谈指引	表 12-8
目标跟踪的面谈指引	表 12-9
目标回顾的面谈指引	表 12-10
个人职业发展的面谈指引	表 12-11

表 A-7　OKR 的评分和复盘

图名 / 表名	图号 / 表号	图名 / 表名	图号 / 表号
OKR 的评分流程	图 13-1	复盘与总结的区别	表 13-15
KR 的评分规则 1	表 13-1	复盘的四个步骤	图 13-2
KR 的评分规则 2	表 13-2		

3. 流程文件夹

表 A-8   OKR 的实施流程

表名	表号
确定企业使命和愿景的会议流程	表 8-1
团队共创 OKR 信条的会议流程	表 8-7
共创会的会议流程	表 9-8
制定关键结果的共创会流程 1	表 10-26
制定关键结果的共创会流程 2	表 10-27
公司共识会流程	表 11-7
部门周例会流程	表 12-2
公司月例会流程	表 12-4
公司层 OKR 复盘会流程	表 13-16
OKR 委员会复盘会流程	表 13-17

4. 表格文件夹

表 A-9   OKR 的应用表格

表名	表号
公司 OKR 制定表	表 10-28
部门 OKR 制定表	表 10-29
个人 OKR 制定表	表 10-30
OKR 协作表	表 11-8
个人 OKR 周报表	表 12-3
部门 OKR 月报表	表 12-5
个人 OKR 自评表	表 13-11
个人 OKR 反馈表	表 13-12
部门 OKR 自评表	表 13-13
部门 OKR 反馈表	表 13-14
会议议定事项督办表	表 13-19
员工温情档案	表 8-8

5. 管理文件夹

表 A-10　OKR 的规划

表名	表号
OKR 实施范围适用性分析表	表 8-3
企业各部门 OKR 的适用性	表 8-4
常规的 OKR 运行周期	表 8-10
适应企业特性的 OKR 运行周期	表 8-11
OKR 的运行流程	表 8-12
OKR 工具	表 8-13
创建平台	表 8-14
可选工具	表 8-15

表 A-11　OKR 的导入

表名	表号
OKR 导入规划（例）	表 8-5
OKR 导入行动计划（例）	表 8-6

表 A-12　OKR 的实施

表名 / 内容	表号 / 章节
OKR 跟踪的会议类型	表 12-1
辅导的类型和方法	表 12-7
会议的类型	表 13-18
OKR 的激励措施	表 6-2
OKR 激励活动方案	第六章第三节

参 考 文 献

[1] 埃里克·施密特，乔纳森·罗森伯格，艾伦·伊戈尔.重新定义公司：谷歌是如何运营的 [M].靳婷婷，译.北京：中信出版社，2019.

[2] 保罗 R 尼文，本·拉莫尔特.OKR：源于英特尔和谷歌的目标管理利器 [M].况阳，译.北京：机械工业出版社，2017.

[3] 彼得·德鲁克.德鲁克管理思想精要 [M].李维安，王世权，刘金岩，译.北京：机械工业出版社，2018.

[4] 比尔·波拉德.企业的灵魂 [M].坚妮，译.北京：中央党校出版社，1999.

[5] 陈国海，刘贵鸿，陈祖鑫.阿里巴巴政委体系 [M].北京：企业管理出版社，2018.

[6] 戴维·帕门特.关键绩效指标：KPI 的开发、实施和应用（原书第 3 版）[M].张丹，商国印，张风都，译.北京：机械工业出版社，2017.

[7] 丹尼尔·平克.驱动力 [M].龚怡屏，译.杭州：浙江人民出版社，2018.

[8] 弗雷德里克·赫茨伯格，伯纳德·莫斯纳，巴巴拉·斯奈德曼.赫兹伯格的双因素理论 [M].张湛，译.北京：中国人民大学出版社，2016.

[9] 黄卫伟.以奋斗者为本：华为公司人力资源管理纲要 [M].北京：中信出版社，2014.

[10] 克里斯蒂娜·沃特克.OKR 工作法：谷歌、领英等公司的高绩效秘籍 [M].明道团队，译.北京：中信出版社，2017.

[11] 况阳.绩效使能：超越 OKR [M].北京：机械工业出版社，2019.

[12] 拉斯洛·博克.重新定义团队：揭露谷歌人才和团队运营的核心战略 [M].宋伟，译.北京：中信出版社，2019.

[13] 理查德 S 加拉赫.企业的灵魂 [M].刘志慧，译.北京：中国对外经济贸易出版社，2003.

[14] 帕蒂·麦考德.奈飞文化手册 [M].范珂，译.杭州：浙江教育出版社，2018.

[15]   宋金波，韩福东．阿里铁军：阿里巴巴销售铁军的进化、裂变与复制 [M]．北京：
中信出版社，2017.

[16]   忻榕，陈威如，侯正宇．平台化管理：数字时代企业转型升维之道 [M]．北京：
机械工业出版社，2019.

[17]   姚琼．OKR 使用手册 [M]．北京：中信出版社，2019.

[18]   约翰·杜尔．这就是 OKR：让谷歌、亚马逊实现爆炸性增长的工作法 [M]．曹
仰锋，王永贵，译．北京：中信出版社，2018.

[19]   约翰 P 科特．领导变革 [M]．徐中，译．北京：机械工业出版社，2014.

[20]   约翰 P 科特．变革之心 [M]．刘祥亚，译．北京：机械工业出版社，2013.

老HR手把手教你搞定HR管理（中级版）：从会干活到能管理

作者：应秋月 ISBN：978-7-111-57066-0 定价：79.00元

"123管理法"实现连续三年企业产值翻番，
总人数保持不增。
管理者的地位，来自于管理者自身创造的管理价值

老HR手把手教你搞定HR管理（高级版）：从能管理到善辅佐

作者：应秋月 ISBN：978-7-111-57155-1 定价：89.00元

既善人才管理，又懂经营业务，
做辅佐企业家的谋士和实干家

OKR：源于英特尔和谷歌的目标管理利器

作者：（美）保罗R.尼文（Paul R. Niven） 本·拉莫尔特（Ben Lamorte）
ISBN：978-7-111-57287-9 定价：59.00元

直击关键结果，而非只考核绩效，尤其适用快速扩
张型和转型期组织。OKR已被全球数以千计的企业所采
用，硅谷的一些知名企业如英特尔、谷歌、领英、推特和
星佳公司对OKR更是大力推崇

人才盘点：创建人才驱动型组织 第2版

作者：李常仓 赵实 ISBN：978-7-111-59486-4 定价：69.00元

全新升级版，链接战略和执行的利器，
GE、联想集团、长安汽车、强生、
IBM等知名企业实操分享

"日本经营之圣" 稻盛和夫经营哲学系列

季羡林、张瑞敏、马云、孙正义、俞敏洪、陈春花、杨国安 联袂推荐

书号	书名	作者	定价
9-787-111-49824-7	干法	【日】稻盛和夫	39.00
9-787-111-59009-5	干法（口袋版）	【日】稻盛和夫	35.00
9-787-111-59953-1	干法（图解版）	【日】稻盛和夫	49.00
9-787-111-47025-0	领导者的资质	【日】稻盛和夫	49.00
9-787-111-50219-7	阿米巴经营[实战篇]	【日】森田直行	39.00
9-787-111-48914-6	调动员工积极性的七个关键	【日】稻盛和夫	45.00
9-787-111-54638-2	敬天爱人：从零开始的挑战	【日】稻盛和夫	39.00
9-787-111-54296-4	匠人匠心：愚直的坚持	【日】稻盛和夫 山中伸弥	39.00
9-787-111-51021-5	拯救人类的哲学	【日】稻盛和夫 梅原猛	39.00
9-787-111-57213-8	稻盛和夫谈经营：人才培养与企业传承	【日】稻盛和夫	45.00
9-787-111-57212-1	稻盛和夫谈经营：创造高收益与商业拓展	【日】稻盛和夫	45.00
9-787-111-59093-4	稻盛和夫经营学	【日】稻盛和夫	59.00
9-787-111-59636-3	稻盛和夫哲学精要	【日】稻盛和夫	39.00
9-787-111-57016-5	利他的经营哲学	【日】稻盛和夫	49.00
9-787-111-57081-3	企业成长战略	【日】稻盛和夫	49.00
9-787-111-57079-0	赌在技术开发上	【日】稻盛和夫	59.00
9-787-111-59184-9	企业家精神	【日】稻盛和夫	59.00
9-787-111-59238-9	企业经营的真谛	【日】稻盛和夫	59.00
9-787-111-59325-6	卓越企业的经营手法	【日】稻盛和夫	59.00
9-787-111-59303-4	稻盛哲学为什么激励人	【日】岩崎一郎	49.00